PODER Y LIDERAZGO

CHILE:
CRÓNICAS DE UN FRACASO ANUNCIADO

**Carlos Cantero Ojeda
Geógrafo
Doctor en Sociología**

DEL AUTOR:

Carlos Cantero O. Geógrafo, titulado en la Universidad Católica del Norte, Chile. Es Máster y Doctor en Sociología por la Universidad de Granada y la UNED – España. Pensador, Académico y Conferencista nacional e internacional. Estudia la Adaptabilidad a la Sociedad Digital y la Gestión del Conocimiento, áreas en las que desarrolla asesoría y consultoría público-privada. Tiene formación complementaria en ciencias de la tierra, geografía física y humana; en filosofía, desarrollo humano y desarrollo territorial; políticas públicas y liderazgo; en tecnologías de información y comunicación; Tiene una larga experiencia pública, fue tres veces Alcalde en la Región de Antofagasta, dos períodos Diputado, dos períodos de Senador y también Vicepresidente del Senado de Chile. Es autor de diversos libros:

- Sociedad de la Información (2003). Editorial Universidad Tecnológica Metropolitana-Chile
- Miradas: En Versos y Prosa (2013). Editorial FILZIC, Antofagasta - Chile.
- El Poder y las Nuevas Tecnologías (2014). Editorial Erasmus. Pensamiento del Presente- España.
- Gestión del Conocimiento. La Experiencia de Finlandia (2015). Editorial Occidente – Chile.
- Sociedad Digital. Racionalidad – Emocionalidad (2016). Universidad Federico Santa María. Programa de Profesores Embajadores - Chile.
- Sociedad Digital. Razón y Emoción (2018). Editorial UOC - Universidad Oberta de Cataluña – España.
- Sociedad Digital, Laicismo y Democracia (2021). Editorial amazon.com

En sus actividades de vinculación en la sociedad civil ha ocupado diversos cargos, entre los más relevantes:

- Integrante de la Comisión Presidencial para la Descentralización de Chile, cargo que sirvió Ad Honoren, durante el mandato de la Presidenta Michelle Bachelet
- Presidente del Consejo Chileno de las Tecnologías de Información y Comunicación, durante el período 2017-2020.
- Director Internacional del Centro Laico de Estudios Contemporáneos.
- Miembro del Consejo de Donaciones Culturales. Ministerio de Cultura Patrimonio y las Artes. Cargo que sirvió durante cuatro años Ad Honorem.
- Fundador del Hub Fraternitas América
- Miembro Fundador del Hub Desierto de Atacama

PRÓLOGO DE GUILLERMO HOLZMANN P.
CIENTISTA POLÍTICO Y ANALISTA INTERNACIONAL

Carlos Cantero nos presenta su nuevo Libro "CHILE: CRÓNICAS DE UN FRACASO ANUNCIADO", cuyo foco está en la mirada asertiva, ácida y crítica del segundo período presidencial de Sebastián Piñera (2018-2022). Sus reflexiones se van decantando conforme avanzan los meses y la conducción política del Gobierno queda atrapada en las circunstancias que fluyen y evolucionan sin control. Es decir, sin conducción, pero al menos con algún sentido que no proviene desde el poder político sino que una convulsión y desorden social perdido en el remolino de las individualidades de líderes experimentados y, especialmente, noveles visionarios de un mundo distinto y mejor. Es la contrastación del pragmatismo versus el idealismo cruzado por las visiones ideológicas, empujadas, al final del día, por las ambiciones de poder.

Una primera conclusión posible de recoger del texto, tan pronto se empieza a leer, se refiere a que la evolución de la sociedad ha avanzado en los últimos 50 años de manera acelerada, mientras que las instituciones estatales y sociales han quedado desfasadas para entender este proceso evolutivo. La política que, en antaño, solía denominarse "arte", sucumbe al dominio de la visión económica y racional, perdiendo visión y comprensión de la sociedad.

Ello se traduce en un evidente debilitamiento de la política, en tanto constructor de las condiciones de convivencia social y desarrollo, parapetando a sus actores en una trinchera de alta miopía, donde el poder se transforma en un instrumento de satisfacción y abuso personal, dejando de lado su objetivo de cautelar los valores sociales y humanos del bien público.

La competencia descarnada por el poder como opción simplista a la carencia de ideologías asociadas a modelos de sociedad, logra transformarse en una suerte de droga alucinógena que alimenta las mentes de quienes, sin ningún tipo de escrúpulos, optan por torcer los principios morales de la sociedad occidental.

La descripción que realiza Cantero al respecto no solo aplica a Chile, sino que en parte importante a la sociedad occidental en su conjunto. No pasa desapercibido el exacerbado individualismo de los líderes y con ello el desprestigio de la política y el debilitamiento de las instituciones que deja abandonado a las personas frente a un Estado incapaz de frenar la corrupción y un mercado que despliega su voracidad para abusar de los consumidores. La fractura profunda que todo ello implica queda reflejada en una crisis ética que los actores principales no entienden o no desean entender. Es lo que Carlos Cantero denomina el Síndrome de la mediocridad, en el contexto de la "pandemética", la pandemia de degradación ética.

El texto nos permite seguir una cronología donde los hechos resultan aplastantes respecto a como una sociedad se sumerge en paradigmas y se encierra en el pasado, sin querer percibir el proceso de transformación y cambio instalado a nivel mundial y donde la conducción política de la sociedad aparece ausente y desconectada de la realidad.

La trasformación de la sociedad tiene varias expresiones, siendo las de naturaleza tecnológica y/o digital las de mayor impacto. La sociedad digital asociado a la cuarta y quinta revolución industrial, cruzada por la crisis climática y los cambios en el comportamiento social y político resultan ser resultados no asumidos por el establishment de muchos países. Los ejes de derecha e izquierda sucumben frente a nuevas exigencias de los ciudadanos. La componente espiritual que en el pasado era el refugio desde donde era factible rearmar el entramado colectivo, hoy día aparece sin fuerza ni densidad suficiente para entregar respuestas a las necesidades individuales y sociales.

Este libro, más allá del compendio de columnas, constituye una útil guía cronológica de la descripción y denuncia de los vacíos de la crisis, de un observar preocupado de la sociedad en su conjunto. La asertiva observación y análisis de las causas y sus consecuencias presentes en todos los textos del libro, constituye una enseñanza metodológica para seguir el pulso de la evolución social y las necesidades que es necesario satisfacer y que van mucho más allá de los bienes materiales.

La sociedad de la tercera década del siglo XXI aspira a una sociedad basada en el humanismo y con ello se entiende que los ejes alrededor de los cuales se quiere construir este proceso de cambio y transformación son tres:

1. **Calidad de vida**: se trata del derecho de todo ciudadano de acceder a una calidad de vida garantizada por el Estado en torno a acceso universal a educación, salud, pensiones, vivienda, alimentación como también acceso a agua, cuidado del medioambiente y otros. Como también un Mercado con sentido y responsabilidad social y comprometido, sin abusar, del desarrollo y del bien común. También se incorpora el derecho al ocio y la privacidad, considerando la digitalización de la sociedad y las nuevas tecnologías facilitadoras de la comunicación y la interacción con el Estado y en el Mercado (conectividad).

2. **Dignidad de las personas**. Es un punto central en las aspiraciones sociales, especialmente en el universo juvenil y femenino. El respeto irrestricto al "otro" independiente de su condición, origen o status. En este sentido, la tolerancia es la actitud y el respeto el resultado. Todos merecen reconocimiento y participación en las cuestiones incidentes en el bien común de la sociedad.

3. **Transparencia**: Significa conocer la información y datos que sostienen las decisiones públicas como parte de una gobernanza democrática que debe estar respaldada por la institucionalidad de manera eficiente y visible. Este factor es el que genera los grados necesarios de confianza para dialogar y negociar, considerando a los ciudadanos y los distintos intereses provenientes de ellos y de otros actores sociales, políticos y económicos,

entre otros. Un punto central es la transparencia en la distribución del poder y erradicar la endogamia perceptible hasta ahora. La transparencia es un imperativo ético. Esta exigencia ciudadana ha sido la más efectiva en términos electorales. Incluso movimientos políticos han decaído al no cumplir dichas expectativas. También significa la existencia de un mercado con fuertes regulaciones éticas en beneficio del desarrollo social.

Estos tres factores resultan ser los componentes centrales del **"Cambio y Transformación"** exigido por la ciudadanía y que no están relacionados con una ideología de izquierda tradicional ni progresista.

La pluma expresiva de Carlos Cantero nos entrega un relato explicativo en un marco de denuncia ciudadana y alerta a quienes están en el poder o aspiran a él. Lo central, es la concepción de un bien común, donde se defina un espacio de convergencia en el cual nadie sobra, pero todos compartimos las responsabilidades, con derechos y deberes, para ser posible el desarrollo humano en un universo más amplio donde los bienes, la riqueza y la acumulación no definen, por si solas, la felicidad.

Al final, y es probablemente el mayor desafío que es explicado extensamente en los diferentes apartados de este libro, es la ética aplicada al poder y las exigencias de la sociedad, la coherencia del actuar político y el compromiso con el bien común para dar paso a la libertad individual. Ello quiere decir que el bien común no es la suma de cada bien individual, sino la medida que surge de la aceptación de un sentido de unidad y de destino común.

El libro es una invitación, a través de todas sus páginas, a la reflexión propia y crítica del entorno nacional e internacional, identificando los factores de transformación y los desafíos que se derivan para la política, la cultura y el Estado. El escenario presente y futuro no se resuelve desde el dogmatismo o el ostracismo, somos parte de una sociedad en permanente evolución que exige una conciencia esclarecida para desarrollar autocrítica, cuestiones imperativas para quienes están en el "arte" de la Política.

Mis agradecimientos por la consideración para escribir este prólogo. A Carlos por su confianza y fraternidad en que ello contribuye a destacar visiones y valores compartidos que es necesario plantear en diálogos serenos y con perspectiva de futuro y, por cierto, a Poder y Liderazgo que marca un espacio de convergencia para quienes creemos podemos aportar con la finalidad de complementar y construir juntos un espacio común que le dé sentido y orientación a nuestra libertad desde la convivencia respetuosa en la sociedad.

PRESENTACIÓN DE RICHARD ANDRADE C.
DIRECTOR DE PODERYLIDERAZGO.CL

La plataforma Poderyliderazgo.cl es una revista digital que trabaja en la multimodalidad y la multimedialidad, con un enfoque glocal, en el que lo local y regional se insertan adecuadamente en lo global y viceversa. Quienes trabajamos en este medio de comunicación buscamos fortalecer la identidad de los territorios y potenciar liderazgos y vocerías de clara identidad regional y con ello promover la reflexión, el pensamiento crítico, generar debate, análisis y propuestas en torno a las diversas problemáticas que afectan a nuestra sociedad.

Como medio de comunicación poseemos un especial compromiso con el quehacer regional, por lo mismo a diario damos tribuna y espacios de difusión a mujeres y hombres que se atreven a compartir sus visiones en los más variados ámbitos de la realidad.

El presente texto es el inicio de una saga que hemos denominado #Visiones con Poder y Liderazgo, el cual recoge una selección de Columnas de Opinión de nuestros columnistas más importantes. Lo hacemos como una forma de agradecer a ellos y resaltar su aporte al debate y el pensamiento crítico. Pero, también con el afán de dejar un registro que trascienda a las futuras generaciones y de esta forma contribuir al fortalecimiento permanente de la Democracia y el Desarrollo Sustentable de nuestro país y sus habitantes.

En este primer ejercicio compartimos con ustedes las visiones de Carlos Cantero Ojeda, un hombre de regiones, que tiene una amplia experiencia profesional, ha desarrollado su vida en torno al servicio público, la academia y la consultoría a nivel nacional como internacional.

Cantero, de profesión geógrafo y con un doctorado en Sociología, nos invita a reflexionar sobre una serie de situaciones que marcan la agenda mediática, política y social de Chile del último tiempo, bajo el título **"Chile: Crónicas de un Fracaso Anunciado"**. Los textos adelantaron muchos de los acontecimientos que luego marcaron la crisis de octubre del 2019 en Chile, respecto de los cuales el gobierno de Sebastián Piñera señaló que "no lo vio venir".

Con una pluma directa y cargada de conocimientos, denota una gran capacidad prospectiva y un análisis muy asertivo, como queda demostrado en esta selección de columnas, en las que aborda tres grandes temas, que a nuestro juicio deben ser puestos en la agenda pública con imperativa necesidad: La Política, Lo Político y Los Políticos; Cultura y Sociedad; Lo Espiritual y Valórico.

Los invitamos a leer, reflexionar, criticar y conversar con su entorno estas visiones que hoy comenzamos a compartir con ustedes.

COMENTARIO DE LILY PÉREZ SAN MARTÍN.
EX SENADORA

Carlos Cantero, nos ofrece su nuevo libro, ahora sobre la realidad de Chile, desde tres dimensiones: 1º La Política y lo Político, abordando la grave crisis institucional, los problemas de gobernabilidad y la mala lectura del sentir ciudadano por parte del Gobierno del Presidente Piñera. 2º En Cultura y Sociedad nos lleva a reflexionar sobre los problemas de adaptabilidad a la sociedad digital y la falta de políticas públicas. Nos motiva a reflexionar sobre las nuevas desigualdades, derivadas de la revolución digital. El drama derivado de estas y los graves problemas en los hogares y las familias, que por la pandemia han debido hacer esfuerzos propios para la inmersión al nuevo mundo digital. 3º En relación a los Valores y Espiritualidad, llama nuestra atención sobre el desbordado materialismo, el individualismo, el consumismo y deterioro de los tradicionales valores humanistas. Alerta sobre la necesidad de definiciones éticas frente a los nuevos desafíos de la bioética y la nanotecnología que invaden el cuerpo del ser humano. Denuncia lo que llama la "pandemética", causa basal de la crisis de la sociedad, reconocida como una pandemia de degradación ética, transversal a la sociedad y la política.

Cantero nos invita a reflexionar sobre el desfonde de la derecha en las últimas décadas. Proceso de degradación que gatilla un sector desacreditado frente a la sociedad, vapuleado electoralmente, desarticulado, desunido. Nos interroga ¿Qué fue lo que pasó? Pese a haber ganado dos gobiernos con Sebastián Piñera, estamos en el peor momento.

Comparto muchas de sus inquietudes e interrogantes: ¿Por qué los dirigentes de la derecha prefieren ser queridos por la élite social y económica y no por la gente de la calle? ¿Cuándo se extravió el sentido político y compromiso social? ¿Por qué los máximos dirigentes de la derecha no han empatizado con las demandas de sentido social y transparencia? ¿Qué pasó con el compromiso de combatir la corrupción, el nepotismo y los abusos? Son demasiadas las preguntas y muy escasas las respuestas.

Vale la pena leer a Carlos Cantero. Tiene una sólida formación académica como geógrafo y Doctor en Sociología. Además de una amplia trayectoria de servicio público. Como político ha sido transversal y de claro sentido social. Hizo su tránsito desde alcalde designado por la dictadura militar, donde se ganó el respeto y confianza de un electorado difícil para nuestro sector -como es la Región de Antofagasta- hasta llegar a ser parlamentario electo por votación popular -dos períodos como diputado y luego dos períodos como senador. Se le reconoce como un demócrata liberal quien sin dobleces advirtió a tiempo los problemas y trampas de un grupo dirigente de la derecha económica y política. Pero, no fue escuchado. Se le trató de acallar como a otras ausencias forzadas en el sector. Hoy la realidad es indiscutida: crisis política y estampida de liderazgos. Espero que fluya el recambio generacional y la emergencia de nuevos liderazgos unitarios.

COMENTARIO DE MILAN MARINOVIC.
DOCTOR EN SOCIOLOGÍA, ACADÉMICO-INVESTIGADOR EN GESTIÓN ORGANIZACIONAL

Carlos Cantero nos invita a una reflexión en torno a la crisis que vive la sociedad, al cambio cultural y organizacional, que demanda desaprender los viejos paradigmas para potenciar la adaptabilidad de las personas, las organizaciones, los territorios, de la élite y el liderazgo en diversas áreas, los actores de la política, que muestran un evidente retraso respecto de la comprensión del proceso de cambio y el manejo de las herramientas necesarias, para la adaptabilidad al nuevo ethos digital.

Me motiva llamar a los actores de la regeneración organizacional para la adaptabilidad al nuevo ethos, a su ética, estética y emocionalidad; y, los actores del recambio de liderazgos en lo social, cultural y político, para llamar su atención sobre las megatendencias y las herramientas adecuadas para este proceso adaptativo. Eso es lo que pretendemos responder en un breve espacio, de manera sintética y en un lenguaje simple.

Para abordar el desafío adaptativo es importante cambiar desde una lógica analógica, cartesiana o lineal hacia un Pensamiento Complejo Sistémico-Relacional, Eco-Etico; desde una lógica deductiva hacia una lógica conjetural-modal, que fomente la exploración e indagación de las condiciones de un problema con diversidad, pluralidad y amplia participación, para generar propuestas creativas, en diversos niveles de complejidad e integración. Este paso, nos acerca a los paradigmas, propios de las Teorías de la Complejidad, lo sistémico-relacional, o la unicidad, muy lejos de lo que representa la política en el mundo actual. El problema no es teórico, están los desarrollos en este sentido. Como lo muestra el Doctor Cantero en su texto, el problema más complejo está en la resistencia al cambio, la auto-poiesis de la que nos habló Humberto Maturana, la compulsión auto-replicativa. En la política lo urgente no permite ver lo importante Es un inmediatismo agobiante.

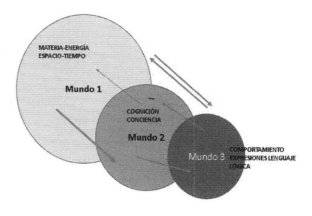

El desafío adaptativo demanda un carácter dinámico (Modelo de Popper), en vincular "los tres mundos", el mundo 1 físico y material, el mundo 2 experiencial y de conciencia, y el mundo 3, mental, en tanto modelos científicos y culturales del mundo. En este marco, la creatividad está íntimamente ligada a la capacidad de anticipar incertidumbre y como regular condiciones y acciones ante ella. Más aún, cada estado, es una solución posible, dentro de un cúmulo de posibilidades de actos. Reconociendo esta Matriz, es posible entonces, identificar diversos estados de autorregulación e interacción del o los sujetos con el entorno.

Así, desde esta óptica, la inteligencia ya no es solo la capacidad de resolver problemas, sino que, al pensar las condiciones plantearse escenarios posibles. El desarrollo de la Sociedad Digital y los medios de representación virtual, han impulsado un escenario en muchos sentidos nuevos. Un aspecto crucial, parece ser como se refuerza el dinamismo, plasticidad y variabilidad cognitiva, en función de un eje mayor, que involucra e integra la experiencia significativa y la creatividad. Esto contrasta con la rigidez y el sectarismo propio de la política en su forma actual, pero también se observa en las organizaciones culturales y en las élites religiosas y espirituales.

El reconocimiento de un plano de andamiaje socio-cultural, que potencia y permite el desarrollo de las facultades innatas que se orientan al aprendizaje, producción lingüística y resolución de problemas supone una plano de interacción, dinamismo y adaptabilidad constante de la cognición, lo que implica un plano operativo y otro plano meta-regulatorio de cualquier acto voluntario, intencional, y por ende, racional, del hombre en el mundo. Desde el Pensamiento Complejo, se requiere generar un marco para encarar lo complejo de un modo no excluyente, que debe navegar entre dos corrientes: "evitar creer que la complejidad conduce a la eliminación de la simplicidad", y por otro, "confundir complejidad con completitud" (Morin 2008: 22), para ofrecer posibilidades de "articulación entre dominios disciplinares quebrados por el pensamiento disgregador", propias del pensamiento analítico moderno excluyente y meramente des-compositivo.

Matriz Estática de autoorganización:

Expresiones jerárquicas		CONFIGURA Espacial	DINAMIZA Temporal	VISUALIZA Relacional	EXPLICA Estabilidad	MIDE Adaptabilidad
	Sistema Educativo	Coherencia Constitutiva	Coherencia Axiológica	Coherencia Operacional	Coherencia Funcional	Coherencia de Acoplamiento
	¿Para qué?	Objetivos Formativos	Competencia Intelectual	Identidad	Conceptualización	Proyección Contenidos
	¿Cómo?	Metodología de Aprendizaje	Compromiso Emocional	Vínculo	Diseño Curricular	Adecuación Contenidos
	¿Con qué?	Contenidos Programaticos	Dominio Cognitivo	Conocimiento	Elección Contenidos	Calificación Contenidos
Visiones del Análisis Sistémico		Visión Sincrónica	Visión Diacrónica	Visión Relacional	Visión de Estabilidad	Visión de Contexto
Perspectiva del Análisis Sistémico		Simultaneidad	Sucesiones	Comportamiento	Dominios	Acoplamiento

El comportamiento de un sistema auto- organizado se puede observar en la medida que, dada su organización o estructura interna, se vincula dinámicamente, regulando los diversos flujos energéticos o de información, y, por ende, generando diversos grados de adaptabilidad y estabilidad dinámica, al contexto (entorno, escenario) en el que se encuentra inmerso, lo que remite el problema de la creatividad, interactividad e interoperabilidad, al centro del debate, Marinovic (2005, 2008).

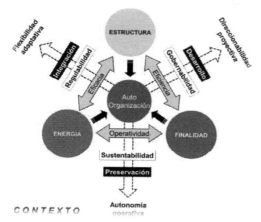

Matriz Dinámica (MOSIG) Modelo Sistémico Integrado de Gestión (M. Marinovic).

Los nuevos liderazgos organizacionales y políticos, deben tener muy claro los elementos relacionales del cuadro siguiente, el carácter multi e inter disciplinario del proceso de adaptabilidad, el enfoque sistémico-relacional y la necesidad de políticas públicas para enfrentarlo de manera adecuada. Al respecto hemos propuesto una matriz estática para el análisis contextual de los sistemas auto-organizados que permite visualizar y entender los elementos interdependientes e interactivos, que como un todo relacional, concurre en la auto-organización de estos sistemas dinámicos.

Los espacios relacionales, que estructuran los fenómenos auto-organizados, surgen del cruce de dos dimensiones: (1) Horizontal, de Expresiones Genéricas u ópticas de mirada de un mismo fenómeno (conjunción "Y") y (2) Vertical, de Expresiones Jerárquicas (de disfunción "O") que las manifiestan en un eje de relación por los niveles o dominios genéricos de manifestación. La matriz estática permite revelar en una lógica lineal asociativa, las condiciones mínimas de existencia, que como entramado relacional, deben concurrir en la conformación y viabilidad de un sistema auto-organizado.

En consecuencia, la Matriz Estática permite visualizar sus elementos constitutivos por ejes genéricos de relación, constituyendo visiones de una misma realidad, expresada por niveles de manifestación como tramado interdependiente, estructurando dominios de manifestación que se muestran en el esquema siguiente solo a modo referencial. Los nuevos sistemas de gestión organizacional exigen adaptabilidad multidisciplinar y con un enfoque sistémico-relacional que integre distintos elementos graficados en el modelo de Popper, que integra el mundo físico y material, el mundo experiencial y de conciencia, y el mundo mental, que representa la mejor aproximación y permite una mejor representación de la realidad.

No es el propósito entrar en profundidades respecto de estas herramientas de análisis y gestión. Solo interesa dejar en claro que nuestros profesionales, investigadores, académicos y consultores están profundizando en estas líneas gestionales y de adaptabilidad a la complejidad e incertidumbre en el que fluye la información, básica para la más adecuada respuesta gestional de las crisis, los conflictos, los procesos participativos y adaptativos que requieren una convergencia público privada. Como dice Cantero hemos perdido mucho tiempo sin hacernos cargo de una política pública que ayude a la adaptabilidad a la Sociedad Digital.

Por años hemos venido estudiando y difundiendo estos temas con el Doctor Cantero, quien publicó un libro sobre gestión del conocimiento, manteniendo un permanente diálogo en la comunidad científica especializada, desafortunadamente sin captar la atención de la élite, ni del empresariado, ni de los medios de comunicación, lo que ha dilapidado oportunidades, retrasando el desarrollo del país. La política, lo político y los políticos; los lideres de opinión; la elite cultural e intelectual; las organizaciones religiosas; las de carácter filosófico; y, las que ejercen un liderazgo espiritual, deben superar el paradigma cartesiano o lineal y entrar en la lógica del pensamiento complejo, de la relacionalidad, de la multidimensionalidad y multimodalidad, asumiendo procesos de formación continua, constituyéndose en los articuladores del proceso adaptativo la nueva sociedad.

Comparto el llamado del Doctor Carlos Cantero, en el sentido que no se puede seguir haciendo más de lo mismo, si queremos resultados diferentes. Hay conocimiento suficiente para el proceso, solo falta decisión y un poco de humildad en los liderazgos, especialmente en la política.

COMENTARIO DE PAULINA NÚÑEZ U.
SENADORA 2022-2030

Estas ideas y reflexiones de Carlos Cantero, son un incentivo para un diagnóstico amplio y compartido, para hacernos cargo de nuestros errores, asumir que en política no debemos restar sino sumar, que la auto-crítica no es molesta sino necesaria, que nada es peor para el que ejerce el poder que los auto-complacientes que solo están detrás de cargos y figuración, que desde el más elevado dirigente hasta el más sencillo adherente deben conversar y escucharse para definir caminos que convoquen a todos. Que la élite no puede gestionar en función de intereses grupales sino en torno al bien común del país. Que la UNIDAD, el RESPETO MUTUO y el SENTIDO DE DESTINO COMÚN, son el remedio a estos males que nos han traído hasta esta compleja encrucijada.

En consideración a esta realidad y, por cierto, a los acertados y valiosos textos de Cantero, quiero aprovechar de establecer un compromiso con Chile y todos aquellos que anhelan y están dispuestos a trabajar en la construcción de sociedad mejor.

Las crisis sociales y políticas responden a múltiples factores. Buscar la salida exige un buen diagnóstico, lo que implica reconocer los errores. No podemos normalizar una situación en la que, como sector, hemos tenido muy malos resultados políticos y electorales. Una sumatoria de fracasos que exigen seriedad y responsabilidad en su análisis, ya que comprometen el futuro, no solo del sector, también del país. El estallido social, el resultado electoral de la Convención Constitucional, la pérdida de municipios emblemáticos para nuestro sector y el triunfo de Gabriel Boric en la presidencia exigen reflexión sobre el pasado, alerta sobre el presente y decisión sobre el futuro.

Me enfocaré en el futuro y los caminos que debe recorrer decididamente la derecha y centro derecha para enmendar los errores, recuperar la confianza y volver a gobernar. Como Diputada trabajé para ganar experiencia y conocimientos, ejerciendo un liderazgo regional. Ahora, como Senadora me compromete el proceso de recuperación de mi sector, ampliando su representación, respetando la diversidad y el pluralismo. El proceso que nos desafía demanda adaptabilidad a la nueva sociedad, renovación de estilos y liderazgos, recuperación de lo público. Se requiere una gestión y liderazgo con profundo sentido social y compromiso con el bien común; claridad sobre la necesidad de equilibrar el crecimiento económico; la equidad social; y, la estabilidad política.

Ejerceré mi liderazgo, demandando reflexión, promoviendo el realineamiento del sector, que nos ponga en sintonía con la ciudadanía. No es sustentable esta imagen de una derecha cercana y complaciente con el poder y distanciada con los sectores ciudadanos y los más desposeídos. Me enfocaré en el futuro-presente en promover definiciones respecto de una Coalición Amplia, donde tenga cabida el Centro Social y la Centro Derecha. Me propongo ser clara en reconocer y enmendar los errores:

del sector, el partido y personales, para recuperar la confianza política y encabezar, junto a un equipo, la ofensiva política para volver a gobernar Chile.

En este nuevo ciclo político la ciudadanía nos puso en la oposición. La gente espera más de nosotros. Nuestro deber es cumplir de la mejor manera ese mandato. Por tanto, asumo el compromiso de articular desde el Senado, una oposición capaz de colaborar con espacios de diálogo y acuerdo, responder al sentido de equidad y mejor distribución del progreso entre todas y todos los hijos de Chile. Apoyaremos lealmente lo que sea bueno para Chile y favorezca los cambios que espera el país, de manera dialogante y dispuesta a los acuerdos. Ni el gobierno ni la oposición tienen fuerza para sacar adelante los grandes temas que debemos resolver. Por lo tanto, o lo hacemos juntos o no habrá acuerdos.

Ejerceré mi rol sin titubeos, firme en la defensa de nuestra libertad, orden, probidad, seguridad y principios propios. Un nuevo trato en política requiere una nueva derecha, más respetada, legitimada, amplia y dialogante. La democracia chilena lo requiere para la alternancia del poder. Esto exige diálogo, al interior del sector, con los Independientes y la sociedad organizada. Se requiere un recambio de estilos, conductas y compromisos. Debemos abrir paso a la mejor formación política de las nuevas generaciones, más mujeres en la toma de decisión, renovados esfuerzos y coordinado trabajo territorial, una mirada estratégica y realista de cara a los objetivos más inmediatos.

A las personas y a nuestros territorios debemos escucharlos y entregar políticas públicas pertinentes y oportunas, superando el centralismo. Necesitamos una visión del desarrollo social con perspectiva integral, desarrollo humano en plenitud, que ponga a la familia en el centro, todos los tipos de familia y atienda a la clase media. Una agenda de cambios sociales fundamentales, creíbles, ejecutables y coherentes, que abran un camino de esperanza y se haga cargo de demandas sociales que son reales e históricas.

El proyecto de transformaciones debe favorecer la identidad, la plena realización de las personas, disminuyendo las brechas culturales y sociales, el costo de la vida. No podemos seguir reaccionando y menos negándonos sin alternativa. Requerimos un nuevo pacto social, donde conversen y actúen colaborativamente el Estado, el mercado, la familia y la sociedad organizada.

Debemos re-configurar el sector desde nuestra identidad y valores, con coherencia y pertinencia en el hacer, es una obligación política y ética. Si no lo hacemos nosotros ¿Quién?.

El mejor momento de la derecha surgió de su compromiso con lo social, con la clase media y sectores vulnerables. Debemos volcarnos hacia ellos para ganar su confianza y gobernar para ellos.

Me compromete sentar bases para un país donde nadie sea, demasiado pobre para el mercado ni demasiado rico para el Estado. El poder no se cede, no se entrega ni se delega. Llegó el momento de hacernos cargo de nuestro destino y asumir en plenitud la democracia, eso requiere diversidad y pluralismo. Más allá de la explosión de indignación en nuestro país, todavía hay un camino de cambios profundos, con horizonte de esperanza y tranquilidad. Espero una amplia convocatoria para recorrer este camino, estaré jugada y liderando esta senda.

INTRODUCCIÓN

Estos textos buscan promover la reflexión sobre fracasos evidentes en áreas fundamentales de nuestra sociedad, que son mirados con desdén, por unos y con falta de realismo de los protagonistas principales.

Esos tres (3) ejes o áreas fundamentales son: 1° La Política, Lo Político y Los Políticos; 2° Cultura y Sociedad; y, 3° Lo Espiritual y Valórico. La intención es hacer una inspección forense de estas áreas y sus procesos.

La sociedad muestra signos de disfuncionalidad, en algunos casos, y descomposición en otros, lo que evidencia la necesidad de políticas de adaptabilidad a la sociedad digital. La idea es motivar la reacción, estimular la pronta reflexión, apurar el proceso de regeneración de ideas, instituciones y liderazgos. En síntesis, se trata de asumir el proceso regenerativo que cíclicamente renueva todo en la naturaleza, lo que también aplica a la sociedad.

El primer eje, referido a lo Político, busca llamar la atención sobre **el Síndrome de la Mediocridad en que se ha sumido el quehacer político, el exceso de banalidad asociada a un sentido de farándula**. Busca generar reacción en el centro y el lado derecho del espectro político, llamando a la reacción frente a la regeneración que ha eclosionado en el lado izquierdo, proceso que en sus primeros pasos ha sido vertiginoso y exitoso.

La política necesita los contrapesos para su adecuado funcionamiento democrático. Hasta ahora vemos un sector que se reordena y reorganiza en el lado centro izquierdo del espectro, esperamos que al otro lado ocurra lo mismo. La política es la que configura legal y formalmente la sociedad, es la que establece las normas relacionales y las adecuaciones a las nuevas realidades emergentes, todo retardo, falta de pertinencia y oportunidad, tiene costos para la ciudadanía y el país en su conjunto.

El segundo eje, Cultura y Sociedad, responde a la consciencia del **retraso en la formulación de políticas públicas que favorezcan la adaptabilidad a la sociedad digital, a los nuevos paradigmas**. Véase, por ejemplo, el retardo en el área educacional y la falta de realismo en el Ministerio de Educación. Se trata de un período que a nivel global muestra un ambiente de inestabilidad política y social, con múltiples variables de contexto asociadas a un materialismo desbordado, con similares reventones sociales en diversas partes del mundo, caracterizados por su masividad y transversalidad. En general, no hay pertinencia ni oportunidad en la reacción de adaptabilidad a la deriva cultural.

Pareciera que no hay comprensión del cambio radical y vertiginoso, de la revolución en las tecnologías de información y comunicación (TIC) que cambian la cultura, en particular las formas relacionales interpersonales y la relación tiempo-espacio, producto de la sincronía del ethos analógico con el digital (virtualidad). Todo lo cual constituye un radical cambio de época, que altera la manera de ser y estar en el mundo. El cambio de los principales paradigmas exige políticas públicas que favorezcan los procesos de adaptabilidad a la sociedad digital, tanto para las personas, instituciones, organizaciones y territorios.

Y, el tercer eje o área temática, Espiritualidad y Valores, tiene que ver con la consciencia y convicción que **el cambio basal o fundamental es lo ético**, hay una disfuncionalidad ética que denominamos "Pandemética", una pandemia global de degradación ética, producto de los cambios témporo-espaciales, de la emergencia de la relacionalidad virtual y de la realidad aumentada. El cambio de ethos trae aparejado un cambio ético, que impacta en todas las formas de relacionalidad humana, en los distintos sectores: sociales, políticos, económicos, culturales, espirituales, afectivos, emocionales, etc. La variable sincrónica es la ética (lo valórico) y las variables diacrónicas son todas aquellas áreas donde están impactando estas nuevas realidades, que empujan el materialismo, nihilismo, hedonismo, individualismo, egoísmo, etc. ¿Quién o quiénes serán los llamados a promover la vigencia de esos principios y valores fundamentales de la cultura y la sociedad?.

Hay instituciones del ámbito espiritual llamadas a ejercer ese rol ético, filosófico e iniciático, junto a las instituciones religiosas de las más diversas denominaciones. Aquí se hace una especial interpelación a los laicos y a los humanistas, de las diversas denominaciones, también a las organizaciones religiosas. Como dice el sabio refrán popular "Mucho ruido y pocas nueces". No hay una acción ni cohesión sistémica, se observa escasa coherencia y consecuencia. Si solo se hiciera una mínima parte de lo que se habla el mundo sería mucho mejor. Todo el crecimiento espiritual tiene sentido si se proyecta a la sociedad, si sirve a la unicidad que es la unidad del uno en el todo. Y, del todo en el uno.

El presente libro recoge las columnas escritas en la plataforma Poder y Liderazgo (www.poderyliderazgo.cl), desde el momento de la elección del 2018 en que ganó la coalición de centroderecha hasta el término del mandato Presidencial de Sebastián Piñera.

Estas reflexiones tienen el lógico sesgo y perspectiva del observador (autor), como Geógrafo y Doctor en Sociología, desde la experiencia de quien ha estado en variadas funciones públicas: Alcalde en tres ocasiones, Diputado en dos períodos, Senador en dos períodos, Vicepresidente del Senado de Chile. También por las experiencias en el ámbito privado, en gestión, asesoría y consultoría. En todo el proceso coexiste el lado humano, el sesgo personal, el sentimiento de frustración e impotencia al no lograr influir para evitar los errores anunciados, luego verificados y peor aún reconocidos como no vistos por quienes debieron escuchar los avisos.

Interesa ayudar a ampliar la mirada, traer al análisis los nuevos marcos de ideas y pensamientos, más evolucionados, con más elevado nivel de consciencia, para que nuestra élite salga del paradigma materialista y ego-céntrico para avanzar hacia lo eco-céntrico, que superen la linealidad sectorial y el cartesianismo por miradas eco-ético-sistémico-relacional; que asume que las partes hacen al todo, donde uno es todo y todo es uno; equilibrando la dimensión de masculinidad y femineidad en lo público; que se supere lo bio y sico-político por un enfoque eco-ético-político.

Se busca evidenciar el pensamiento binario o polar, que se da en las personas fanatizadas, ignorantes, dogmáticas, o vengativas, en cualquiera de los sectores u organizaciones. Consiste en enfatizar la distinción entre buenos (mismidad o mismicidad) y los malos (otredad), una percepción alterada de la realidad. Es una mirada que solo distingue entre blanco y negro. Conlleva la intención de anular, negar, eliminar, acallar expresiones de otredad o matices. Es una conducta que se da muy recurrentemente, por miopía, torpeza, egoísmo, miedo, clasismo, racismo. Se da en la política y también en instituciones de otro orden. Los más duros ataque, vetos o negaciones se dan en estos escenarios. Son particularmente fuertes y agresivos, cuando vienen desde las matizaciones de los propios (mismidad). Entre el negro y el blanco existe toda la diversidad cromática, todo el espectro de los colores. No todos somos iguales, ni lo mismo. Hay quienes denuncian los errores o abusos por coherencia, aunque eso les genere costos personales o grupales. Todo esto ocurre especialmente cuando el liderazgo renuncia al pensamiento crítico, a la reflexión, al debate, a permitir la expresión de los "otros" del sector, distintos al fiel de la balanza

El llamado es para "aceptar al otro como legítimo". Cuanta falta hace profundizar la lectura del sabio Humberto Maturana. Para detener el proceso de polarización se requiere la auténtica tolerancia y fraternidad, debemos hacernos cargo de las brechas sociales, económicas, culturales, generacionales, tecnológicas, digitales y emocionales. Se trata de un reencuentro con los principios inspiradores, de converger en torno a valores compartidos. Encarnar el principio de los principios ancestrales heredados desde el fondo del tiempo: Todo es mente. Todo es uno y uno es todo, es unidad y unicidad. Toda causa tiene su efecto; todo efecto tiene su causa. Encontrémonos en esa unidad.

LA POLÍTICA, LO POLÍTICO Y LOS POLÍTICOS.

Cuando refiero a lo político, primer eje de la reflexión, lo hago desde el sentido de pertenencia a un Centro Social o Centro Derecha Social, aunque mi quehacer político se ha caracterizado por el respeto a la diversidad y el pluralismo. Mi crítica alcanza al centro, la centro derecha, la derecha y la ultraderecha. Sin embargo, este tema interesa también a los demócratas de Izquierda, pensando que la democracia chilena requiere, por sanidad, un contrapeso al exitoso realineamiento y cambio generacional que se observa en el espectro de Centro-Izquierda.

La reflexión política tiene el matiz propio, hecha desde la frustración de ver a mi sector haciendo un gobierno mediocre, negligente, inoperante, por momentos desvergonzado. Estas páginas fluyen desde un sentimiento de impotencia y algo de rabia al ver que, desde el Gobierno, no se escuchó, ni leyó adecuadamente la realidad, ni tampoco se prestó atención a aquellos que intentaron prevenirle, con todo tipo de señales que finalmente terminaron como declaraciones al aire. De vivir en carne propia el desdén, el bloqueo, el intento de eliminación o desprecio a la experiencia y trayectoria que muchos representamos para el sector.

Cuando el desastre se hizo evidente y el derrumbe institucional era indesmentible, los principales actores intentan eludir sus responsabilidades, recién abrieron el espacio a otros actores, a las nuevas generaciones, a las que terminaron cargando con la secuela de errores. Por eso escuchar de boca de la principal autoridad (la élite) ese nefasto: "No lo vimos venir", escala la frustración a rabia, por la banalidad del estilo gestional. ¿No se vio, no se quiso ver, fue desdén, soberbia, displicencia, descriterio, desvergüenza, salud mental, desequilibrio emocional, miedo o temor político, o todas las anteriores? **Hoy muchos de los vetados, despreciados o no considerados, agradecen no haber sido convocados por el Gobierno de Piñera.**

En concreto, el Gobierno dejó de ejercer el poder muy tempranamente. Desde el viaje a Cúcuta, en búsqueda de un puesto en el liderazgo de la derecha global. Ese flirteó con el Olimpo político del sector, terminó en un desastre, con un regreso fatal, cuesta abajo en la rodada. El presidente Piñera, no solo no logró ese reconocimiento entre líderes globales de la derecha, sino que, por el contrario, el Gobierno y el Presidente comprobaron que habían perdido contacto con la realidad y las inquietudes de las chilenas y chilenos.

Despertó un proceso de causalidades múltiples que culminó como el reventón social, con la violencia desatada en las calles del país, un proceso que deterioró la gobernabilidad, la legalidad y la legitimidad, lastimadas severamente. Fue el momento en que se dinamitó el sentido y respeto a la autoridad. La falta de liderazgo y de vocerías en el Gobierno se hicieron de toda evidencia.

Muchos nos preguntamos ¿Qué le pasó a Sebastián Piñera? ¿Qué pasó con su inteligencia proclamada? ¿Formó un mal equipo? ¿Fracasó el liderazgo de la élite del poder, de su estrecho cerco de confianza? ¿Andrés Chadwick, Cristian Larroulet, Andrés Allamand, como segundos no pudieron contener al primero? ¿Es que el Presidente se asustó con las amenazas en el tema de los derechos humanos? Como sea, lo concreto es que la Izquierda (más radical) le pasó por encima. Todos sus grandilocuentes anuncios en torno a parar la delincuencia, contener el narcotráfico, la puerta giratoria, cautelar las libertades y la justicia, el control de las migraciones, hoy son las expresiones más elocuentes del fracaso de la gestión de políticas públicas. Tampoco se cumplió con las promesas a los grupos que fueron su apoyo, ni con el país.

Lo que describo fue un proceso extraño, la gente del sector que se destacaba por una buena gestión en otros cargos públicos y también privados, que eran valoradas por su vocería exitosa y con una buena consideración de la ciudadanía, personas reconocidas por su trayectoria exitosa, al ser llamados a ocupar cargos de gobierno se borraban, se hacían invisibles, eran ungidos con los óleos de la intrascendencia. Ocurrió prácticamente en todos los casos, constituyéndose en liderazgo frustrados, castrados en su proyección. Algo estuvo muy mal internamente en la forma de gestionar el liderazgo y la vocería, centrada en el Presidente, que mostraba claros síntomas de compulsión mediática, anulando el accionar de sus Ministros.

Un Presidente que inexplicablemente desde el comienzo cometió errores estratégicos y tácticos, con un mal entendido cambio generacional, con un entorno demasiado cercano, familiar, obsecuente, sin consideración de experiencia ni competencias en los nombramientos; sin consideración de los antecedentes personales de los nombrados. Un par de semanas antes de la instalación del Gobierno señalamos en estas columnas que una gran oportunidad podía ser dilapidada, ello por el peligro que anunciamos, representado por el nepotismo y la endogamia socio-cultural, tempranamente denunciados como el Talón de Aquiles del Gobierno.

Este texto se edita justo en los momentos en que el Presidente realizaba reuniones, convocando a los presidentes de los partidos que le apoyaron, parlamentarios y ministros para definir cuál sería su **legado**. No hay claridad que más bien lo que está dejando es un tremendo **forado**: institucional, político, social, económico y sico-social. La cantidad de sombras dan opacidad a las luces de su mandato, que, en los hechos, culminó abrupta y anticipadamente el 18 de octubre del 2019. Desde allí en adelante todo fue decadencia, un "alma en pena" que deambuló por Palacio y otros espacios siempre protegidos y artificiosamente ambientados para la (necesaria) apariencia de "normalidad". Una realidad paralela que solo estaba en la cabeza de la Corte del Palacio, sin ninguna relación con la realidad que vivía la inmensa mayoría del país.

Desde el momento en que se enfrentó y ganó la elección se comenzaron a dar campanadas de alerta sobre lo que significaba este nuevo período presidencial, se anunció los peligros y los errores que se evidenciaban en las decisiones presidenciales. Una falta de sentido de la realidad, un voluntarismo alienante, una escasa voluntad de ver la realidad y de escuchar las críticas, sugerencias y llamados de atención. Cuando se le planteó esto a Ministros, Senadores, con los que tuve una reunión especial al efecto en Valparaíso, y a los Diputados y Dirigentes del sector, solo observé encogidas de hombros, un sentido de dejar hacer y dejar pasar, cada cual sacando el mejor provecho en la pasada. Véase como se repitieron las mismas personas en múltiples cargos, al final dejándolos votados o renunciando.

El Presidente renunció al pensamiento crítico, a la reflexión, al debate, a permitir la expresión de los "otros" del sector, distintos al fiel de la balanza de la derecha dura, conservadora y del poder económico. Sucumbió a la compulsiva endogamia socio-cultural, le faltó diversidad y sobre todo pluralismo, con todo lo que eso implica.

Ahuyentar, repudiar, ignorar, o desconocer a quienes representaron el pensamiento crítico fue su perdición, al bloquearlos terminó deslegitimando sus decisiones políticas. Se entendió al gobierno como una empresa personal, donde todos los demás eran empleados, simples subordinados. Fue un grave error y el desastroso resultado está a la vista.

Durante la campaña, en el Primer mandato Presidencial de Sebastián Piñera, personalmente me preocupé de invitar gente de otros sectores y sensibilidades, gente que venía desde la Izquierda, el Centro y los Independientes, eso aseguró el éxito de esa campaña. Pero, a poco andar el Presidente y la derecha dura, los sintieron como "cuerpos extraños", resultaban molestos, incómodos. Recuerdo la figura de personalidades relevantes como los Senadores Fernando Flores, Adolfo Zaldivar, Carlos Bianchi, Lily Pérez, Antonio Horvath, además de una pléyade de Diputados y personalidades relevantes que se acercaron para ayudar en la esperanza de ser aceptados y respetados en su diversidad para conformar un sector más diverso y tolerante. Pero, no fue así. Por el contrario, tempranamente se les trató de eliminar, empujar, sacar del sector a los que tenían cualquier postura reflexiva o cuestionadora. Se les ahuyentó por ser díscolos. No se repitió la construcción de esos puentes de plata en la Segunda Campaña Presidencial. Como dijo recientemente Lucia Santa Cruz, desde su posición en el Instituto Libertad y Desarrollo, en entrevista a La Tercera: "Hay una sola derecha". Nunca pude hablar con ella para preguntarle que significaba esa afirmación. Me quedo con la impresión que no reconocen como legítimas otras posturas y sensibilidades, solo hay espacio y atención para la mismicidad. Si no se quiere volver a vivir estos dramáticos episodios políticos el sector debe aprender a respetar, se requiere inclusividad, diversidad y pluralismo.

Cuando se intenta hacer una inspección forense del período de la Presidencia de Piñera, hay algunas luces y muchas más sombras. Su evidente inteligencia analítica y financiera, sus capacidades lógico-matemáticas y de cálculo, terminaron siendo su peor limitante, fue muy evidente su deterioro relacional, la rigidez muscular y sus movimientos estereotipados y disruptivos, por momentos descontrolados, particularmente en eventos de tensión. Fue evidente el proceso de perdida de contacto con la realidad, el entendimiento del mundo que le rodeaba. También se evidenció la valoración negativa de lo emocional. Una primacía valorativa de lo material, lo financiero, por sobre la empatía y la afectividad. Una parte económica que limita la dimensión del todo, evidente ceguera en la empatía por lo social y el sentir. Las competencias relacionales no estuvieron en plenitud.

¿Dónde y en qué momento, perdimos al Piñera del salvataje a los mineros? ¿Ese Presidente comprometido, presente, activo, asertivo del primer mandato? ¿A qué se debe esta sideral diferencia entre el Piñera del Primer Mandato centrado en Chile y sus problemáticas y el del Segundo período, ausente, fuera de la realidad?

La derecha tradicional está deslegitimada, desprestigiada y acusada de dependencia del poder económico. Se le responsabiliza de haber tenido a disposición un modelo altamente exitoso en la generación de riqueza, que no supieron o no quisieron gestionar con buen criterio, con una adecuada distribución de los beneficios del desarrollo, con equidad territorial y personal. Muchos abusos, cuando no corrupción, en un entorno de impunidad.

Se debe promover la renovación y la unidad amplia de un Centro Social y la Centro Derecha Social, favorecer la emergencia de nuevos actores, comprometidos con nuevos marcos teóricos, con nuevas estructuras y estilos gestionales, modernos y acordes a las nuevas tecnologías relacionales (digitales y presenciales). Hay que superar ese poder oscuro que promovió la degradación y corrupción transversal de la política, erradicando el carácter de bienes transables en que se transformaron los partidos políticos.

El pensamiento crítico es fundamental para la sanidad de las instituciones. Los obsecuentes, los complacientes, los genuflexos, la banalidad y el desdén no son adecuados a la sanidad institucional y la convivencia social amplia. Se debe reconstruir la relación social amplia con todos los sectores de la sociedad chilena. Hay que superar la cultura de farándula que se ha enquistado en la política, particularmente a este lado del espectro. Hay que equilibrar racionalidad con emocionalidad. Se debe valorar la diversidad, el pluralismo, a los que construyen puentes, los que exploran nuevos territorios y abren nuevas rutas políticas.

Estas columnas de opinión publicadas en Poder y Liderazgo durante los cuatro años del mandato de Piñera, recogen todo lo dicho, campanazos de alerta que fueron oportunos, honestos y sinceros, que no fueron atendidos y que, por el contrario, solo contribuyeron a cerrar puertas, a agudizar la ceguera, la sordera y el algún momento motivar persecución a los propios (del sector).

Reflexionemos sobre las causas del fracaso, del colapso del sector, para tener claridades, identificar los equívocos, entender que esto no ocurrió por mandato de Hades, o la mala suerte, ni se puede responsabilizar a la Divina Providencia. Esto ocurrió por circunstancias equívocas. No se entendió como un proyecto colectivo, algunos se sintieron dueños de la situación y actuaron con sentido autocrático, en esto hay diversos niveles de responsabilidades que bien vale la pena entender y reconocer, para no volver a tropezar con la misma piedra.

CULTURA Y SOCIEDAD

En Cultura y Sociedad, segundo eje de reflexión, la mirada es de pensamiento crítico a la transversal falta de visión y realismo de la política tradicional, que terminó repudiada, con millones de chilenas y chilenos, jóvenes, adultos y viejos, de toda condición social y económica, con gran transversalidad política, que se movilizaron a las calles aquel memorable 25 de octubre, pleno de la diversidad del país.

Este proceso de cambios disruptivos y vertiginosos, derivado de la revolución en las tecnologías de información y comunicación, que han gatillado cambios profundos en la cultura y la sociedad, cambios en los paradigmas que muestran un cambio de época de alcance civilizatorio, que implica en las personas profundas alteraciones en la forma de ser y estar en el mundo. Enfrentamos una crisis estructural en la que son puestos en cuestión los principios y valores, así como las instituciones tradicionales y su institucionalidad.

Muchos de estos procesos son impulsados por jóvenes que desde cualquier lugar del mundo, con sus algoritmos matemáticos son capaces de producir profundas transformaciones de alcance global, en poco tiempo, en las más diversas dimensiones de la vida humana y de la existencia de las personas en el planeta. Esta tensión valórica está acompañada de movimientos sociales y reivindicatorios de alcance global, que expresan su voluntad de cambio y expresiones culturales de sectores más radicalizados que buscan destruir el orden con reventones de violencia y sin expresión de las alternativas. Estas expresiones surgen de la tensión entre el materialismo y la espiritualidad, en la relación de ser y estar en el mundo.

En diversos países -en medio de la pandemia global- las manifestaciones ciudadanas multitudinarias mantienen vigencia y vigor, coincidiendo en su repudio a las desigualdades, al irrespeto: por los bienes públicos; la dignidad de las personas; la exacerbada competencia; el poco espacio para la solidaridad social sistémica. **Esto significa que los principios Humanistas pierden vigor y los valores laicos pierden vigencia en la sociedad. Algo no estamos haciendo bien, por alguna razón no estamos cumpliendo nuestro propósito ético. Debemos reflexionar sobre la coherencia y consecuencia de nuestra verbalidad y acción.**

Debemos asumir que la sociedad movilizada no solo es un reproche a la élite política y económica, constituyen un potente llamado de atención a las instituciones éticas. La disfuncionalidad de una democracia fallida clama a nuestra consciencia. No resulta coherente un concepto de desarrollo pleno de desigualdades, privilegios y asimetrías, que preservan un neo clasismo o que atenta contra los bienes públicos y el bien común. La concentración de la riqueza en torno a unos pocos grupos de poder, la política subordinada de los intereses económicos, la corrupción y el narcodelito, constituyen un acicate para cualquier persona de bien, particularmente para la institución que se proclama comprometida con lo ético y filosófico.

Se requiere sintonía con las demandas y la crítica social, escuchar a la ciudadanía; a las juventudes indignadas; los trabajadores (del ámbito público y privado); los contratistas, externalizados, a contrata, temporeros y maquiladores, que viven el dolor cotidiano de un trabajo precario; los indígenas que reclaman derechos, respeto a su identidad y dignidad sin ser atendidos en sus demandas; la equidad de género; el respeto coherente a la declaración de "la familia como célula básica de la sociedad" y políticas públicas consecuentes (vivienda y calidad de vida); bienes públicos dignos para todo aquel que los necesite: educación, salud, cultura, recreación, etc.

Con la sociedad digital se anuncia la llegada de la democracia digital, directa y participativa y una nueva ética que reclama sintonía y la vigencia de los Principios Humanistas, lo que aplica a la relacionalidad entre la política y la ciudadanía, en las expresiones de violencia y en la distribución de los beneficios del progreso. ¿Será que las personas sienten que se les ha tratado con violencia sistémica? Hay un reguero de dolor y menoscabo a la integridad. Se repudia una sociedad de precariedad, de sobrevivencia y endeudamiento, de un materialismo desbordado, anclado en ideologismos, en uno y otro lado. Es un mensaje fuerte y contundente, una advertencia a los gobernantes y políticos que no están haciendo bien su trabajo. Tampoco podemos desconocer el peligro que encarna la presencia de sectores marginales, violentistas, anarcos, lumpen, narcotráfico, que traen violencia, saqueos y destrucción, repudiando las instituciones, los símbolos históricos y culturales.

La autoridad nacional y las instituciones multilaterales supranacionales muestran incompetencia, desdén, complicidad e impunidad, para enfrentar esta conflictividad creciente. Se acumula la tensión sin que surjan respuestas adecuadas, un profundo malestar en la sociedad, por los resultados económicos, sociales y políticos, responsabilizando a la élite política y económica. Esto genera desesperanza, una visión pesimista del futuro de las familias y de la sociedad en general. La insatisfacción acumulada por la sociedad demanda una respuesta local y global. Esta ceguera y sordera es la que debe ser asumida y reflexionada por el ejer de centro y derecha.

LO ESPIRITUAL Y VALÓRICO

Este tercer eje o área de reflexión se orienta principalmente al pensamiento laico. Algunos señalan que los males basales de la crisis se encuentran en la política, en lo social, en lo económico, en lo espiritual. Pensamos que esas son las consecuencias. La causa basal (y anterior) está en la profunda crisis ética. Es urgente el compromiso de todos los líderes de buena voluntad y de las consciencias elevadas, con la promoción del Desarrollo Humano, cautelando el mejor reparto de los recursos para obtener mayores beneficios y posibilidades de una vida digna. De esta forma se fortalecerá una democracia fundada en nuestros permanente principios de libertad, igualdad y fraternidad. Se requiere pasar de los dichos a los hechos.

Esta línea de reflexión constituye -y busca motivar- una autocrítica, un sentido de responsabilidad por la elocuente enunciación grupal o institucional por lo valórico, sin coherencia ni impacto alguno en los temas relevantes y la realidad cotidiana del país. La realidad evidencia que hay un fracaso rotundo y doloroso, no hay coherencia entre el decir y el hacer. Lo valórico se va degradando, en la tensión entre materialismo y espiritualidad, el primero lleva gran ventaja para desgracia de las personas. Los temas de la dignidad de la persona y los pilares de la sociedad están amenazados. No se cautela adecuadamente ni se asegura a las personas "su más pleno desarrollo material y espiritual". Se observa mediocridad en el hacer, falta de compromiso con el mérito, vivimos el Síndrome de la Intrascendencia, operando en plena validez, lo que afecta a la membresía, los dirigentes, la masa crítica de las instituciones religiosas y espirituales.

Las miradas se dirigen hacia los líderes espirituales, religiosos, éticos y filosóficos, incluida la Masonería. ¿Cómo se sale de una crisis valórica? ¿Cómo zafarnos de una corruptela generalizada donde la ley del "esfuérzate para ser más" ha sido sustituida por el axioma del "todo vale"?

Debemos tener presente una prevención: ¡No se trata de traer la política a estos ámbitos de acción! Al contrario, se trata de llevar los principios y valores a toda la sociedad, de cautelar su vigencia en todo ámbito. Se trata de promover nuevos estilos de liderazgo, un nuevo "deber ser" con principios y valores Humanistas, que cambien el enfoque EgoCéntrico por otro de sentido Eco-Ético-Céntrico, movilizando y contagiando a toda la sociedad, en todos nuestros países, con toda su rica diversidad.

¡Que se haga justicia!, clama el fervor popular. No existe la Moral de Ocasión o la Ética de Almanaque, esa flexible y acomodaticia. No podemos entrar o salir de ella según nos convenga. Para actuar rectamente no hay que seguir cursos ni entregarse a gurúes o a líderes de ningún tipo. Desde que tomamos conciencia, la moral nos abarca y nuestra relación con ella es un hecho cotidiano e inevitable. ¿Ha fallado nuestra generación? ¿Qué institución puede brindar alero seguro para descontaminarse de una sociedad polucionada en grado supremo? Son todas estas preguntas que tienen a la sociedad chilena oscilando entre la inercia y la incerteza.

Es responsabilidad de los líderes espirituales fortalecer los valores, asumir los cambios y el proceso de adaptabilidad que demanda la emergencia de la Sociedad Digital. Se trata de refundar la convivencia social, política y cultural, en la vigencia de los valores tradicionales, para el Desarrollo Humano, la ética democrática y la justicia social que queremos para el siglo XXI. Tenemos una cita con la historia, lo que nos obliga a ser garantes de los principios universales.

La globalización y la emergencia de las nuevas tecnologías digitales nos pone frente a un profundo cambio. Consecuencia de esa deriva sociocultural, la sociedad contemporánea se debate en una profunda crisis ética de alcance global, que se expresa en todas las dimensiones del ser y estar en el mundo.

Se trata de la ruptura del equilibrio entre lo espiritual y lo material; de un materialismo desbordado que se expresa en un individualismo egoísta; en el desvalor del sentido de comunidad y la solidaridad; la exacerbación de la competencia en detrimento de la colaboración; un minimalismo de la dignidad de la persona humana; un proceso auto-poiético (replicativo) de nihilismo, es decir, debilitamiento valórico constante; y, del hedonismo o compulsión por el placer inmediatista sin consideración de las consecuencias de esos actos. La confusión de lo que se entiende por valor con lo que significa precio.

Estos procesos son permanentemente (cotidianamente) replicados y viralizados en contagios masivos y permanentes (memética) de información cultural, por medio de neuromarketing aplicado desde los medios de comunicación (TV) sobre millones de seres humanos, en un ambiente de post-verdad. Este materialismo desbordado es estructural, está en los marcos ideológicos de todo el espectro político actual.

Vivimos una profunda crisis ética, la sociedad contemporánea enfrenta una pandemética. Las instituciones éticas, filosóficas y espirituales, tienen el deber de asumir el desafío y la responsabilidad de brindar sus luces para orientar a la sociedad. PANDEMÉTICA[1] es una palabra compuesta de pandemia y ética, para señalar que enfrentamos un proceso de degradación ética, que se viraliza con una alta tasa de contagio, a gran velocidad, destruyendo el tejido social en el espacio-tiempo global. Proceso de mutación valórica que se propaga encontrando a la sociedad y la mayoría de las personas sin inmunidad, induciendo Inflamación y fiebre sociocultural, con impactos diferenciados según los distintos ethos, que pueden ser favorables o no a su desarrollo, según la inmunología (cultural y valórica) de cada población. No se trata de un asunto local, ni siquiera continental, se trata de un fenómeno global, que alcanza a países ricos y pobres, de izquierda y derecha, de diversas religiones. Es la tensión de equilibrio entre lo material y lo espiritual, la visión minimalista de la dignidad de las personas y del sentido de comunidad.

El repudio transversal a la ética vigente, evidenciado en las multitudinarias movilizaciones sociales en diversos lugares del mundo, con gran transversalidad global, surge desde una ruptura generacional, saltando vallas de exclusión y de inequidad, enfrentando todo obstáculo que pretenda mantener el statu quo. Esta generación rechaza la forma de vivir (la vida) que han heredado: valoran la

---

[1] Doctor Carlos Cantero (2020). https://www.lemondediplomatique.cl/pandemetica-proceso-viral- vertiginoso-y-global-por-carlos-cantero-ojeda.html

producción de riquezas, pero reclaman equidad social; acepta la competencia, pero, con la solidaridad sistémica; reclama equilibrio entre el respeto a los bienes públicos y también con los bienes privados; entre el mercado y el Estado; reclama lo mejor de la Izquierda con lo mejor de la Derecha.

Las instituciones éticas, filosóficas y espirituales, tienen el desafío y la responsabilidad de brindar sus luces para orientar la sociedad en medio de las tinieblas. En este cambio hacia la Sociedad Digital, los límites éticos están desbordados, desdibujados, plenos de opacidad. Se requiere iluminar con los principios y valores, las áreas fundamentales de la vida social y sus interacciones, en todos los ámbitos del ser y estar en el mundo, para un vivir con dignidad, con visión integradora para todas las dimensiones de la persona y para todas las personas. Si los órganos nacionales fracasan y los supranacionales se muestran ineptos en la creación de Desarrollo Humano, es nuestro deber tomar iniciativa.

La sociedad nos presenta y reclama un relevante desafío ético, se trata de un urgente llamado a la acción, a romper inercias, dejar la pasividad, dejar de replicar conductas disfuncionales e inconducentes, se trata de un llamado a laicos, líderes de buena voluntad y consciencias elevadas, para articular, viralizando y contagiando principios y valores humanistas, abrir espacio a los que no tienen voz, llevando luz a quienes están en tinieblas. En estos procesos de crisis el mal triunfa cuando el bien no asume sus desafíos. A movilizar y activar una Gran Cadena Universal para: GLOBALIZAR EL HUMANISMO Y HUMANIZAR LA GLOBALIZACIÓN.

1.- DE LA POLÍTICA, LO POLÍTICO Y LOS POLÍTICOS.

ELECCIÓN Y CENTRO-DERECHA

LUNES, 20 DE NOVIEMBRE DE 2017

Esta elección encuentra nuestro país sumido en la desconfianza, una desesperanza gatillada por la mala distribución del ingreso, se trata de dos mundos confrontados, entre aquellos que exaltan la solidaridad y aquellos que exaltan la competencia.

La segunda vuelta, desde el comienzo la anunciamos como un desafío difícil, trabado. Señalamos que la ventaja que observó Piñera en la primera vuelta se anulaba. Señalé como evidente la necesidad de una estrategia volcada a la unidad y a consolidarse hacia el centro político. Lo que no ocurrió. Es claro que la centro derecha ha quedado amenazada electoralmente de cara a lo que viene".

Se observa un voto de rechazo: desencanto con la "Nueva Mayoría", por su negativa gestión, pero, también constituye una expresión de desconfianza con "Chile Vamos" y su promesa de "Tiempos Mejores". Los dos grandes bloques que caracterizaron el Chile de la Transición muestran sus fracturas, una tendencia a la fragmentación, con sensibilidades emergentes que buscan su identidad y empujan por su espacio para expresar sus matices y seguir ganando adhesión ciudadana. Con un centro que está desamparado, vacante y desatendido.

La lectura de esta votación debe ser vista más allá de las capacidades de los candidatos. La gente voto por grandes ideas o categorías de pensamiento, en todo caso, ancladas en el CAMBIO, especialmente del modelo de desarrollo. De asumir este desafío depende el destino de la segunda vuelta.

La segunda vuelta, desde el comienzo la anunciamos como un desafío difícil, trabado. Señalamos que la ventaja que observó Piñera en la primera vuelta se anulaba. Señalé como evidente la necesidad de una estrategia volcada a la unidad y a consolidarse hacia el centro político. Lo que no ocurrió. Es claro que la centro derecha ha quedado amenazada electoralmente de cara a lo que viene.

Chile Vamos, está siendo demandado por una ciudadanía que no cree la oferta de "Tiempos mejores" y reclama un énfasis social y ciudadano. En el otro lado, la gente joven creyó en la oferta de una sociedad más solidaria que hizo desde fuera del conglomerado oficialista la candidata Sánchez. Tanto así que deja huella en la votación de la Nueva Mayoría, que por poco se transforma en la nueva minoría.

No se puede pretender hacer más de lo mismo cuando claramente la gente pide cambios. Se requiere enfatizar el desarrollo en base a una economía SOCIAL de mercado. La centro derecha debe reinventar su opción para generar confianza, dejar esa campaña endogámica en lo social y político, enfocándose hacia la solidaridad, lo ciudadano y lo emocional. Se debe asumir la deuda social, económica y política. En esto último se debe interpretar el electorado que votó por Kast. Sin embargo, se requiere una campaña en la calle, en las comunas populares, en las poblaciones, con equipos empoderados, con sentido político, orientado hacia el centro.

En una tribuna anterior señalé que para ganar Piñera debía hacerse cargo de la demanda social; marcando independencia respecto del poder económico. Y, es necesario un cambio para encarnar la diversidad socio-política de nuestro Chile. Enfrentar la grave crisis valórico-institucional comprometiéndose con la probidad, la equidad y el sentido de comunidad.

La estrategia implementada hasta ahora se aprecia cupular, muy estructurada o marketeada. El voto que falta y se necesita atraer es, precisamente, la periferia del sector, los insatisfechos, un amplio segmento ciudadano que prefiere la "independencia", los críticos de los partidos y aquellos que optaron por un voto testimonial para marcar sus diferencias. Para atraer ese voto periférico Piñera debe redefinir su campaña, generar cambios, abrir los límites político-ciudadanos, mostrar mayor diversidad, ampliar los espacios de participación. En la integración de estos elementos está la base para atraer la diversidad que se requiere para ganar el gobierno.

CHILE: GRAN TRIUNFO DE LA CENTRO-DERECHA

LUNES, 18 DE DICIEMBRE DE 2017

> *"The opportunity is the escort lady of politics.*
> *(La oportunidad es la dama de compañía de*
> *la política).* Franklin D. Roosevelt.*

Al término de la primera vuelta señalé que el país se encontraba sumido en la desconfianza, con una economía en el suelo y niveles de desempleo severos que duelen a la familia chilena, lo que sería un costo a pagar por la centro-izquierda de Bachelet y Guillier. Al mismo tiempo advertía sobre una ácida crítica ciudadana hacia una centro-derecha a la que se le reclama más generosidad en la distribución de los beneficios del progreso, en el fortalecimiento del sentido de comunidad nacional y en la generación de bienes públicos.

El desafío ahora consiste en consolidar un amplio sector que tenga cohesión política. Los nuevos liderazgos mostrados en la campaña presidencial deben articularse con equipos, contenido y disciplina, superando el individualismo y caudillismo mostrado por algunos de ellos".

Unos, en la centro-izquierda, aparecían muy generosos para distribuir riqueza mostrando escasa capacidad para generarla. Mientras en la centro-derecha se observaba un equipo solvente en lo económico y desplazándose tímidamente hacia el compromiso social. La ciudadanía optó por lo que le pareció más seguro, creyó en el discurso de este sector y espera CAMBIOS hacia un modelo de desarrollo de mayor equidad y compromiso social.

El proceso de polarización observado en la primera vuelta, más que un corrimiento del electorado, fue un voto de protesta, de rechazo al estado de las cosas. Lo dijimos oportunamente, más del 55% del padrón electoral no concurrió a votar y el centro político estuvo vacío, los Independientes sintiéndose empujados hacia fuera, amplios sectores ciudadanos sintiéndose desatendidos. Por cierto, allí estará el nuevo centro de acción para consolidar el futuro político del sector, marcar tendencias más allá de una elección, que dé continuidad a la centro-derecha.

Piñera apostó por la humildad, la unidad nacional y proximidad con la gente, dejó la racionalidad de lado para asumir la emocionalidad, fue capaz de mostrarse más maduro y solvente en el sensible tema del crecimiento económico y el énfasis social. El desafío ahora consiste en consolidar un amplio sector que tenga cohesión política. Los nuevos liderazgos mostrados en la campaña presidencial deben articularse con equipos, contenido y disciplina, superando el individualismo y caudillismo mostrado por algunos de ellos.

En la centro-izquierda el desafío será más complejo, debe generar más articulación y menos oportunismo e improvisación. Abrir espacios a los nuevos liderazgos, articular un discurso con un contenido más claro y con mayor sentido ético. Se debe generar espacios de participación que permitan articular esa diversidad logrando equilibrar la ex Concertación con la sabia joven del Frente Amplio, autodenominado la verdadera izquierda. Muchos deben sentir el peso de haber traicionado a su mejor liderazgo, que habría sido capaz aglutinar a ese sector y logrado un mucho mejor rendimiento electoral, me refiero a la persona de Ricardo Lagos. En ese sector, quizás el desafío más doloroso será la rearticulación de la Democracia Cristiana, que ha quedado en una condición política y electoral deplorable al término de este proceso.

La política chilena debe asumir una verdad indesmentible, "la unidad hace la fuerza", todos los actos divisionistas o exclusivistas pagan su precio. Lo dijimos, el Frente Amplio quedó en una posición insostenible, criticó tan ácidamente a la Coalición gobernante que genero una sinergia que les costó la elección. Otra gran lección es que no se puede seguir haciendo más de lo mismo, ni esa izquierda trasnochada al estilo castrista o peor aún Chavista, que quiso revivir Guillier, puño en alto gritando "Hasta la victoria siempre", ni la derecha crudamente neoliberal que al beneficiar a los dueños del dinero termina dañando la dimensión social de la política con sus secuelas electorales.

Veremos cómo el país enfrenta y supera (esperamos) esa tendencia hacia una política marcada por la farándula, "la sociedad del espectáculo" al decir del intelectual Lipovetzky, esa plenitud de opinólogos banales, para volcarse hacia lo programático, la planificación, la articulación de equipos con vocación profesionalizante y que (esperamos) expresen la política con auténtico sentido republicano, ciudadano y social.

EL DESAFÍO HISTÓRICO DE LA CENTRO DERECHA

VIERNES, 29 DE DICIEMBRE DE 2017

La centro-derecha chilena, encabezada por el Presidente Sebastián Piñera, después de un siglo, tiene el desafío de cambiar la historia, proyectando un sector político coordinado, maduro, moderno, cuyo desafío histórico es trascender más allá de su próxima administración. Sus liderazgos se medirán por la capacidad de aglutinar, unir y coordinar para hacer un gran gobierno. Para recuperar el crecimiento económico y hacer una gran transformación política, impulsando una derecha con legitimidad y licencia social, enfatizando su rol ciudadano, social y republicano. Para ello será necesario superar el dogmatismo economicista de unos; el sectarismo político–partidista de otros, amalgamando un conglomerado amplio y participativo, que alcance más allá de los partidos, articulando una auténtica centro-derecha institucionalizada para fidelizar un electorado líquido, volátil, voluble, que con un cambio en las condiciones ambientes cambia de estado o su adhesión.

La clave del éxito político del nuevo gobierno de Piñera está en el respeto a la diversidad y el pluralismo por medio de un adecuado diálogo nacional, que permita reconstruir confianzas y los elementos aglutinantes, equilibrar la virtuosa ecuación de la gobernabilidad: crecimiento económico; equidad social y estabilidad política".

Será necesario implementar una estrategia de adaptabilidad a los cambios que representa la emergencia de la sociedad digital. Se requiere promover un cambio estructural de carácter cultural, que le sentido al esfuerzo de desarrollo, superando el exacerbado individualismo en la ciudadanía, generando espacios de colaboración y solidaridad.

Otro elemento clave está en el adecuado equilibrio entre los bienes privados y los públicos, que las personas demandan al Estado. Una demanda sustantiva es asumir el nuevo valor de la diversidad en un Chile que reclama pluralismo y participación. Quizás el desafío mayor será liderar el compromiso con el trabajo bien hecho en el ámbito público-privado, con la excelencia en el hacer, en un ambiente de eficiencia y probidad como valor supremo en la gestión.

Se debe asumir como desafío de política pública el cambiar el estado de ánimo, la emoción predominante en las relaciones sociales de los chilenos, que valore como activo intangible el bien sico-social, dando la relevancia al ambiente de confianza y colaboración que debe caracterizarla vida social en el país. En el ámbito público-privado se debe gestionar para superar la banalidad, el nihilismo y el hedonismo que arrasan los valores éticos, que se transforman en el Talón de Aquiles del país. Las instituciones y su institucionalidad resienten la embestida materialista, la ineficiencia y la mediocridad que se instaló en el ámbito público. La ineptitud política conlleva el deterioro de las instituciones fundamentales de la República, que amenazan las bases de una sana convivencia, polarizando posiciones. Se evidencia la incapacidad relacional de la política, por ello se debe promover el encuentro entre los chilenos.

Es necesario liderar un proceso de alcance nacional que restituya en el espectro político el valor del mérito que parece secuestrado en la carrera funcionaria y enfrentar enérgicamente los visos de corrupción y oportunismo por la descoordinación de las instituciones públicas. Habrá que pedir unidad de todos los sectores para enfrentar con decisión el narcotráfico y sus perversas secuelas de degradación, violencia y muerte, que ya se evidencian en nuestras instituciones nacionales.

La clave del éxito político del nuevo gobierno de Piñera está en el respeto a la diversidad y el pluralismo por medio de un adecuado diálogo nacional, que permita reconstruir confianzas y los elementos aglutinantes, equilibrar la virtuosa ecuación de la gobernabilidad: crecimiento económico; equidad social y estabilidad política. El desafío consiste en constituir una auténtica economía social de mercado, con nuevos y mejores sistemas de redistribución, colaboración y sentido social.

PIÑERA Y LA CENTRO DERECHA SOCIAL

JUEVES, 29 DE MARZO DE 2018.

Mi ideal político es una centro-derecha de sentido democrático, republicana, de fuerte compromiso social y ciudadano. En diversas etapas, en las últimas décadas, el sector se ha alejado de este ideal, especialmente cuando los "mecenas" de la política tomaron la batuta. Eso explica los conflictos y divisiones. En mi caso personal aquello me llevó a abandonar la militancia partidista.

Hasta ahora ha mostrado luces y sombras, caracterizadas por la falta de revisión de los antecedentes en sus nombramientos que ha implicado bajar a muchas autoridades recién nombradas y la escasa consideración de la experiencia para las funciones a ejercer".

La fuerza de los hechos sociales, políticos, electorales y judiciales en los últimos años, han terminado por debilitar los liderazgos que permitieron esos procesos y abusos. Se imponen nuevos equilibrios favoreciendo otros liderazgos y la emergencia de nuevos referentes con un enfoque más político y social. Se agradece la independencia respecto de los controladores económicos de la política, que ha debilitado la hegemonía de aquellos que con su dinero ejercieron tráfico de influencias y corrupción del poder en forma transversal en todo el espectro político.

Esta centroderecha tiene el desafío de institucionalizar y abrir espacios a esa amplia participación. El gobierno del Presidente Piñera tiene que afianzar un sector político moderno y ciudadano, con políticas públicas para una distribución equitativa de los sacrificios y, también, de los beneficios de progreso. Se deben cautelar los bienes públicos, más allá de quien los provea, aliviando la presión y las sentidas demandas de las grandes mayorías sociales: el centro político, la clase media y los amplios sectores independientes. Bienes esenciales para cualquier chileno, que el Estado debe garantizar en su provisión con calidad, oportunidad y justicia social: salud, educación, seguridad, espacios y servicios públicos, etc. Es el Estado mínimo, del que nos habla Brian Crozier.

Si esto se logra la centro-derecha habrá cambiado la historia, orientándose hacia un futuro promisorio. Por el contrario, si no responde a las expectativas de ese electorado que definió la última elección, la tendencia se revertirá. El electorado mostró su segunda opción en una izquierda radicalizada, que ha mostrado escasa prudencia. Es clara la crisis de la política, el reacomodo, cambios y nuevos equilibrios en las coaliciones.

La imagen de la administración Piñera cristalizará a poco andar. Hasta ahora ha mostrado luces y sombras, caracterizadas por la falta de revisión de los antecedentes en sus nombramientos que ha implicado bajar a muchas autoridades recién nombradas y la escasa consideración de la experiencia para las funciones a ejercer. La prensa a criticado la tendencia a conformar círculos cerrados (endogamia) social y cultural, sino claras señales de preferencia por familiares en los nombramientos (nepotismo) en el ámbito público, reclamando la diversidad del país.

Se requiere un categórico compromiso con la transparencia, la probidad, los valores republicanos y muy especialmente con la valoración del mérito. El electorado actual es volátil, con una fidelidad líquida, condicionada por la reciprocidad. Se debe cuidar el capital político cosechado. Es imperativo dar continuidad al proyecto de centro-derecha más allá del horizonte de este gobierno, ese será el indicador del éxito o fracaso de este equipo.

CHILE: MEMORIA Y OLVIDO

LUNES, 10 DE SEPTIEMBRE DE 2018

Chile como país no ha podido superar su Síndrome Postraumático -después de décadas desde el quiebre institucional y democrático- fundamentalmente por la hipocresía de imputar y buscar culpables en otros, sin asumir las propias vergüenzas históricas. Un intento por arraigar historias parciales, poco fiables en la comprensión y el relato de nuestra Memoria. El desafío es asumir que constituimos una generación mediocre, inepta y cobarde, que hereda a sus hijos divisiones y odios por conflictos autogenerados que hemos sido incapaces de superar.

¡Lo que no recuerda la memoria, es olvido! Asumamos (todos) el valor de los derechos humanos, el desgarrador dolor de aquellos que perdieron a sus seres queridos, igual de profundo sea que el asesino es un agente del Estado o un terrorista que privilegia la cultura del odio".

Espero que en esta última etapa surjan liderazgos, no desde los extremos sino desde el medio ponderado y prudente, para que promuevan la emoción de la confianza, para construir un clima de encuentro y reconciliación, en el reconocimiento y el perdón. Ese es el espíritu que reclama la inmensa mayoría de chilenos que fueron ajenos a estos procesos. Nuestra generación protagonista de estos hechos está en deuda. Sí no asumimos este desafío a la brevedad, será superada por la de recambio -proceso que ya está ocurriendo- que superará estas viejas cuentas que han mantenido dividido y adolorido a nuestro país, desperdiciando maravillosas oportunidades de desarrollo.

La importancia de la memoria solo tiene sentido cuando tomamos consciencia del olvido. La memoria determina nuestra identidad, somos lo que son nuestros recuerdos, tiene que ver con procesos, es decir, con una sucesión de actos o acciones. Los hechos históricos no son de generación espontánea, responden a procesos, a una concatenación de acontecimientos que definen una serie de circunstancias relacionadas por causalidad y efecto. Según el diccionario, la memoria es la capacidad del cerebro humano para retener, almacenar y recuperar información voluntariamente. Es el conjunto de imágenes, hechos, o situaciones pasadas que quedan en la mente, como fenómenos activos y organizados en el tiempo.

Todas las personas tienen la capacidad de recordar. Pero, cada cual tiene su memoria asociada con procesos subjetivos, imágenes mentales en su intimidad, principalmente asociada con sus emociones profundas: miedos, alegría, sufrimientos, dolores, pérdidas, o con hechos, ideas sensaciones, relaciones, de particular significación que constituyen los vívidos recuerdos de cada cual. En función de estos elementos cada persona tiene distintas cosas o circunstancias que gatillan su memoria. Esto se desconoce cuando se asume que la Memoria es una sola. Es decir, se niega, oculta, borra u olvida esas otras percepciones. Allí está la base del desencuentro. Las motivaciones y miedos son disímiles y en política habitualmente contrapuestos, particularmente en la lógica de la confrontación y de la dominación.

Se argumenta que el Museo de la Memoria, tiene como propósito específico recordar un hecho único, el que agentes del Estado actuaron organizadamente para perseguir, torturar o eliminar a ciudadanos civiles, a quienes se les recuerda como víctimas de los horrores y el atropello sistemático de los derechos humanos y crímenes de lesa humanidad. Se señala como particularmente grave que el Estado y sus agentes se involucren es estos actos. Eso es razonable y pertinente como principio permanente y con seguridad recibe un amplio apoyo transversal en toda la ciudadanía. De hecho asumo público compromiso de concurrir a la consolidación de ese principio para que nunca más en Chile vivamos esos dolores y esas pérdidas, sea por parte de agentes de Estado, ni ninguna opción política, ideológica, religiosa, étnica ni económica, de ninguna otra especie. Aún cuando el estatuto de Roma no lo menciona, para mi los actos terroristas son, también, crímenes de lesa humanidad.

Lo anterior debe ser un objetivo nacional compartido. Pero, otra cosa es usar este principio para sacar ventajas políticas, hacer el blanqueo ético de un sector, con la lógica de una sociedad compuesta de víctimas y victimarios; los buenos y nobles izquierdistas y los malos y perversos derechistas; los perseguidos y los perseguidores; los valientes guerrilleros y los abusivos militares. Eso es reescribir la historia e imponer una verdad única, donde unos se alzan con una primacía moral que es ilegítima y falsa. Más aún cuando la mayor parte de los militares han sido procesados, sentenciados y pagan condenas de los tribunales de justicia y los otros han eludido juicios de todo orden.

A la Memoria se contrapone la amnesia selectiva y por conveniencia. Olvidar lo que dijeron e hicieron, en todo el espectro político. En coherencia con el principio señalado se persigue como responsables a los agentes del Estado. Pero, se imputa conducta criminal, complicidad por acción y omisión a otros. No han faltado connotados conversos derechistas, que apoyaron a Buchi (la continuidad del régimen), que rodeados de actores de esa tendencia han señalado como "cómplices pasivos", a personas que nada tuvieron que ver con los hechos de sangre, aunque sí con el proceso llamado de recuperación, reconstrucción, dictadura, o como quiera que cada sector le denomine.

Esa memoria para muchos parece abusiva, la que se expresa recurrentemente hacia los sectores de derecha por personas que, sin embargo, no se hacen cargo de sus propias incoherencias ni de los errores históricos de un sector que previamente validó la violencia y la ejerció a sangre y fuego, agrediendo y matando, en su camino revolucionario para imponer una dictadura en la "vía al socialismo".

Parece esencial que, junto a la Memoria, es decir, recordar la acción de los agentes del Estado que actuaron sistemáticamente en crímenes de lesa humanidad, se reivindique el valor permanente de toda vida humana. Se exprese con la misma fuerza que la vida tiene un valor superior, más allá del bando de que se trate, más allá de cualquier agente del Estado, actor político o ideológico. Eso no siempre está claro, ni se expresa con convicción, muy por el contrario. Basta ver como unos y otros se plantean frente a dolorosas y aberrantes dictaduras que aún están vigentes, observar la hipocresía y el doble estándar frente al dolor y martirio de tantas personas, por ejemplo en Cuba y Venezuela. Quizás, al superar el doble estándar y el relativismo valórico, se contribuya a mitigar el miedo latente en otros actores y unir al país en un sentimiento de dolor común, repudiando toda crueldad, vejamen o asesinato.

Los neurocientíficos señalan con vehemencia que la memoria es dinámica, es decir, cada vez que recordamos o memorizamos un hecho, cambia la percepción, tiene nuevas significaciones en las personas. Por eso es importante entender que un evento es parte de un proceso. Erradicaremos los miedos de uno y otro sector cuando todos renunciemos a la violencia y el irrespeto por los derechos humanos. Cuando repudiemos la acción de los agentes del Estado y de cualquier actor ideológico o político o de cualquier otra naturaleza.

No es creíble la convicción sobre el respeto irrestricto a los derechos humanos, si enfatizamos la memoria de su atropello por parte de los agentes del Estado y dejamos en el olvido, la impunidad moral, a aquellos que validaron la violencia y el crimen como instrumento de acción política. Se requiere coherencia y consecuencia. Lo contrario es un intento por reescribir una historia a la medida. Si un sector -en el intento de visibilizar la Memoria de sus miedos y dolores- olvida, desconoce, borra o elimina la memoria de los dolores y miedos de los otros, no podremos superar este trance que ya se arrastra por demasiadas décadas, por la hipocresía, por la cobardía de asumir cada cual sus responsabilidades.

Enfatizar la memoria es tener consciencia que hay una tensión entre el recuerdo y el olvido, entre la "buena memoria" y la "mala memoria". Es decir, la memoria consiste en algo que se trae al presente permanente, en exposición constante. Pero, en ese acto la otra realidad o percepción se borra, elimina u olvida. El problema entonces es que enfatizar un aspecto primario de la memoria tiene como efecto secundario ocultar, esconder, olvidar otro aspecto esencial del proceso. El efecto es que se desconoce o ignora otras memorias concatenadas, emergentes, relacionadas. Siendo la memoria un proceso subjetivo, entonces no hay una sola memoria, sino que hay distintas y más de una memoria.

¡Lo que no recuerda la memoria, es olvido! Asumamos (todos) el valor de los derechos humanos, el desgarrador dolor de aquellos que perdieron a sus seres queridos, igual de profundo sea que el asesino es un agente del Estado o un terrorista que privilegia la cultura del odio.

También debemos tener presente que para un sector del país, es muy importante no olvidar las circunstancias, los hechos, los actores, los miedos y temores que inciden en su propia memoria. Aquellas circunstancias que gatillaron la violencia de la generación protagonista de la lucha de clases, de todos aquellos que legitimaron la vía armada como herramienta política, sus ideas, creencias, modos, conductas, acciones y omisiones. Promovamos la cultura del reconocimiento, de la responsabilidad, del perdón. Una memoria compartida y legitimada. Ello requiere la convicción de un hecho indubitable: todos somos uno y uno somos todos. Y, lo seguiremos siendo, por lo que más vale asumirlo.

LA (DES) INTELIGENCIA EN CHILE: ESTALLIDO SOCIAL

VIERNES, 25 DE OCTUBRE DE 2019

¿Era previsible los que sucedió el "Fin de Semana Negro" en Chile? La respuesta es sí. Esa es la obligación legal de la Agencia Nacional de Inteligencia, adelantarse a estos hechos. ¿Cómo es que no fue posible detectar esta molestia ciudadana? Y, si es efectivo lo que señaló el Presidente Piñera, de una (guerra) agresión planificada desde el extranjero. ¿Cómo es que aún no se destituye a los responsables de la Inteligencia por ineptos? Habría bastado la lectura de algunos libros, tener expertos, o un par de Millennials con formación académica y habríamos tenido capacidad de respuesta al desastre. Pero, no fue así, sucumbimos a la endogamia y el amigismo en el Servicio de Inteligencia.

Los hechos del "Fin de Semana Negro", que dan lugar a este comentario, eran de toda evidencia, se anunciaron profusamente, se difundió calendario con horarios y lugares incluidos, lo que se verificó un día antes en un dramático ensayo. Una vez más los militares darán un respiro al caos. Pero, será algo transitorio. Los pilares estructurales de nuestra institucionalidad y su modelo de desarrollo están colapsando. Esa es la causa basal de esta erupción social, la presión social reclama por un modelo de desarrollo pleno de iniquidad, que exige demasiados sacrificios a amplios sectores ciudadanos y los beneficios se concentran en muy pocos".

El escenario que nos ocupa no es nuevo, estalló en Europa y el Medio Oriente, el año 2011 con las llamadas movilizaciones de los "Indignados" y las "Primaveras árabes". Nuestro servicio de Inteligencia, al parecer, no aprendió nada de las consignas que se levantaron el 15 de marzo del 2011 en España, luego de convocar por Internet a masivas movilizaciones por parte de un grupo de cinco personas. Una consigna decía: "Lo que los partidos políticos no dan, por indiferencia o apetencias, hay que buscarlo por uno mismo" (líderes del movimiento de "indignados" o 15M España).

Desde la academia -observando el proceso chileno- en la última década, hemos caracterizado la Sociedad del Desdén: abusos, impunidad, ruptura de los límites éticos, el desprecio hacia el ciudadano, la corrupción pública y privada, la ruptura de la democracia al no respetar la soberanía del pueblo, un doble estándar de la justicia, un ambiente de violencia normalizada, una profunda fractura generacional con los Millennials, entre otros temas que hoy pasan factura.

El estallido-social de la ciudadanía chilena fue explosión de rabia e impotencia, de repudio al modelo de desarrollo, a la mala distribución de los beneficios del progreso. A ello se sumó la crisis institucional y el mal manejo político, que no es de ahora sino que viene desde hace años. Este ambiente es un peligroso caldo de cultivo, para el desorden, el debilitamiento institucional, la anarquía del lumpen y el establecimiento definitivo del narcotráfico.

Los llamados nuevos movimientos sociales más que guiarse por las grandes definiciones político-ideológicas, empiezan a hacerlo por aspectos micro y locales, que podemos definir como las cuatro "G": Generación, Género, Gustos (o necesidades) y Geografía, con todo lo que cada una de estas categorías implica. Ello determina lógicas diferentes de acción colectiva: la del informal, vinculada a la supervivencia y la del formal, asociada a la calidad de vida. La nueva modernización construye lazos más débiles entre sociedad civil y Estado, favoreciendo una cultura más pragmática e individualista entre los ciudadanos "indignados". Su sentido de comunidad está profundamente debilitado (destrucción mobiliario urbano) aunque no su espíritu gregario en torno a las cuatro "G".

En cuanto a las formas de organización destaca su creciente autonomía en relación con los sistemas políticos institucionales, más bien se reconoce un desprecio transversal a la política y los partidos políticos, la superación del enfoque binario: de buenos y malos, amigos y enemigos. Hay una manifiesta independencia respecto a la política convencional, se supera la democracia representativa por expresiones de democracia participativa y directa, lo que pone de relevancia las actividades locales, la preferencia por la actividad de base, marchas, concentraciones, conversatorios y petitorios, con organizaciones de estructura y formato digital.

Los nuevos movimientos más que por organizaciones formales están protagonizados por redes o bloques móviles, como una estructura nodal y, en casos de mayor complejidad (por coordinación) y estructura de HUB, se observa una estructura neuronal. Grupos que comparten una cultura de movilización y una identidad colectiva, que son capaces de superar a los partidos políticos y a las instituciones policiales y de inteligencia, especialmente si estas instituciones están pobladas de nativos analógicos y deben confrontar a nativos digitales.

Podemos hablar de redes latentes, que están allí, sumergidas, invisibles, que adquieren notoriedad en la fricción de la movilización. Esta forma de organización no es instrumental, sino un objetivo en sí misma. Estos procesos traen a la memoria el pensamiento de Marshall McLuhan, "el medio en el mensaje", otros agregan y el masaje. En la forma, magnitud y energía del movimiento social se encuentra el mensaje y constituye un desafío simbólico a los patrones dominantes derivados de la Modernidad. La elección de los medios y medias (TIC) de lucha constituye una finalidad política en sí misma.

Dentro de los grupos movilizados existen sectores más radicalizados y violentos, que se mimetizan dentro de la gran masa del movimiento, como lo demuestra la experiencia internacional, constituyendo una minoría antisistémica, donde confluyen sectores ideológicos, anarquista, eco terroristas, entre. En el caso de Chile, se observan dos grupos importantes, aquellos anárquicos que agitan las movilizaciones sociales y participan de saqueos y aquellos grupos, bandas o pandillas vinculadas al narcodelito, que es de toda evidencia están en Chile en total impunidad, haciendo ostentación de su fuerza con balaceras y arrojados soldados en distintos sectores poblacionales. Estos grupos intentan aprovecharse de estas movilizaciones masivas y democráticas.

Charles Tilly señaló que los ataques dispersos son una forma de violencia colectiva que se manifiesta cuando en el curso de una interacción bien extendida, de pequeña escala y generalmente no violenta, un cierto número de participantes responde a los obstáculos, los desafíos o las restricciones con actos que provocan daños. Entre los ejemplos están el sabotaje, los ataques clandestinos esporádicos a objetos o lugares simbólicos, el asalto a los agentes del gobierno y los ataques incendiarios. En el caso de Chile en un par de horas destruyeron su red de transporte subterráneo y la red de abastecimiento de sus productos de primera necesidad en el hogar. Estos ataques dispersos se caracterizan por una baja centralidad de las interacciones violentas, y cuyos protagonistas se movilizan a través de redes pasivas: "comunicación de carácter instantáneo entre individuos atomizados que se establece por el reconocimiento tácito de una identidad común y que está medida por el espacio".

Es decir, todo estaba dicho, no son extranjeros ni extraterrestres. Esto constituye una grave falla, no solo en la anticipación de esta crisis, sino que en su lucha contra el terrorismo anarquista y la lucha contra el Crimen Organizado que se ha extendido, incluso a nuestras autoridades, como lo demuestran procesos judiciales en curso.

Recordemos que la ley N°19.974, titulada "Sobre el Sistema de Inteligencia del Estado y crea la Agencia Nacional de Inteligencia", define a la Inteligencia (Artículo 2.a) como el proceso sistemático de recolección, evaluación y análisis de información, cuya finalidad es producir "conocimiento útil" para la toma de decisiones. En su artículo 8 señala que su función es disponer la aplicación de medidas de inteligencia, con objeto de detectar, neutralizar y contrarrestar las acciones de grupos terroristas, nacionales o internacionales, y de organizaciones criminales transnacionales. Pero aún más, también señala que debe disponer la aplicación de medidas de contrainteligencia, con el propósito de detectar, neutralizar y contrarrestar las actividades de inteligencia desarrolladas por grupos nacionales o extranjeros, o sus agentes. Las investigaciones, la construcción de escenarios, el uso del método prospectivo, propio de la Inteligencia, falló completamente en Chile.

Los hechos del "Fin de Semana Negro", que dan lugar a este comentario, eran de toda evidencia, se anunciaron profusamente, se difundió calendario con horarios y lugares incluidos, lo que se verificó un día antes en un dramático ensayo. Una vez más los militares darán un respiro al caos. Pero, será algo transitorio. Los pilares estructurales de nuestra institucionalidad y su modelo de desarrollo están colapsando. Esa es la causa basal de esta erupción social, la presión social reclama por un modelo de desarrollo pleno de iniquidad, que exige demasiados sacrificios a amplios sectores ciudadanos y los beneficios se concentran en muy pocos.

Esta situación se desbordó por ineptitud política, insensibilidad social y excesivo estado de confort de la élite política y económica. La reacción política (especialmente en el gobierno) fue tardía y fuera de la realidad. La estrategia comunicacional del gobierno fue completamente equivocada, intentando generar una imagen de ataque externo, cuando las debilidades son internas. En las primeras reacciones el gobierno enfatizó la violencia, el caos y la anarquía, desentendiéndose de las causas que generaron el cuadro: abuso e impunidad, un modelo que distribuye iniquidad, que ha sobre exigido a sus clases medias por imperio radical del modelo neoliberal. Es de perogrullo señalar que nada justifica la irracionalidad y la violencia destructiva.

No hubo la necesaria y temprana reacción de auto reconocimiento de dura situación socio-económica, declarando la voluntad de corregir, de escuchar a la sociedad civil, de respeto a la democracia, es decir, a la voluntad popular. Cuidado que esto no ha terminado. Los muros institucionales están fracturados. Si no se toman las medidas adecuadas, es decir de correcciones estructurales al modelo de desarrollo, todavía se puede derrumbar la débil estructura y allí conoceremos el verdadero caos.

Por lo mismo, propusimos tempranamente -ante el grave cuadro de descomposición institucional- la necesidad de asumir y reconocer la crisis social que afecta gravemente la calidad de vida de los chilenos. Repudiando el nivel de abuso e impunidad en un modelo de desarrollo que multiplica la iniquidad.

Todos los liderazgos de nuestro país deben volcar sus capacidades para hacer que las instituciones funcionen y cumplan con su misión de servicio, en el marco del derecho, eficiencia y oportunidad. Promoviendo la paz y el respeto mutuo. No debemos olvidar que además de la Sociedad del Desdén estamos inmersos también, como lo señalan varios académicos, en la Sociedad del Riesgo. Como señala Delpierre, "el espíritu humano fabrica permanentemente miedo[2]". Este miedo se ha incentivado con el desarrollo de la civilización, desarrollo del que no son ajenos los mass media: paradójicamente, conforme han aumentado y fortalecido las técnicas de control de la realidad, mayor ha sido el desconocimiento sobre las consecuencias de esas técnicas, lo que Ulrich Beck ha llamado "el desconocimiento de la futura tasa de riesgos[3]", situación que suscita incertidumbre y, por tanto, miedo. Es urgente promover el fortalecimiento de la inteligencia en Chile.

[1] Tilly, Charles. Violencia colectiva, Barcelona, Editorial Hacer, 2007. [2] Delpierre, G., Le peur et l'être, Toulouse, 1974, p. 15. [3] Beck, Ulrich, La sociedad del riesgo global, Madrid, Siglo XXI, 20

CARTA ABIERTA: A LOS MIEMBROS DEL CONGRESO NACIONAL Y EL PRESIDENTE DE LA REPÚBLICA.

SÁBADO, 2 DE NOVIEMBRE DE 2019

El estallido social y las masivas movilizaciones en Chile han expresado su contundente repudio al modelo socio-político, a la gestión de varios gobiernos, el actual y anteriores y a todas las fuerzas políticas representadas en el Parlamento. Este clamor demanda un cambio fundamental.

Los problemas de la democracia se solucionan con más democracia. Está en las manos de ustedes canalizar la fuerza del descontento para fortalecer la democracia y asegurar un futuro de encuentro, paz, respeto y fraternidad".

Las reacciones tardías pueden servir para socavar aún más nuestro sistema democrático. Que la ciudadanía esté descontenta con su clase dirigente es una cosa, otra completamente distinta es que se asuma que los mismos que han creado el problema sean los llamados a resolverlo. La respuesta no está en una desafección del programa con que se fue elegido, ni en abdicar del poder de facto, para compartirlo con otros sectores parlamentarios igualmente deslegitimados.

La deriva hacia una Asamblea Constituyente, una nueva Constitución y Plebiscitos sobre temas variados nos acercan rápidamente a "democracias" con experiencias nefastas en américa latina. Es cosa de escuchar a los inmigrantes de esos países residentes en Chile, en particular observar el ejemplo de Venezuela. Una democracia representativa, como la que tenemos, con todos sus defectos, es la única que seriamente podemos denominar democracia. Estamos obligados a luchar por preservarla. Para materializar las reformas que se discuten, claramente, ni el Presidente actual ni el Congreso, están debidamente mandatados.

Señor Presidente y Miembros del Congreso Nacional, con este grado de crisis social e institucional, con la escasa legitimidad y representatividad de las autoridades políticas, es necesario escuchar la queja general de la sociedad hacia la élite política y proceder a renovarla completamente.

En esta difícil hora que vive Chile, me dirijo respetuosamente a S.E. el Presidente de la República y los Honorables miembros del Congreso Nacional, para señalar que, en defensa de los valores de la democracia representativa, es imperiosa la necesidad de convocar a elecciones de Presidente y Parlamentarios.

Una solución de este tipo canalizará la fuerza del descontento hacia dónde debe ser, hacia unas elecciones que permitan renovar nuestro grupo dirigente, para que este así mandatado (democráticamente) ejecute un programa de gobierno coherente, lo haga quien resulte triunfador, y lo ejecute en el marco de la democracia representativa, de respeto de mayorías y minorías.

En las urnas se expresará la soberanía popular y veremos hacia dónde específicamente quiere dirigirse el país. Ya conocemos lo que población demanda, dejemos que elija representantes que hagan ver de manera concreta sus verdaderas aspiraciones. En las elecciones quedará de manifiesto el deseo del país de defender nuestra democracia, la paz, el orden y la estabilidad económica de todos. Eso dará legitimidad, representatividad y paz social. Miren el ejemplo de los ingleses que convocaron a elecciones para renovar sus representantes y, de esa forma, salir de la grave crisis del Brexit.

Los problemas de la democracia se solucionan con más democracia. Está en las manos de ustedes canalizar la fuerza del descontento para fortalecer la democracia y asegurar un futuro de encuentro, paz, respeto y fraternidad.

HISTORIA DE UN FRACASO ANUNCIADO.

LUNES, 9 DE MARZO DE 2020

Muchas veces me han preguntado ¿Cómo llegamos a esta crisis? En esa interrogante percibo perplejidad, temor y algo de reproche. Respondo que son muchas las razones y pocos los responsables. No se puede ayudar a quien no quiere que se le ayude. "No hay peor sordo que aquel que no quiere escuchar. Ni peor ciego que aquel que no quiere ver". La soberbia en las relaciones humanas es mala consejera. Pero, en el ámbito público es un crimen. El Presidente Piñera, al instalar su segundo período presidencial, se vio capturado por los cuoteo partidista, además, por decisión propia, se rodeó de una corte de mismicidad, parentela y aduladores, también hizo una opción preferente por jóvenes sin experiencia.

El tiempo es el mejor juez, ¡allí está la realidad, para constatar donde estuvo el error!! Es muy distinto prevenir una catástrofe oportunamente, que reparar y mitigar sus consecuencias. En Chile lo estamos comprobando con dolor. Pero donde crece el mal, también está el remedio: para enfrentar esta crisis se requiere unidad, fraternidad, respeto, participación y sintonizar con las demandas de la gente".

Escribo esta reflexión con mirada nacional, como testimonio histórico, para el aprendizaje de las nuevas generaciones de servidores públicos. Esta crisis no se debe a un adversario que hace las cosas bien, sino que, por el contrario, a un gobierno que ha hecho las cosas mal. A los errores del propio sector, a su individualismo o escaso sentido social, a la excesiva influencia del poder dinero (mal llamada derecha económica) que coacciona a la centro-derecha política y compra la influencia del centro y la izquierda.

El gobierno aplica un modelo de gestión disfuncional con la política; que no suma, sino que resta; con exceso de personalismos e intereses de grupos; escasa sintonía con las demandas sociales; en cargos relevantes personas mal preparadas; siguiendo malos ejemplos éticos; que no fortalecen la función pública. Neófitos administradores del Estado, con seudos estilos gerenciales, sin las competencias necesarias; haciendo gestión política, sin criterio político; y, gestionando políticas sociales, sin competencia ni sensibilidad social. Observo, además, desdén por el personal, gestionando desde la amenaza, de forma abusiva, especialmente con los cargos de contrata y honorarios. No se valoran las competencias relacionales y, en demasiados casos, se favorecen proyectos personales. Se ha actuado como elefante en cristalería, sin escuchar ni valorar el mérito profesional ni la experiencia política.

Piñera dio la espalda a muchos que, por años, fueron apoyo leal más allá del partidismo, que aportaron el pensamiento crítico al sector, que ganaron experiencia en años de duras batallas político-electorales, que actuaron en zonas socialmente complejas. Los que denunciaron los abusos y criticaron la impunidad, fueron eliminados del directorio telefónico presidencial. El círculo sectario-partidista y asesores presidenciales interesados, bloquearon toda opción para que estos pudieran entregar su ayuda y experiencia al Gobierno. Como lo dijo, con sabiduría y franqueza, **Carlos Caszely, en una de sus declaraciones a un medio nacional, "La derecha no respeta a la gente díscola, que le hace ver sus errores. Es una manera injusta de proceder, porque se bloquea a los que piensan un poco diferente",** refiriéndose a Lily Pérez, Godoy, al suscrito y un conjunto de ex parlamentarios y colaboradores destacados, "se prefirió bloquear, neutralizar, eliminar a esos díscolos". No fuimos escuchados.

Cuando escuché al Presidente Piñera lamentar la "explosión ciudadana", señalando que no lo vio venir, me pregunté si de verdad tuvo esa experiencia. Muchos advertimos al Presidente y a los miembros de su gobierno, sobre la crisis que venía. Lo hicimos de muchas formas. En mi caso lo hice personalmente, a su entorno directo, por los medios de comunicación y lo incluí en mi libro. Pero, el desdén, menosprecio y la soberbia, fueron más fuertes, hasta que la crisis les explotó en la cara.

Antes y durante la instalación del segundo gobierno del Presidente Sebastián Piñera, escribí varias columnas (véase las fechas) que marcaban la necesidad de dar un enfoque social a su gobierno, advirtiendo que, la deuda social y la espera de la gente había sido ya muy larga, que la tensión se acumulaba llegando al límite.

En una de esos escritos: "Piñera y la Centro Derecha Social", señalé que "el nepotismo y la endogamia socio-económica" serían el "Talón de Aquiles" del gobierno. En esa Columna escrita a dos semanas de instalado el gobierno, dije: "La imagen de la administración Piñera cristalizará a poco andar".

Hasta ahora ha mostrado luces y sombras, caracterizadas por la falta de revisión de los antecedentes en sus nombramientos, lo que ha implicado bajar a muchas autoridades recién nombradas y la escasa consideración de la experiencia para las funciones a ejercer. La prensa criticó la tendencia a conformar círculos cerrados (lo que hemos denominado endogamia social y cultural) y las claras señales de preferencia por familiares en los nombramientos (que se define como nepotismo) en el ámbito público, reclamando (al gobierno) una mejor y más representativa diversidad del país."

Usé el concepto "endogamia" (biología) entendido como replicación, unión o reproducción entre individuos de una misma familia, linaje o grupo (social, cultural, religioso, étnico, geográfico). A lo anterior se sumó la tendencia al nepotismo, que se define como "trato de favor hacia familiares o amigos, a los que se otorgan cargos o empleos públicos por el mero hecho de serlo, sin tener en cuenta otros méritos". Con el correr de los meses, esta percepción se agudizó, hasta llegar a ser una de las razones de la vertiginosa baja en las adhesiones del gobierno y que afectó especialmente la evaluación del Presidente. Esto se amplificó por la escasa empatía social del Presidente y la precaria estrategia y ejecución comunicacional. ¡Un gobierno sin vocería, sin relato, sin épica, sin alma!

Al reunir Piñera un círculo cerrado de personas de su entorno social, llegaron a cargos relevantes personas sin méritos profesionales ni electorales, sino solo en consideración a cuoteos partidistas o de grupos de interés. El gobierno no logró integrar la diversidad de Chile, esa cúpula no logró percibir la tensión que se venía anunciando. Resulta paradojal que la endogamia y el nepotismo hayan terminado con el gobierno enfrentando esta grave crisis político institucional. Llevamos meses sin capacidad de reacción y peor aún con un conflicto que se agudiza al desplegarse una campaña de polarización del país.

Unos meses antes de la "explosión social" conversé con personas claves del gobierno: con Ministros, con los Senadores de RN en reunión ad hoc, con parlamentarios del sector, ocasión en que observé obsecuencia, perplejidad, incredulidad. Recuerdo especialmente que, unas semanas antes del reventón social de octubre 2019, tuve una reunión con Cristián Larroulet, el principal asesor del Presidente Piñera, en el 2° piso del Palacio de la Moneda, ocasión en que aprecié incredulidad, desconfianza, un cierto desdén por mis advertencias, cuando expliqué -con detalle- las señales que indicaban que se produciría el reventón social.

Hablé de los dos aspectos básicos en la teoría del Estado: la legalidad y la legitimidad, advirtiendo que en ambos casos estaban políticamente sobregirados. En todas estas ocasiones observé personas ajenas a una realidad evidente, no sé, si por ceguera o acatamiento de una orden superior. Mostraban la convicción que podrían sobrellevar la tensión social, otros señalaron que los anuncios les parecían una exageración o negatividad. ¡Mientras más cercanos al círculo Presidencial, más firmemente rechazaban la opción de la explosión social!

¿Le habrán entregado oportunamente mis aprehensiones y advertencias al Presidente Piñera? ¿Qué pensaran ahora esos asesores? ¿Por qué razón siguen en sus cargos a pesar de la catástrofe política? Espero dispensen al mensajero y asuman sus propias responsabilidades. No fue una actitud particular de la coalición de gobierno, lo mismo ocurrió en círculos de pensamiento y reflexión, dedicados a la filosofía y la ética, una actitud de negación, de incomodidad frente a la denuncia de la crisis ética, de los abusos y la impunidad, lo que terminó inhibiendo la posibilidad de reaccionar oportunamente.

El tiempo es el mejor juez, ¡allí está la realidad, para constatar donde estuvo el error!! Es muy distinto prevenir una catástrofe oportunamente, que reparar y mitigar sus consecuencias. En Chile lo estamos comprobando con dolor. Pero donde crece el mal, también está el remedio: para enfrentar esta crisis se requiere unidad, fraternidad, respeto, participación y sintonizar con las demandas de la gente.

Somos muchos lo que -como siempre- estaremos dispuestos a colaborar para reencontrar la paz, el respeto cívico, practicar la democracia y promover el bien común. Hacia esos objetivos orientemos nuestros liderazgos. ¡Que así sea!

EL GOBIERNO DEBE SER UN GARANTE DE DESARROLLO DIGITAL ARMÓNICO.

MARTES, 15 DE SEPTIEMBRE DE 2020

El Consejo Chilenos de Tecnologías de Información y Comunicaciones tiene como objetivo la colaboración público-privado para la creación de un ecosistema digital, capital humano y desarrollo tecnológico avanzado para Chile, buscando influir en las políticas públicas, en desarrollo sustentable, con foco en la calidad de vida de los chilenos por medio de la tecnología, innovación y ciencia, siendo un ejemplo de trabajo participativo para nuestro país y la región.

Expresamos nuestra preocupación por el precario estado de la Agenda Digital, la ausencia de responsables visibles en sus diversas áreas y de una clara política pública que permita a la sociedad chilena un proceso de adaptabilidad a la sociedad digital. Esto es particularmente urgente en los tiempos de confinamiento por la Pandemia.

Considerando la situación de pandemia que afecta Chile y el mundo, en la que la conectividad digital y el uso de tecnología son fundamentales, hacemos un llamado al gobierno para que retome su rol de garante y promotor de un desarrollo digital armónico y para todos los chilenos.

Pedimos a la autoridad políticas públicas claras, evitando criterios discriminatorios arbitrarios; que se cautele el sentido social en el derecho y acceso a la sociedad digital y que se favorezca en la sociedad chilena el proceso de adaptabilidad y consolidación al ecosistema digital global.

Hay múltiples iniciativas de la más alta importancia para la comunidad nacional, que no están siendo tratadas con la rigurosidad, transparencia y participación de la sociedad civil. Como ocurrió en la constitución de la Fundación Data Observatory, objetado por la Contraloría, que representa un caso de discriminación arbitraria. Se trata de asuntos capitales que preocupan a la sociedad civil.

Otros casos son la licitación de espectro para implementar el 5G, en donde se han eliminado las contraprestaciones que apuntaban directamente a disminuir la brecha digital; la necesidad de avanzar a una rápida modificación de la Ley de Datos personales, la ausencia de delegado presidencial en Ciberseguridad y la vulneración que afectó al BancoEstado, con la necesidad de poner urgencia a proyectos relacionados con esta materia.

La precaria respuesta del Estado frente a los desafíos digitales derivados de la pandemia o la ausencia de reacciones claras y oportunidad frente al desafío del sistema educacional con ocasión de la misma.

Expresamos nuestra preocupación por el precario estado de la Agenda Digital, la ausencia de responsables visibles en sus diversas áreas y de una clara política pública que permita a la sociedad chilena un proceso de adaptabilidad a la sociedad digital. Esto es particularmente urgente en los tiempos de confinamiento por la Pandemia.

LLAMADO AL GENERAL DIRECTOR DE CARABINEROS.

MARTES, 6 DE OCTUBRE DE 2020

Carabineros está asediado y en la indefensión. Enfrentando cotidianos desbordes de violencia y destrucción fruto de la crisis estructural y el desgobierno político en que nos encontramos. Cada día sectores violentistas promueven manifestaciones que terminan en explosiones de violencia, destrucción y saqueos, sobre los bienes públicos y la propiedad privada. Un éxtasis de virulencia y anarquía, actuando como lumpen.

Hablan de deconstrucción, para denominar y justificar violencia y destrucción, como por ejemplo ocurrió con el Metro de Santiago, con sus estaciones y carros incendiados, con negocios, farmacias, botillerías, hoteles, supermercados, que fueron saqueados e incendiados a lo largo del país, en completa impunidad. Delitos programados, bajo la protección del rebaño, de los cuales nadie se hace responsable, generando pobreza en gente trabajadora, comerciantes y emprendedores.

Ninguna institución muestra capacidad de reacción. Los fiscales corren para actuar cada vez que se observa un abuso de Carabineros, especialmente si hay cámaras de televisión. Pero, nada hacen frente a miles de agresiones a la paz, la tranquilidad, los actos delictuales que ocurren frente a sus narices, imágenes repetidas cotidianamente por los medios de comunicación. Lo mismo que las agresiones a Carabineros, no solo con piedras y elementos contundentes y cortantes, sino con balines disparados con hondas resorteras y las bombas incendiarias lanzadas maliciosamente. Actos impunes, con la elocuente e impúdica inoperancia y lenidad de fiscales y jueces.

Los agentes de derechos humanos sospechosamente oportunos a los excesos de Carabineros, pero ciegos a las agresiones y vejámenes que cada día se cometen contra las fuerzas de Orden. Poco o nada ayudan los medios de comunicación, la TV promueve la farándula en función de la audiencia y marketing. Los políticos eluden su responsabilidad como generadores de las condiciones para los desbordes sociales. Se esconden detrás de Carabineros que es institución que da la cara, en medio de las cotidianas y fatigosas refriegas. Han dejado solos a los Carabineros enfrentando el caos de las calles. ¡Paradojalmente los abusivos son los que arriesgan su integridad, sus carreras y desfilan por tribunales!

Sectores de la izquierda radical permanentemente desacreditan y relativizan los ataques a Carabineros. Son ciegos a los asesinatos ocurridos en la Araucanía, no los asumen, no los mencionan y muestran desdén frente a la violenta realidad. Uno de sus objetivos parece ser desacreditar el rol de Carabineros. Mientras tanto la ciudadanía toma consciencia del proceso de polarización a que los extremos radicales, de uno y otro lado, arrastran a nuestro país.

Hay sectores muy reconocidos por su militancia -y odiosidad contra Carabineros- que claman por la disolución de la institución. ¿Quieren mejorar la institución o quieren destruirla? ¡Es evidente que Carabineros requiere más y mejor preparación, tanto del funcionario, como del oficial! Debemos velar por la sujeción de la institución a la legalidad en todos sus servicios al país.

Es muy evidente que se les debe dotar de mayor capacidad técnica, analítica y de manejo de las herramientas tecnológicas y digitales. Pero, ¿Es que acaso no son los propios políticos en el Congreso y el Gobierno, los que deben tomar e implementar esa decisión? ¿En qué estarán pensando aquellos que piden su disolución? ¡Es tiempo que el Parlamento y el Gobierno, dejen las Comisiones de Estudios y avancen con la reforma de una buena vez!

Hago un llamado al General Director, para que haga un gesto de nobleza con el país, la institución y la gente bajo su mando. Es el momento para denunciar el abandono en que se encuentra la institución; la impunidad de los políticos que definen misiones y procedimientos y luego hace pagar a los funcionarios de abajo; el doble estándar de fiscales y jueces de los Tribunales de Justicia; la asimetría que se evidencia en derechos humanos; la desidia de autoridades políticas irresolutas y timoratas. Deje de exponer a sus subordinados, enfrentándolos a ese caos sin ninguna garantía. Termine con la exposición de su gente condenándolos al sacrificio. Salve su honor y el de la institución.

Queremos ver al General Director, pasando a la historia como el gran General que puso su cargo a disposición del Presidente, con coraje, hidalguía y nobleza, exigiendo garantías para su institución. Tenga el coraje de parar a sus Carabineros, dedique ese día para hablar de servicios y derechos humanos, nada de enfrentamiento con manifestantes ni delincuentes. Todos dimensionaran la impotencia, cansancio y frustración que les embarga y la importancia de vuestra función. Tiene en sus manos el prestigio y futuro de la institución.

LA DEMOCRACIA CHILENA REQUIERE UNA CENTRO DERECHA SOCIAL DEMOCRÁTICA CIUDADANA Y REPUBLICANA.

LUNES, 26 DE OCTUBRE DE 2020

Más allá del patético cuadro de televisión, en el que tradicionalmente todos los sectores políticos se declaran ganadores. Aún cuando han recibido un tapaboca ciudadano monumental, de dimensiones épicas y alcance transversal desde la ultraderecha hasta la ultraizquierda. Este resultado refleja el repudio a los políticos y a su forma de entender y hacer la política, al descuido de los bienes públicos y al bien común.

Por el bien del país, espero que la estrategia del miedo y de la polarización, que con tanto entusiasmo impulsan desde la izquierda radical y desde la derecha más fanática, termine con este resultado ciudadano tan elocuente, que debe ser respetado por todos. Chile requiere ahora a su mejor gente. Espero superemos el sectarismo, la mediocridad y el compadrazgo grupal en los cargos públicos y en la selección de candidatos y se abra amplio espacio a la gente honesta, competente y preparada".

Ha ganado el sentido ciudadano, el sentido común, la prudencia y el buen criterio. Los verdaderos triunfadores son los ciudadanos que concurrieron a las urnas para ejercer la soberanía popular. La democracia recupera su dignidad, vuelve a expresarse majestuosa la soberanía del pueblo, que reclama una política comprometida con los bienes públicos y el bien común.

No se quiere más políticos de farándula, ensimismados en su egolatría, volcados a su confort. Tampoco partidos políticos que -transversalmente- actúan como cueva de guarenes disputándose su pedazo de queso. La ciudadanía les está anunciando lo que viene como tendencia. Es tiempo de parar la estupidez y soberbia de la política partidista basada en corrupción ideológica, en la demagogia y manipulación de la gente.

El gobierno habrá tomado debida nota de su portentoso fracaso del primer tiempo de su mandato, que presenta dimensiones monumentales en la historia política de Chile. Es un claro rechazo a sus políticas, a su estilo gestional endogámico, a la composición y estructura de sus autoridades, gente muy íntima y estrecha con el entorno presidencial, pero inexperta e incompetente, que no solo muestra inoperancia sino descontrol de la probidad.

Esperamos que el Presidente Piñera supere a su peor enemigo, su propio estilo autocrático, cerrado en la sordera y ceguera. Tiene poco tiempo para remontar este triste récord, de lo contrario será su legado histórico. Pienso que hay alternativas y no es difícil salir de esta encrucijada. Por supuesto, no se puede seguir haciendo más de lo mismo, ni con los mismos. Es de esperar que el Presidente se sacuda de su "Segundo Piso", que se produzca -de una buena vez- el cambio necesario hacia un enfoque de sentido político y social creíble y cercano con la gente. De lo contrario, se pagará un caro precio electoral, por proteger a los mismos de siempre.

La derecha económica y sus mozalbetes, algunos ya bastantes viejos y desvergonzados, tienen que ser empujados fuera del protagonismo político, de su rol de paupérrimos estrategas y peores seleccionadores de personal para ocupar los cargos de elección y de confianza política. El desastre que han dejado es de alto costo para los que valoran la democracia, la política y el servicio público. Y, el que se proyecta en lo electoral será peor si no hay cambios. Espero que desde el Instituto Libertad y Desarrollo, sus vocerías (L. Santa Cruz y otros) no sigan proclamando que hay una sola derecha.

A estas alturas habrán comprendido las dimensiones épicas de tal disparate. Es cierto que dentro de ese Instituto hay una sola sensibilidad de la derecha, bien pagada y con una potente maquinaria de influencia y lobby en múltiples ámbitos de la economía. Aunque inepta e incompetente en lo político. Pero, eso no quiere decir que sean los únicos que tienen expresión, como lo demostró el resultado de este plebiscito. Espero que aprendan el valor de la diversidad y actúen en consecuencia.

Por el bien del país, espero que la estrategia del miedo y de la polarización, que con tanto entusiasmo impulsan desde la izquierda radical y desde la derecha más fanática, termine con este resultado ciudadano tan elocuente, que debe ser respetado por todos. Chile requiere ahora a su mejor gente. Espero superemos el sectarismo, la mediocridad y el compadrazgo grupal en los cargos públicos y en la selección de candidatos y se abra amplio espacio a la gente honesta, competente y preparada.

Hablando por mi sector concluyo declarando mi sueño permanente de una "CENTRO-DERECHA-SOCIAL", DEMOCRÁTICA, CIUDADANA, REPUBLICANA. Ahora que aflora en todos el estrés de sobrevivencia, particularmente en esa élite que nos trajo hasta aquí, espero que amplíen y alcen su mirada, dejen de lado la soberbia y el egoísmo, no sigan empujando hacia fuera a los que muestran pensamiento crítico y permitan el aporte de esa sensibilidad que el sector y el gobierno han tenido vetados hasta ahora.

Requerimos adaptabilidad a la nueva sociedad, para recuperar la confianza, refundar lo público y consolidar la República. La gente lo ha dicho en todos los tonos, queremos CAMBIOS.
¡Espero superen su ceguera!

ASAMBLEA CONSTITUYENTE: IGUALDAD DE CONDICIONES PARA LOS INDEPENDIENTES

VIERNES, 30 DE OCTUBRE DE 2020

Señores políticos entiendan de una vez, hay que respetar la democracia: toda elección debe ser ganada por la persona que tenga la mayoría de votos. Eso debe ponerse en la ley que están tramitando. Los Independientes exigen Igualdad de condiciones en la forma de inscripción para participar en la Convención Constituyente y en los pactos electorales, lo que parece de toda justicia. Después del categórico repudio ciudadano a la política y los políticos, si ello no ocurre habrá nuevas movilizaciones sociales y desórdenes callejeros.

Para los comicios de abril próximo se tomarán todas las acciones necesarias: legales, administrativas y de movilización social, para que se respete la norma constitucional: debe haber igualdad de oportunidades en las actividades electorales y en las elecciones entre los independientes y partidos políticos. A eso agregaría igualdad entre legisladores y constituyentes.

Es francamente paradojal que los Parlamentarios y los partidos políticos insistan en defender sus prebendas para mantener el monopolio y los privilegios de una representación forzada e hipócrita. Es una actitud arbitraria del Parlamento mantener leyes hechas a su medida, para mantener sus condiciones abusivas con impunidad. No puede haber normas que le den ventajas o beneficios arbitrarios respecto de los candidatos Independientes.
Veamos algunas de ellas:

1. Los partidos van agrupados en listas, solos o con Independientes, sin que medie ningún requisito. Esto no pueden hacerlo los Independientes ya que les imponen cortapisas, como un alto número de firmas, desigualdad en los trámites adicionales en las notarías e inscripción de un programa. En el pasado los Independientes compitieron solos contra grupos que sumaban sus votos. Todo esto en el tiempo hizo casi imposible que ganaran elecciones los Independientes. La excepción más notable fue Carlos Bianchi, que desplazó a los partidos políticos en la elección senatorial de Magallanes.
2. Los independientes deben cumplir con el patrocinio ciudadano de un 0.4% de los votos de la última elección parlamentaria del lugar donde se compite. En este trámite los candidatos Independientes están obligados a llevar sus patrocinadores a la Notaría para que estampen su firma, con el gasto económico, de tiempo y desplazamientos. Constituyéndose en una barrera de entrada odiosa y discriminatoria que los partidos no tienen. Que, además, en pandemia es muy difícil de lograr.
3. Los militantes de los partidos políticos emplean al Servel y sus plataformas para firmar, cosa muy distinta a lo que ocurre con los

independientes.
4. Con estos procedimientos los partidos políticos se aseguran más candidatos y más cupos, lo que de paso les permite acceder a los recursos que aporta el Estado como Adelanto de la Campaña, lo que se hace sobre la base de la última votación obtenida.
5. Es vergonzoso que los parlamentarios hayan pretendido establecer constituyentes de primera y segunda categoría. Unos electos por votación popular con dietas de 2,5 millones de pesos, mientras ellos reciben una dieta de 10 millones de pesos mensuales. Eso es una arbitrariedad impresentable.
6. Es de cierta sensatez pensar que los parlamentarios actúan de modo transparente cuanto estiman lo que debe ser el monto de una dieta.
7. Luego, es natural establecerla como valor común para los Parlamentarios en ejercicio. Congresales y Constituyentes deben tener la misma dieta, es decir, deben reducir la suya a 2,5 millones de pesos. Es de mínima justicia. Y una digresión: hacer las leyes es mucho más sencillo que forjar una nueva Constitución.
8. Si se trata de economía de dinero, es razonable pensar que mientras trabaja la Asamblea Constituyente cerremos el Congreso, suspendamos sus dietas parlamentarias, lo que generaría un gran ahorro al país, en dinero y privilegios.

Los Independientes exigen se respeten las normas constitucionales de igualdad de oportunidades y la no existencia de discriminaciones arbitrarias de todo tipo. Para los comicios de abril próximo se tomarán todas las acciones necesarias: legales, administrativas y de movilización social, para que se respete la norma constitucional: debe haber igualdad de oportunidades en las actividades electorales y en las elecciones entre los independientes y partidos políticos. A eso agregaría igualdad entre legisladores y constituyentes.

HUB INDEPENDIENTES CHILE.

JUEVES, 19 DE NOVIEMBRE DE 2020

Chile -en el contexto de la megatendencia global- vive una profunda crisis ética, que impacta gravemente en su democracia, en lo público, en el bien común, en la política, lo político, especialmente en los partidos políticos y en quienes los conforman.

HUB INDEPENDIENTES CHILE, nace para convocar y articular esfuerzos, para la mejor participación coordinación que asegure a los INDEPENDIENTES, las mejores condiciones para participar, gestionar e influir en los próximos desafíos electorales y políticos en Chile".

Se asoman las peores excreciones de este deterioro ético, pues además de la corrupción ya sabida, se agrega ahora la corruptela ideológica. Incluso la emergencia de la Narco-política, grave desencuentro con el bien público, la meritocracia y la probidad. La legalidad y legitimidad de la política y los políticos están en descrédito.

El 18 de octubre marcó un hito en el proceso de quiebre de la democracia representativa, abriendo paso a un estilo de democracia participativa, que repudia el actuar de los partidos y dirigencias políticas. Esta crisis ha dado lugar a una nueva sociedad civil, más empoderada y disruptiva, que ha terminado repudiando un sistema que considera abusivo y diseñado a la medida y para beneficio de unos pocos.

Una percepción que cruza toda la sociedad, que dio lugar a multitudinarias manifestaciones de rechazo al sistema. Tanto fue el cántaro al agua que terminó roto, es este caso se rompió la confianza y la paciencia ciudadana. Un plebiscito con un apabullante resultado, en demanda de una nueva constitución y una asamblea constituyente.

Ahora la ciudadanía se moviliza repudiando el sistema electoral, al que califica de corrupto y abusivo. La demanda es en torno a la igualdad de condiciones para los Independientes, al momento de la elección de los constituyentes, los que tienen graves y abusivas asimetrías en beneficio de los partidos políticos. Se demanda igualdad de oportunidades al momento de la inscripción, en la conformación de listas, la constitución de pactos y al momento del financiamiento electoral.
El llamado es a cuidar la democracia. No se tolerará nuevos embustes o abusos, a riesgo de que se produzca un nuevo y más grave reventón social, ahora orientado específicamente hacia el Parlamento y los Partidos Políticos.

CHILE, SOCIEDAD EN CAMBIO: PARTIDOS POLÍTICOS Y MOVIMIENTOS CIUDADANOS.

JUEVES, 22 DE ABRIL DE 2021

En las ciencias sociales se entiende que la violencia y la inestabilidad social son consecuencia de la mala gestión política. El orden, la libertad, la equidad de un país, están determinados por el quehacer de sus servidores públicos. Hay una relación directa entre lo político y el desarrollo económico-social. Buenos políticos generan desarrollo humano sustentable. ¡No es al revés! La realidad de Chile ratifica esa premisa: desarrollo económico sin buena política, genera graves asimetrías sociales, concentración de la riqueza, corrupción, inestabilidad social, abuso, impunidad y violencia política.

Los Movimientos Ciudadanos se perfilan como fuerzas articuladoras del poder político, con potencial electoral y capacidad para influir en la opinión pública, estableciendo y priorizando agenda (pública y privada). Han aprendido la relación transaccional de la política".

Ojalá lo entienda la élite económica y los que promueven la política de farándula (TV). El orden político es fundamental y no surge del proceso de modernización ni del desarrollo económico social. Es exactamente al revés. Para que esos objetivos se alcancen se requiere de una política y políticos de buena calidad, con probidad y excelencia ética. Eso deberán tenerlo muy claro los próximos constituyentes. Sin orden político no habrá desarrollo económico y social.

En el caso de Chile el problema ético basal ha sido el desequilibrio entre los bienes públicos cada vez más precarios, de mala calidad y los bienes privados, que absorben más bienes públicos privatizados. De ese (des)equilibrio entre bienes públicos y privados, surge en bien común, que fortalece o debilita el sentido de comunidad. Todos somos uno y uno somos todos. Como ha quedado demostrado hasta la saciedad, el egoísmo, el individualismo y el minimalismo del sentido de comunidad son un pésimo negocio. Todos los marginados terminan socavando las instituciones políticas y democráticas, enervando la sociedad.

La clase política, transversalmente, vive una grave crisis de legitimidad y confianza. Está desconectada de la realidad, de las demandas y necesidades de la gente, en un entorno de creciente precarización social, laboral, de la seguridad y de los bienes públicos. Muchos de ellos legislan sobre la base de lo que dicen las redes sociales, para capturar el voto antes que las mejores y prioritarias ideas. El denominador común es una degradación ética estructural, en un modelo de materialismo exacerbado, de evidente individualismo. Chile es una sociedad en cambio en que las instituciones políticas son disfuncionales.

La solución a la crisis no está en los extremos políticos, ni en la estrategia de polarización que algunos promueven, se requiere equilibrio. No la encontraremos en una izquierda que exalta la igualdad y la solidaridad, pero no es competente generando riqueza; tampoco resulta aceptable un neoliberalismo radical que exalta la generación de riqueza, pero que la concentra en unos pocos, mientras muchos amplían su pobreza. No es aceptable el doble estándar de esa izquierda que clama por los derechos humanos, por un lado, y hace apología de la violencia, por el otro.

Tampoco resulta viable promover una asonada de militares en política, han sido muy utilizados por uno y otro lado, ejemplos hay muchos y variados en nuestro continente. También hay que decirlo claro, ha sido muy evidente el fracasó de la disparatada teoría del chorreo, que en Chile fue entendida por algunos como la teoría del Choreo. Terminaron matando la gallina de los huevos de oro. Espero que, con suerte, como país podamos empollar algunos de esos huevos.

El desprecio hacia la política es transversal, no escapan ni unos ni otros. Los partidos políticos tienen poco tiempo y espacio para reaccionar. Si no lo hacen serán reemplazados. Algunos partidos ya han pagado su costo, hace una década tenían primacía en Chile, hoy son Muertos Caminantes (Walking Dead). Pero, el poder político no desaparece, solo se moviliza hacia otros actores.

Emergen con fuerza los Independientes. Se están agrupando en "Movimientos Ciudadanos", con fuerte sentido social, democráticos y republicanos, comprometidos con la libertad, el orden, la solidaridad, la probidad, la meritocracia y la excelencia en el hacer. Son estructuras propias de la Sociedad Digital, organizados en Redes Sociales colaborativas y distribuidas, a lo largo y ancho del territorio nacional, trabajando y aportando incluso desde el extranjero. ¿Está emergiendo una nueva estructura de participación?

Rechazan que el poder y las estructuras de participación políticas estén capturadas por el poder económico. Saben y han sufrido el abuso partidista. Han llegado para hacer valer su voz en lo programático. No responden al añejo alineamiento político, han superado el atrincheramiento que los agrupa en izquierda, centro y derecha, categorías que ya no dan cuenta de la nueva realidad.

Los Movimientos Ciudadanos se perfilan como fuerzas articuladoras del poder político, con potencial electoral y capacidad para influir en la opinión pública, estableciendo y priorizando agenda (pública y privada). Han aprendido la relación transaccional de la política. Se proyectan alianzas con los partidos políticos. Estos Movimientos Ciudadanos, no tienen vocación de "yanaconas", no vienen a la política para ser comparsa electoral, ni para que se siga haciendo más de lo mismo. Vienen dispuestos para asumir un nuevo liderazgo de avanzada en la gestión pública, inspirados en una nueva ética. Ojalá que la mayoría ciudadana asuman su responsabilidad cívica.

GOBIERNO DE CHILE: ADAPTABILIDAD A LA SOCIEDAD DIGITAL.

VIERNES, 30 DE ABRIL DE 2021

Vivimos cambios vertiginosos que constituyen un CAMBIO DE ÉPOCA: emerge la Sociedad Digital. La crisis originada por la pandemia ha impulsado y acelerado la digitalización del planeta. La revolución en las tecnologías de información y comunicación son el medio, desde allí surgen las herramientas que están gestando una REVOLUCIÓN ONTOLÓGICA, "una nueva forma de ser y estar en el mundo".

¿Será prioridad para la clase política este tema? ¿O se los consume la cotidianeidad? La Sociedad Digital debe terminar con la banalidad de una televisión que sólo opera como efecto narcotizante, donde la emoción reemplaza al pensamiento premeditado y el sensacionalismo termina por eclipsar la reflexión oportuna. La ciudadanía percibe la captura de la espiritualidad por un materialismo minimalista de la dignidad humana. El materialismo exacerbado privilegia en grado superlativo el valor del dinero, casi como escala única para medir no solo estatus, sino valores y principios.

Debemos concordar una visión que permita responder adecuada y oportunamente a esta transformación y los trascendentes cambios que se producen. El Gobierno tiene la oportunidad de liderar este proceso, organizando un evento de alcance nacional, usando las plataformas digitales y abriendo participación por las redes sociales y todos los medios, para llegar a cada rincón de Chile".

Este hecho constituye una gran oportunidad para el Gobierno y el propio Presidente Piñera, que requiere superar la crisis política y dejar un legado al país, que permita una memoria asociada a un gran paso, como lo es subir a Chile a la Sociedad Digital. Tiene poco tiempo y en consecuencia debe dar pasos seguros y decididos.

Este proceso exige de la autoridad la definición de políticas públicas para la adaptabilidad de las personas, las organizaciones, las empresas y los territorios, en un entorno que exige nuevas habilidades y competencias, potenciar la usabilidad de esas herramientas al servicio del progreso y el desarrollo, con equidad social y territorial. Es impostergable atender la transformación y adaptabilidad digital del ámbito público y privado, los actores de la sociedad civil, la nueva economía y la sociedad emergente.

Chile debe abrir diálogos con expertos de primer nivel, nacional e internacional, para abordar con pluralidad y transversalidad, las tendencias de los cambios, para generar la mayor igualdad de oportunidades y la promoción de un desarrollo armónico en la nueva sociedad que emerge. Se trata de una temática de alta prioridad, plural y transversal.

Se da la oportunidad para una reflexión que genere una consciencia común sobre las urgencias actuales, en el ámbito público y privado, con amplia participación de la sociedad civil, para concordar un criterio común en el impulso de urgentes políticas públicas. La idea es usar la profunda y obligada inmersión digital derivada de la pandemia, para impulsar una mirada sistémico-relacional, convocando los expertos en infraestructuras, software, desarrollo de competencias y habilidades, los proveedores de servicios digitales, los diseñadores de políticas públicas y los encargados de la legislación, para priorizar indicadores sectoriales, reflejando el impacto social y económico.

Debemos concordar una visión que permita responder adecuada y oportunamente a esta transformación y los trascendentes cambios que se producen. El Gobierno tiene la oportunidad de liderar este proceso, organizando un evento de alcance nacional, usando las plataformas digitales y abriendo participación por las redes sociales y todos los medios, para llegar a cada rincón de Chile.

GIRO HACIA LO SOCIAL, CIUDADANO, REPUBLICANO Y DEMOCRÁTICO.

LUNES, 17 DE MAYO DE 2021

Desde hace más de una década he confrontado a la élite política que terminó rendida a la influencia de la élite económico-financiera, traicionando principios y valores. Venía anunciado el fracaso de un estilo de liderazgo abusivo, insensible, sin sentido social, alejado de lo ciudadano, con escasa vocación democrática, que repudió de los valores republicanos.

Insisto en la necesidad de un giro hacia lo social, ciudadano, republicano y democrático, que valore el mérito y la excelencia. ¡Se requiere urgentemente de una nueva ética! Llegó la hora de retomar nuestro liderazgo, de ejercer la función de puente y comenzar la reconstrucción, dejando atrás la noche negra. Es de toda evidencia el espacio de crecimiento que representa el 60% de los chilenos que no participó. Allí está la oportunidad para recomenzar un trabajo serio, respetuoso, responsable y solidario".

He insistido en la urgente necesidad de terminar con la aberrante endogamia social y el nepotismo. He repudiado un tipo de liderazgo insensible, marcado por relaciones incestuosas entre el dinero y la política. He rechazado el intentó de normalizar como media de la realidad nacional las tres comunas, que se evidenciaron claramente en el plebiscito y en el desastre electoral que acaba de ocurrir. ¡No son la realidad del país, sino solo de un pequeño segmento de chilenos llenos de privilegios!!

Muchos denunciamos el colapso de una derecha individualista, egoísta y abusiva, que intentaba imponer un sentido materialista y minimalista de la persona humana y del sentido de comunidad. Lo dijimos con pertinencia, oportunidad, coherencia, valentía y terminamos siendo perseguidos, estigmatizados, anulados. No hubo disposición a escuchar, más aún la élite insistió en un trato abusivo, anulador, tratando de eliminar al mensajero. ¡Se nos trató de exterminar!

Es hora de dejar la mediocridad y el estilo abusivo de quienes hundieron políticamente a la centro-derecha, pensando que habían clavado la rueda de la fortuna y que el dinero lo compra o subsana todo. Intentarán normalizar este fracaso, cerrando los ojos a la realidad, generando un relato ficticio y ajeno. Pero, no podrán frente al evidente desastre. Por lo demás, si no hay ajustes inmediatos, las consecuencias en la elección Parlamentaria y Presidencial serán aún peores. ¡Eso significa quitarles el rol de conductores y coordinadores del proceso!! Sacar a quienes encarnan el abuso, la insensibilidad social y política.

Denunciamos -y lo reiteramos en este acto- el sometimiento de muchos que tranzaron sus ideas y principios, ante aquellos que sin valores éticos creen que todo tiene valor económico, intentando comprar personas, partidos, cargos e influencias. He denunciado -hasta la saciedad- la abusiva actitud de aquellos que nos han traído hasta este desastre.

Reclamo la responsabilidad del aberrante y hegemónico enfoque doctrinario del "Instituto Libertad y Desarrollo", que por encargo de sus financistas hizo la arquitectura de este fracaso social y político-electoral, matando un modelo que tenía mucho que dar. Frente a la debacle político-electoral de la derecha, pienso en los ciclos naturales de muerte y regeneración. Este ciclo se termina para un nuevo renacer.

La megatendencia político-electoral está marcada por el sentido social y ciudadano. Se requieren urgentes y radicales cambios en la conducción política, no hablo de los partidos políticos, sino del conjunto que incluye a todos quienes dejamos la militancia, cansados de denunciar los abusos, el tráfico de influencias y la falta de ese sentido social y ciudadano, que hoy actuamos desde la "independencia".

Insisto en la necesidad de un giro hacia lo social, ciudadano, republicano y democrático, que valore el mérito y la excelencia. ¡Se requiere urgentemente de una nueva ética! La ética definida como concordancia de la conducta del hombre – pública y privada- con principios y valores. Cuando se hace lo contrario, se cae en el problema serio de la corrupción, antónimo exacto de la ética. Se ha discutido mucho acerca de este tema, pero yo me conformo con volver al filósofo alemán Emmanuel Kant, con "su principio ético del acto humano como referente universal". Llegó la hora de retomar nuestro liderazgo, de ejercer la función de puente y comenzar la reconstrucción, dejando atrás la noche negra. Es de toda evidencia el espacio de crecimiento que representa el 60% de los chilenos que no participó. Allí está la oportunidad para recomenzar un trabajo serio, respetuoso, responsable y solidario.

DESFONDE ELECTORAL Y SABIDURÍA POPULAR.

LUNES, 24 DE MAYO DE 2021

Vox populi, vox Dei". Significa "la voz del pueblo, es la voz de Dios", desde antiguo enseñaba a los déspotas que se debe escuchar y obedecer a la gente común. En el Chile actual, esta sentencia tiene plena vigencia. Especialmente cuando se ha sufrido el desfonde electoral y político, una debacle de proporciones, epílogo de una sentencia tantas veces proclamada y ahora autocumplida, virtud de la soberbia y el desfonde de la confianza que alcanza a todo el sistema político tradicional.

Si no hay cambios radicales al sentido de la política, en los liderazgos y a la valoración de los ciudadanos, seremos testigos de los evidentes malos resultados que vendrán asociados a los siguientes trenes de ola en este tsunami político. ¡Sería otro grave error traer al gobierno a los que perdieron la elección!"

"Mal de muchos, consuelo de tontos". Otra cuestión a revisar son las reacciones del sistema de partidos políticos (sus vocerías), que han sufrido el "AUTÉNTICO DESALOJO" político. La gente le retiró su confianza, mostró su fastidio, cansancio por las promesas incumplidas, reproché por la falta de sentido social y ciudadano.

La gente los cambió buscando "representantes" que interpreten mejor su realidad, con cercanía con sus dramas cotidianos. La gente quiere cambios profundos y radicales en las políticas públicas. Me sorprende la tozudez, la falta de respeto hacia la gente, el no hacerse cargo de la apabullante derrota, arrasados por una marea de "INDEPENDIENTES".

"No hay peor sordo que aquel que no quiere escuchar, ni peor ciego que aquel que no quiere ver". El refrán popular aplica perfectamente cuando observamos las reacciones de (oportunistas) seudo-liderazgos que pretenden ser el fiel de la balanza del sector oficialista. Sorprende ver la reacción de sus vocerías más radicales. Confundidos vociferan, actuando como jauría rabiosa, llamado a defender "sus valores (¿?)". Parecen no entender el repudio expresado por la gente. Con esas acciones generan más rebeldía, rabia e impotencia.

"El cojo le echa la culpa al empedrado" Los políticos hablan del fracaso del modelo. No estoy de acuerdo. ¡El modelo es una idea y las responsabilidades son de las personas! Por lo demás, este modelo ha sido el más exitoso en la generación de riqueza. ¡¡Aclaremos!! No es el modelo el que fracasó. Fue la ética de sus administradores. Los abusadores desvergonzados que creyeron tendrían impunidad permanente: en los partidos políticos, en los Think Tank, los formuladores de políticas públicas, las grandes gremiales que terminaron coaccionado la política.

Lo que ha fracasado es un tipo de neoliberalismo radical, minimalista de la dignidad humana, materialista extremo y con graves problemas de probidad en sus administradores, de uno y otro lado. Fracasaron los que han engañado, abusado y despreciado a la gente común, que por cuatro décadas brindó su confianza, permanentemente traicionada.

"Esta no es una ola. ¿Esto es un tsunami!". En lo político-electoral llegó el primer tren de ola (la primera línea) y arrasó dejando poco en pie. Pero, vendrán tres nuevos trenes de olas, perfectamente precisados en la proximidad de sus fechas: el 2° tiene relación con la segunda vuelta de la elección de Gobernadores; 3° la elección Presidencial y 4° las elecciones de Parlamentarias. Se lo anuncio públicamente al sector, para no volver a escuchar eso de "Nadie lo comentó", o el hipócrita "No lo vimos venir". Atención a este desafío, si no quieren pasar a la historia con estas derrotas. Y, además, ¡otros motes por ineptas actitudes!

"Si se quieren resultados distintos, no se puede hacer más de lo mismo". A cierta distancia del desastre electoral, ¡No hay señales de corrección! ¿Seguiremos haciendo más de lo mismo? ¿Y, con los mismos? El resultado será muy previsible. Si no hay cambios radicales al sentido de la política, en los liderazgos y a la valoración de los ciudadanos, seremos testigos de los evidentes malos resultados que vendrán asociados a los siguientes trenes de ola en este tsunami político. ¡Sería otro grave error traer al gobierno a los que perdieron la elección!

"A grandes males, grandes remedios". Este es el momento justo para hacer radicales cambios en los liderazgos, en las vocerías, en las acciones y en las actitudes, en todos los niveles y ámbitos del sector. Se requiere salir de estos liderazgos "EGOCÉNTRICOS" para avanzar hacia los "ECOCÉNTRICOS". Se requiere salir del nepotismo y la endogamia, para avanzar hacia un enfoque ciudadano, social, republicano y democrático, de fuerte cercanía con la gente, personas con calle, buen trato y mejor criterio.

En estas decisiones se juega el destino de Chile por los próximos 40 años. ¡Chile requiere y su democracia merece actores más responsables, coherentes y republicanos (en el sector desfondado que me duele)!. Espero no lleguemos nuevamente tarde a la cita con la historia.

DEFINIENDO DERROTEROS POLÍTICOS.

MIÉRCOLES, 2 DE JUNIO DE 2021

El sistema político tradicional en Chile, que participó del proceso de transición a la democracia, se debate gravemente herido. En la reciente elección esos partidos vivieron su peor pesadilla, se desfondó su adhesión ciudadana, un desastre político-electoral. Están iniciando las catarsis "Renovación o Morir". Están desconcertados con el derrumbe, se acabó el sistema protegido en el que obtener el 33% de los votos era igual que obtener el 66%. Ello generó una política del empate, la "Democracia de los Acuerdos", que paulatinamente fue capturada por el poder económico, con un permanente deterioro de los bienes públicos y afectación del bien común, hasta llegar a la situación actual.

La democracia chilena requiere pluralismo y diversidad, para ello se debe dejar tanto dogmatismo, eso exige cambios, con urgencia, pertinencia y oportunidad. Si aquello no ocurre pronto, el tren de olas del tsunami electoral traerá malas noticias en las Parlamentarias y la Presidencial de octubre".

En esta columna profundizaré sobre la coalición oficialista "Chile Vamos", que apoya el debilitado gobierno de Piñera. El sector se debate en la desorientación y el desconcierto. Nuevamente salió aquello de "No lo vimos venir", les paso con el reventón social, luego en el plebiscito sobre la reforma constitucional y en el desastre de la reciente elección.

Dice un refrán: "No hay peor ciego que aquel que no quiere ver, ni peor sordo que aquel que no quiere escuchar", lo que define perfectamente la situación vivida al interior de este conglomerado. Recibieron muchas advertencias y anuncios que prefirieron ignorar. Estaban cómodos, "Felices y Forrados". Fui uno de los que entregó esos anuncios. ¡Se castigó al mensajero!

En el oficialismo, producto de las necesidades de sobrevivencia, aún aturdidos por el impacto, no saben que derrotero tomar: unos insisten en mantener el rumbo de una derecha dura y otros promueven un desplazamiento hacia el centro. No se aprecia urgencia, actúan como si no hubiese pasado nada. Aún no se escucha un "Mea Culpa", un reconocimiento de los errores políticos. No se asimila que, en la elección más importante, para conformar la Asamblea Constituyente, esta coalición constituida por el conjunto de UDI, RN, el PRI y EVOPOLI, en su conjunto solo obtuvieron un 24% de representación. Es decir, serán marginales en el proceso constituyente, solo tendrán un rol testimonial.

La sabiduría enseña resiliencia, hay que inclinarse en el sentido de los vientos. La tozudez por mantener un electorado de "derecha dura" o peor aún "de derecha económica", agudizará irremediablemente la crisis. Es honesto señalar que, la imagen de la derecha dura es ampliamente resistida, está herida en el ala. La ruptura con la ciudadanía es profunda y dejará huella.

Es urgente asumir la realidad y convocar a un congreso ideológico. Se debe mantener los ideales de progreso, libertad y orden, asumiendo un nuevo y leal compromiso con lo social, ciudadano, democrático y republicano. Está demostrado que no basta el crecimiento económico, si no hay adecuada redistribución, preocupación por la calidad de vida de las personas y el medio ambiente.

Se asume que ha triunfado la izquierda radical. ¡Pero, no lo creo así! Ese 60% que no va a votar es muy superior a todo el universo electoral que participó. Los que ganaron lo hicieron con votaciones muy escasas respecto del universo potencial, su legitimidad y representatividad política esta cuestionada. Ese importante sector ciudadano -que no se sintió convocado- puede definir cualquier elección y está a la espera de compromisos que le interpreten. Ellos creen en el valor del orden, la libertad y especialmente en el emprendimiento, como sistema de promoción social. Nuestra gente es emprendedora, se ve en todos los niveles socio-económicos, se acostumbró al mercado bien abastecido y a precios competitivos, es consumista y lo demuestran las cifras en cada "CyberDay".

La democracia chilena requiere pluralismo y diversidad, para ello se debe dejar tanto dogmatismo, eso exige cambios, con urgencia, pertinencia y oportunidad. Si aquello no ocurre pronto, el tren de olas del tsunami electoral traerá malas noticias en las Parlamentarias y la Presidencial de octubre. El 60% representa la reserva que se debe llamar con sentido social y ciudadano. Pero no aceptará "más de lo mismo, ni con los mismos". Se le debe pedir perdón a la ciudadanía y llamar a un nuevo pacto y compromiso el sector.

Para la política chilena debe surgir una nueva forma de acción que se haga cargo de la fragmentación y los Independientes. Se debe crear una instancia (Think Tank) que asuma el rol de HUB, es decir, de articulación, coordinación y conmutación de actores e iniciativas con estos sectores. Si esto no ocurre de cara a la siguiente elección la fragmentación y los Independientes terminarán de dañar las opciones de los partidos políticos.

INSTITUCIONALIDAD: ADAPTABILIDAD A LA SOCIEDAD DIGITAL (S-5.0).

JUEVES, 24 DE JUNIO DE 2021

Chile requiere una estrategia de convergencia público-privada, democrática, participativa y transversal para su adaptabilidad a la Sociedad Digital. Un nuevo pacto social, que permita avanzar con pertinencia y oportunidad, cuidando la inclusividad de todos los sectores de la vida nacional. Las tecnologías son los medios y la persona humana es siempre el fin hacia el que se orienta el proceso. La definición estratégica fundamental de la sociedad digital es que debe estar centrada en la persona humana, en la calidad de vida y el respeto al medio ambiente.

El Estado, el gobierno, la convergencia público-privada serán determinantes para el éxito del proceso de adaptabilidad al ethos digital, a los cambios tecnológicos, económicos, relacionales y geopolíticos, que implican la emergencia del enfoque Eco-Ético-Sistémico-Relacional, en todas las dimensiones del ser y estar en el mundo. Se requiere (con urgencia) adecuar la institucionalidad pública, extremadamente sectorial, cartesiana y lineal".

En la Sociedad Digital (S-5.0) converge el ciberespacio (digital) con el espacio analógico o natural. Esta transformación impacta en los cuatro estadios anteriores: la Sociedad (1.0) de cazadores y recolectores; la Sociedad (2.0) Agrícola; la Sociedad (3.0) Industrial; y la Sociedad (4.0) de la Información. Se perfila la denominada sociedad (6.0) de la Singularidad, que marcará la convergencia de la inteligencia humana y la inteligencia artificial, acompañada de la nanotecnología, la biotecnología, automatización y la robótica.

El cambio radical tiene que ver con la superación de la exterioridad humana para penetrar en la subjetividad (mental y física), que junto con los beneficios que conlleva, encarna a la vez el riesgo de manipulación y degradación humana. Este estadio constituye un ethos completamente distinto y demanda nuevas definiciones éticas, estéticas y de emocionalidad.

¿Los actores del mundo intelectual, ético, filosófico y espiritual, cautelaremos la vigencia de los valores éticos del Humanismo? O, por el contrario, ¿Dejaremos que los definan los programadores de algoritmos? ¿Estamos conscientes del peligro que ello entraña? ¡Debemos definir si seremos actores del proceso o comentaristas; simples cronistas críticos de lo que se hace bien o mal! Emerge un ethos que demanda re-definiciones en la ética.

La Sociedad Digital emerge en el contexto de la globalización y la revolución de las tecnologías de información y comunicación, constituyendo un profundo cambio cultural, que exige adecuaciones institucionales y de políticas públicas ampliamente consensuadas, participativas y democráticas, para sacar las mayores ventajas lo más tempranamente posible, para la adaptabilidad de las personas, las organizaciones, las empresas y los territorios. Este proceso que demanda un

Estado legitimado, eficiente y oportuno, con mirada estratégica y visión prospectiva, que impulse un consenso público-privado.

Chile tiene una amplia cobertura de infraestructura lo que constituye una oportunidad de adaptabilidad digital. Pero, se requiere un profundo cambio en la institucionalidad estatal, extremadamente fragmentada y sectorial (cartesiana). Se requiere integrar y articular estos esfuerzos, con un enfoque sistémico relacional, lo que significa unificar (las partes dispersas) en una estructura técnico-política de mayor jerarquía en la administración del Estado, para promover la convergencia del uso del hardware, software y el humanware (usabilidad por las personas) con un entorno regulatorio y legal lo más adecuado posible.

Estas transformaciones administrativas y tecnológicas demandan re-definiciones en la ética, la estética y la emocionalidad, un proceso de adaptabilidad, la generación de habilidades y competencias para la plena inserción en la S-5.0. Ese cambio incluye tanto las habilidades y competencias duras (tecnológicas), como en las habilidades blandas (o socio-relacionales).

La estrategia nacional promueve una amplia cobertura de infraestructura de comunicaciones de base digital, aunque con sectores de gran marginalidad (digital) en las áreas (rurales) alejadas de los grandes centros urbanos, en los que se concentra la oferta. El desafío consiste en romper las asimetrías en el territorio nacional, asumiendo la alta correlación entre bajo nivel socio-económico y la marginalidad digital. La tecnología 4G y, especialmente la llegada del 5G, constituyen una gran oportunidad para definir políticas públicas que apunten a la equidad, la igualdad de oportunidades, la inserción y adaptabilidad a la sociedad digital de todos los chilenos, para que ningún sector quede rezagado.

Los territorios, las empresas y las organizaciones, requieren visión prospectiva y planificación estratégica para la mejor adaptabilidad, se requieren políticas públicas para ese propósito. Se trata que la ciudadanía defina, comparta y cautele un sentido del desarrollo que se desea promover y alcanzar, fuertemente centrado en la persona humana, rompiendo simetrías y desigualdades.

Se requiere un permanente equilibrio dinámico para mantener constante la capacidad adaptativa, con pertinencia, oportunidad, participación e inclusividad. No se trata de estrategias endógenas al Gobierno, sino de ideas ampliamente compartidas, respetadas y valoradas por la sociedad, con objetivos y desafíos que luego se desagregan y sectorializan, para impactar en el ciber-espacio y en el espacio analógico, potenciando las áreas donde hay fortalezas y vigorizando aquellas donde hay definiciones estratégicas para generar un futuro mejor, con horizontes temporales de mediano plazo (10 a 15 años), apalancando las oportunidades con las nuevas tecnologías, en todos los ámbitos relacionales: humanos, sociales, económicos, productivos, de servicios, energéticos, educativos, culturales, espirituales, etc.

Estos cambios repercuten en lo externo a la vida humana y en lo interno a las personas (subjetividad). Esta profunda alteración en la relacionalidad humana, demandan definiciones éticas en las que la ciudadanía debe tener un rol protagónico, junto con las instituciones filosóficas, espirituales y humanistas de la sociedad civil.

Se anuncia el ciclo (Smart) de sociedad-ciudades-organizaciones y territorios inteligentes, la S-5.0 llegó para quedarse, sus transformaciones invaden todas las dimensiones del ser y estar en el mundo, en procesos de alcance global: el Internet de las Cosas, la Inteligencia Artificial, la automatización y robótica, la nanotecnología, la biotecnología, el blockchain, el manejo de la Big Data. Cambian los paradigmas: tecnológico, social, comunicacional, topológico, relacional, entre muchos otros. Estos cambios están en pleno desarrollo y deben generar a las personas una vida cómoda, en torno a las cuatro G: género, generación, gustos y geolocalización.

El Estado, el gobierno, la convergencia público-privada serán determinantes para el éxito del proceso de adaptabilidad al ethos digital, a los cambios tecnológicos, económicos, relacionales y geopolíticos, que implican la emergencia del enfoque Eco-Ético-Sistémico-Relacional, en todas las dimensiones del ser y estar en el mundo. Se requiere (con urgencia) adecuar la institucionalidad pública, extremadamente sectorial, cartesiana y lineal.

LA DERECHA REQUIERE UN URGENTE Y PROFUNDO CAMBIO.

JUEVES, 8 DE JULIO DE 2021

La derecha chilena perdió el sentido de la realidad, navega sin brújula. No hay autocrítica ni urgencia por la unidad, carece de liderazgos habilitantes y solo muestra acomodo coyuntural, pragmático e inconsistente. No supo leer el estallido social de octubre del 2019 y el tsunami electoral que le arrasó en las elecciones recientes. Muestra un proceso de fragmentación, un desfonde electoral, su discurso político no tiene sintonía ciudadana y carece de sentido social. Los liderazgos dominantes muestran ensimismamiento cívico, purismo ideológico, mitomanía, clasismo, sectarismo, endogamia y nepotismo.

Es evidente que en noviembre surgirán nuevos alineamientos y correlaciones que re-definirán el destino de un sector ya muy enclenque y debilitado. Se superará la conceptualización de derecha y hablaremos de otros conceptos: ciudadano, social, republicano, democrático y eco-sistémico".

Hay sectores de la derecha que -sin disimulo- siguen sometidos a la égida de los dueños del dinero, más comprometidos con el bien privado que con los bienes públicos o el bien común. La autonomía es reactiva al dictamen de terceros, véase el Acuerdo por la Paz y la Nueva Constitución, del 15 de noviembre de 2019 y extraños cambios de posición y trasbordos en las ideas. **La hegemonía de los poderes fácticos, no permite leer las adversas señales en el escenario político actual y la necesidad de cambios radicales hacia un sentido de mayor pluralidad.**

En el peor momento de debilidad y crisis de liderazgo, las dos almas de la derecha están en una tensión de ruptura. Unos tironeados desde la derecha económica, sectores conservadores y los que añoran la democracia protegida, que hace rato articulan una estrategia de polarización. En lo electoral apostaron por la conformación de dos bloques y luego hablaron de los tres tercios. No fue ni lo uno ni lo otro. Peor aún, en la elección de la Asamblea Constituyente apenas alcanzaron el 20% de los pocos votos emitidos. El otro sector de la Centro-derecha intenta una estrategia de posicionamiento más al Centro, que interprete a los independientes (80% restante que no concurre a las urnas), promoviendo un enfoque social. Pero, los poderes fácticos rechazaron esta opción, restando su apoyo económico y político.

Ha quedado claro quienes -en los partidos de la Coalición de Gobierno- han rendido su lealtad a esos poderes por sobre su militancia. Incluso continua una guerra sucia, de fuertes descalificaciones (véase el tratamiento hacia Mario Desbordes y su proyecto). Como ha sido habitual en el sector, se recibe "fuego amigo", es decir, los disparos no vienen desde los adversarios sino desde los propios, algunos con escasa diplomacia, mimetizando su rol en este oscuro proceso. En RN, impresiona la animosidad hacia su candidato y la intención de generar libertad de acción. Entre acción y reacción habrá malas consecuencias.

De cara a los desafíos electorales (21 de noviembre), es muy evidente que habrá dispersión de la votación, las amenazas vienen desde la derecha más radical (Republicanos), que tendrá candidato propio en la presidencial y también en las parlamentarias. Desde el Centro, los Independientes y desencantados de la derecha, también tendrán sus propios candidatos. Esta dispersión será el tercer y cuarto tren de olas (presidencial y parlamentaria) del tsunami electoral. Es imperativo asumir que se acabó la democracia protegida, que ya no es viable la teoría del empate gatopardo. Las elecciones se ganan con votos, con legitimidad, credibilidad, respeto y fidelidad con el electorado. **Por eso es urgente que el sector asuma su compromiso, participando en la primaria presidencial y en las elecciones de noviembre próximo. Será la última línea de contención.**

Se requiere refundar el sector, un urgente y profundo cambio de actitud, lograr disciplina, unidad y de respeto a la diversidad. Se requieren ideas frescas + liderazgos convocantes y habilitantes + Unidad para la acción, desde un **CENTRO REPUBLICANO. Es evidente que en noviembre surgirán nuevos alineamientos y correlaciones que re-definirán el destino de un sector ya muy enclenque y debilitado. Se superará la conceptualización de derecha y hablaremos de otros conceptos: ciudadano, social, republicano, democrático y eco-sistémico. El lenguaje construye la realidad y por eso será imperativo superar la negativa carga asociada a la derecha, caso contrario se agudizarán los altos costos políticos.**

CONVENCIÓN CONSTITUYENTE COMO UNA OPORTUNIDAD.

LUNES, 30 DE AGOSTO DE 2021

El espacio de la Convención Constituyente es una gran oportunidad para la Unidad en la Unicidad, para el encuentro con los principios universales: "todo es uno y uno es todo", para que las distancias ideológicas se acorten, para que la polarización se erradique, para que la fuerzas centrifugas separen lo sólido de lo líquido, que las fuerzas centrípetas hagan eje y centralidad en la vocación de respeto, unidad, solidaridad y fraternidad. ¡No podemos desperdiciar esta oportunidad histórica para Chile!

No se puede profundizar la cultura del odio y la división, la parcialidad o el sectarismo. El respeto de los derechos humanos no puede ser parcial por conveniencia política. No se puede actuar con hipocresía, como fariseo engañoso señalando las faltas de "los otros", sin reconocer las propias miserias, peor aún ocultándolas".

Vote a favor de la Convención Constituyente, pensando que se debe adecuar los anclajes filosóficos que fundan la institucionalidad chilena, con un enfoque humanista, ciudadano, social, democrático, republicano y Eco-Sistémico-Relacional. La sociedad observa una profunda brecha generacional, que tiene dimensiones éticas, filosóficas, sociales, económicas, tecnológicas, valóricas, espirituales. Cambian profundamente las formas relacionales en las más diversas dimensiones, la revolución digital transforma las formas de vivir en el mundo. Cambia el ethos y auto-constitutivamente cambia la ética, la estética y la emocionalidad en las personas. Debemos hacernos cargo de este proceso en unidad.

Las nuevas generaciones con rebeldía reprochan a la élite declinante un modelo de vida que desprecian, que intentan destruir al extremo de tratar de quemar sus principales símbolos. No quieren repetir el modelo de sus padres en sus propias vidas. Tienen claridad sobre lo que no les gusta, aunque no tienen una solución alternativa, ni el discurso, ni la experiencia. La brecha generacional implica que los mayores tienen crecientes dificultades para adaptarse, aportar y sobrevivir en el mundo digital y la revolución tecnológica que emerge.

Las nuevas generaciones tendrán que aprender que no son dueños del libro de la verdad, con suerte tienen y conocen algunas hojas, a lo más un capítulo. Deben entender que hay muchas hojas y capítulos distintos, otras verdades y que de esa integración surgirá la verdad compartida. No repetir lo que critican, no pueden vetar, silenciar o negar a los que piensan distinto.

La nueva concepción de la "Memoria Política", que algunos promueven, a uno y otro lado del espectro, es el recuerdo de aquello que interesa y conviene, obviamente al sector que reclama. ESA MEMORIA ES OLVIDO. Negar pasajes oscuros. Algo así como Post Memoria; Post Verdad; Hipocresía Normalizada, que cruza todo el espectro político. No se trata de empatar, se trata de compromiso, veracidad, coherencia, coraje moral. ¡¡Cuando cada cual se haga cargo de sus miserias, habremos avanzado significativamente!!

No se puede profundizar la cultura del odio y la división, la parcialidad o el sectarismo. El respeto de los derechos humanos no puede ser parcial por conveniencia política. No se puede actuar con hipocresía, como fariseo engañoso señalando las faltas de "los otros", sin reconocer las propias miserias, peor aún ocultándolas. Debemos hacernos cargo de la diversidad y el pluralismo, repudiando a los que se alzan como catones morales.

SEBASTIÁN SICHEL: CONSEJOS NO PEDIDOS.

VIERNES, 10 DE SEPTIEMBRE DE 2021

A riesgo de ser declarado interdicto del Proyecto Político y de Gobierno, por algún(a) Nobel del Comando y antes de que se siga profundizando en los errores políticos en la incipiente Campaña Presidencial, le doy estos consejos no pedidos. No quisiera escuchar nuevamente "Nadie lo dijo" o "No lo vimos venir". Lo hago con la mejor intención y disposición.

Si se quiere abrir opciones para un proyecto político de futuro, es preciso equilibrar bienes públicos con los privados; lo patriarcal con lo matriarcal; la competencia con la solidaridad; lo técnico con lo político; la juventud con la experiencia; sumar más que restar".

1º **La soberbia no es buena consejera, no construye unidad ni amplía la base de adhesión.** El sentido autoritario y Mesiánico, sin argumentos y sin escuchar no son parte de la política ni de la democracia.

2º Como ha quedado probado, **es un error estratégico exaltar la juventud como gran mérito del cambio, despreciando la experiencia, la trayectoria, el "tener calle" y el haber ganado elecciones.** Más aún si son los mismos los que siguen haciendo más de lo mismo (oligarquía). ¡No cometa los mismos errores!

3º **Constituye un grave error estratégico y político intentar alinear autocráticamente las filas en torno a un tema altamente sensible para la gente, controvertido que, por lo demás, estuvo en la base de la explosión social.** Más aún cuando se explica mal la idea. Esto es POLÍTICA, por lo que se requiere más claridad y diálogo.

4º **Resulta deplorable intentar someter a Parlamentarios solo con amenazas. En momentos en que la probidad y la ética están gravemente cuestionados en el país, se demanda algo más que ese peregrino autoritarismo. Se espera reflexión y escucha.** El voto de un Parlamentario es inviolable y no puede haber "Órdenes de partido", ni de coalición, menos de un Comando electoral. Sugiero leer el artículo 38 de la Ley Orgánica Constitucional de Partidos Políticos y apegarse a su espíritu y letra.

5º El mérito académico es importante, pero, además **se requiere buen criterio y sentido común, es decir, eso que se denomina "calle", conocer la realidad de la gente común, esa que con dificultad llega a fin de mes con su sueldo.** Es decir, con la mayoría de los chilenos.

6º **Tengo la seguridad que en el país hay una Centro-Derecha muy distinta al fiel de la balanza que se quiere encontrar en las tres comunas. Tiene inquietudes, intereses y problemáticas que no están siendo adecuadamente**

consideradas. Sugiero impulsar una centro-derecha más moderna, que no siga haciendo más de lo mismo, con los mismo que nos trajeron a este desastre político.

7° Se requiere un proyecto político que enfatice el sentido ciudadano, social, republicano, democrático y laico, que supere los dogmas, incluidos los económicos. Comprometido con el emprendimiento y el orden, en un entorno solidario. Es necesario salir del paradigma de una derecha conservadora, autoritaria, individualista y egoísta.

Si se quiere abrir opciones para un proyecto político de futuro, es preciso equilibrar bienes públicos con los privados; lo patriarcal con lo matriarcal; la competencia con la solidaridad; lo técnico con lo político; la juventud con la experiencia; sumar más que restar. Se requiere gente con más calle, que le haya ganado a alguien, se deben superar el nepotismo y la endogamia socio-cultural que embarga al sector. Entender que más allá de la derecha económica hay "otros" distintos que reclaman consideración, respeto y participación política. **Le deseo el mayor de los éxitos, le pido abrir espacios a la participación y colaboración.**

CHILE: CRISIS Y CONTEXTO GLOBAL Y NACIONAL.

JUEVES, 14 DE OCTUBRE DE 2021

Chile enfrenta una crisis estructural que está en pleno desarrollo, cuyas dimensiones y alcances témporo-espaciales aún no están definidos, que impacta en diversas dimensiones del ser humano y su forma de ser y estar en el mundo. Esta crisis se desplegará durante un largo tiempo y conlleva aspectos multidimensionales. Las brechas observadas en el país han gatillado la renovación de las instituciones y la institucionalidad.

La crisis tiene dos niveles principales, el global y el nacional. La dimensión global caracterizada por la completa ineptitud y disfuncionalidad del sistema supranacional que no responde ni oportuna y ni adecuadamente a los desafíos de estos tiempos, a modo de ejemplo, el sistema de Naciones Unidas y la multiplicidad de organismos internacionales, que no muestran la mínima efectividad en el cumplimiento de su misión, marcados además por un ideologismo parcial.

El abuso, en uno y otro lado será rechazado por las mayorías ponderadas. Si eso coincide con el momento en que la economía esté haciendo agua por los cuatro costados, el desempleo será alto y la desconfianza será mayor por la radicalización. Cualquier descontrol en este punto puede generar un doloroso episodio en nuestra historia".

La otra dimensión es la nacional, interna a la realidad de Estado en cada país, donde gobiernos de distinto signo o tendencia muestran la misma mediocridad, una falta de sentido con los tiempos, actuando en completa disfuncionalidad. Un dejar hacer y dejar pasar (lenidad) mientras los peores flagelos se extienden como males incontenibles: corrupción, abusos, narcotráfico, trata de personas, migraciones masivas, democracias fallidas, narco-estados, mediocridad estructural en la gestión, etc. Como consecuencia, el crecimiento económico se ve limitado, afectando el empleo y la calidad de vida.

Sostener y financiar los altos costos asociados a esta crisis, la pandemia y el colapso de estados fallidos y las masivas migraciones, con todas las externalidades que eso implica es insostenible para nuestros países. Sin una adecuada productividad y soportes económicos sólidos colapsará todo el sistema. En el corto plazo afectará gravemente el desarrollo que se conjuga con los tradicionales pilares: crecimiento económico, equidad social y estabilidad política. Estas tres patas del sistema se muestran frágiles en América latina.

Las movilizaciones sociales afectan transversalmente países de distintas sensibilidades políticas (izquierda, centro y derecha) y ha generado una sinergia negativa que pondrá en aprietos a todos los sectores. Ya se visualiza la inestabilidad política, la falta de cohesión del sistema de partidos, el desencuentro con la ciudadanía, el grave deterioro en la legitimidad, incluso la legalidad. El crecimiento económico y el empleo muestran problemas estructurales que cada mes se irán resintiendo cada vez con mayor severidad. La equidad social tan desatendida por décadas ahora constituirá la prioridad, pero con un sistema claramente debilitado, sin disciplina, ni adecuada coordinación.

Chile no está mejor, dejó su posición de país ejemplar y transita por una peligrosa ruta de desencuentro, polarización y una ciudadanía movilizada en un ambiente de gran desconfianza. Esto resulta preocupante, ya que la sinergia es un encadenamiento autopoiético, es decir tiene un carácter auto-replicativo, autosustentable, auto-organizativo y autosostenido, en una dinámica positiva o negativa.

Es muy evidente que en Chile se observa una sinergia negativa: la desconfianza es la emoción que cruza todos los sectores del país, lo que genera disfuncionalidad recursivas, ineficiencias, descoordinación y políticas públicas tironeadas y cuestionadas, lo que genera conflictos, polarización e inestabilidad y afectara severamente la gobernabilidad.

La brecha generacional que separa la juventud de los adultos y la radicalización política del proceso, gatillan las movilizaciones y el vuelco de las tradicionales adhesiones ciudadanas. Pero, esta falta de experiencia puede ser la causa basal del fracaso, particularmente si se radicaliza aún más el proceso. El abuso, en uno y otro lado será rechazado por las mayorías ponderadas. Si eso coincide con el momento en que la economía esté haciendo agua por los cuatro costados, el desempleo será alto y la desconfianza será mayor por la radicalización. Cualquier descontrol en este punto puede generar un doloroso episodio en nuestra historia.

La gran categoría de pensamiento observable en la ciudadanía es "Cambio". Pero, para abordar ese cambio, primero es necesario tener claridad de cuáles son los límites de esos cambios. Por ejemplo, observando el caso de Chile, si se sigue intentando vulnerar el mandato del Congreso, las condiciones y definiciones que enmarcan el proceso, eso será punto de quiebre con graves consecuencias, si no se actúa con prudencia y buen criterio.

PEDRO AGUIRRE CERDA, CHILE: EDUCACIÓN-INDUSTRIALIZACIÓN.

LUNES, 25 DE OCTUBRE DE 2021

El **25 de octubre** del año de 1938, Pedro Aguirre Cerda era elegido Presidente de Chile, con un 50,26% de los votos, bajo la inspiración de su visionario y pertinente lema: "Gobernar es educar". Su programa era fundamentalmente laico, centrado en la lucha por las libertades: individuales, de prensa, de asociación, de agrupación y reunión. Fue un visionario.

La trayectoria de vida de Pedro Aguirre Cerda, constituye un referente de movilidad social, de inteligencia y compromiso para enfrentar desafíos. Nace en Pocuro, una pequeña comunidad rural próxima a Los Andes. Por la temprana muerte de su padre, vio el ejemplo de lucha, superación y entrega de su madre-viuda que lidió para criar once hijos, en difíciles condiciones socio-económicas.

Desde la Escuela Pública de Calle Larga, avanzó al Liceo de San Felipe, donde logró la formación necesaria para seguir avanzando. Con esfuerzo y convicción logro titularse de profesor de Castellano, en el Instituto Pedagógico de Santiago (1900), cuatro años después se tituló de abogado en la Universidad de Chile, lo que constituye un testimonio de su capacidad, esfuerzo y compromiso para surgir. De paso pone de relieve la portentosa relevancia de la Educación Pública. En su memoria de abogado (1904) ya anuncia su compromiso con la educación, el título fue "La Instrucción Secundaria en Chile". Su ejemplo de vida pone de relieve la importancia del respeto al mérito y el apoyo al estudiante meritorio, que le permitió la superación, cuestión que Chile debe recuperar.

Aguirre Cerda siguió dando pruebas de su vocación, ejerciendo como profesor en la Escuela de Suboficiales del Ejército, en el Liceo Barros Borgoño y en el Instituto Nacional. Además, fue profesor universitario y Decano de la Facultad de Industria y Comercio en la Universidad de Chile. Fue dirigente gremial ejerciendo la Presidencia de la Sociedad Nacional de Profesores.

En Francia hizo estudios de perfeccionamiento en economía política, derecho administrativo, y legislación social. Su otra pasión estaba también en la cuestión pública, tempranamente participó en la política, militando en el Partido Radical, del cual fue presidente nacional, ejerció como Ministro en diversas carteras y con distintos Presidentes, fue además, Diputado y Senador. Lo que da cuenta de un espíritu resuelto, volcado a los desafíos, con vivo compromiso por lo público. En Europa tuvo una temporada forzada y otra por desafíos educacionales y profesionales, siempre sumido en múltiples frentes y pleno de actividades. Escribió sus ideas legándolas en libros como "El Problema Agrario", "El Problema Industrial".

Su legado político marcó hitos históricos y abrió un exitoso período de presidentes Radicales. Destaca su compromiso por impulsar la educación en Chile, la acción reivindicativa y geopolítica en torno al territorio Antártico. Para enfrentar la destrucción del terremoto de Chillán, creó la Corporación de Reconstrucción y Auxilio, también creó la Corporación de Fomento de la Producción, lo que dio un poderoso impulso al proceso de industrialización, potente huella que fue la base del desarrollo del país: Plantas eléctricas, Siderúrgicas, procesamiento de materias primas, modernización de la agricultura y la minería.

Pedro Aguirre Cerda es un referente de Servicio Público para la política de hoy.

CHILE: POLÍTICA, POSTVERDAD Y FAKENEWS.

JUEVES, 2 DE DICIEMBRE DE 2021

La política y las campañas electorales, en Chile y a nivel global, muestran Postverdad y Fakenews. Una verdadera guerra de estrategia comunicacional cotidiana para manipular emocionalmente a las personas con mentiras tendenciosas, con un nivel de manipulación desconocido hasta ahora, en el intento de configurar la percepción de la realidad. Se distorsionan los hechos para modelar la opinión pública, influir en las actitudes y creencias de las audiencias masivas.

El 19 de diciembre, ambas opciones buscarán remontar para obtener el 50% más uno. Eso demanda transmutar programas y abrirse a liderazgos más moderados y acogedores. Hasta ahora ese cambio de estrategia muestra la opción de Boric más flexible, llamando a sus cercanos políticos".

Todo esto en el contexto de la emergencia de la sociedad digital, la revolución en las tecnologías de información y comunicación, el despliegue y gestión en las redes sociales y medios de comunicación como sustrato preferente. Se democratiza el acceso a los medios de comunicación, el uso de las redes sociales y la Big Data asociada, con múltiples emisores de mensajes y vocerías, muchas veces con seudo-información que requiere verificación.

La política en la postverdad es un seudo-debate determinado por falsedades pre-configuradas. La primacía no está en la racionalidad, el pensamiento crítico, ni en la argumentación de los hechos, sino en la manipulación emocional de las personas, en hacer foco (enfoque) en ciertas áreas de la realidad ocultando otras que las contradicen, dejándolas postergadas, ocultas, mimetizadas.

No se trata de buscar la verdad, sino de crearla a conveniencia. Se trata que algo parezca verdad, o se crea que es verdadero, más que de la verdad misma. Se renuncia a todo compromiso ético, para manipular la percepción de la realidad, engañar, desprestigiar. Postverdades pre-configuradas y coordinadas estratégicamente, sea con noticias falsas (fakenews), con contenidos seudo-periodístico, con manipulación mediática multimodal y con la propaganda apoyada por el neuromarketing.

Todo esto se difunde por portales, redes sociales y algunos medios, para desinformar a la audiencia. **En unos casos se usa para dañar la imagen de un candidato (fascista, ultraderechista o despectivo con las mujeres) o en otras para crear una imagen positiva, contraria a lo que se ha sido su perfil (respetuoso del orden, la no violencia, valoración del emprendimiento y el lucro). ¿Reconoce estas fakenews o postverdad?** La más reciente: **"Piñera dictador"** fue un completo fracaso.

Chile, llega a la segunda vuelta presidencial con un país polarizado, con posiciones radicales, dónde los sectores moderados han perdido influencia relativa. Enfrentamos una encrucijada, la ciudadanía debe optar entre nuevos liderazgos y perfilamientos políticos. El candidato de la derecha tuvo un rendimiento electoral escaso y no pasó a segunda vuelta; por su parte el candidato de la izquierda llegó en segundo lugar, con un resultado electoral muy por debajo de sus expectativas. Emergió la figura de José Antonio Kast por voluntad ciudadana, ganando la primera vuelta, desplazando ampliamente -en la presidencial- a la derecha tradicional.

Esta encrucijada deja atrás los partidos y coaliciones tradicionales de la Izquierda y Derecha, los que son sustituidos por nuevos referentes. Claramente se observa una voluntad de cambio, no por acuerdos políticos sino por forzamiento electoral. Se está refundando la política chilena. Más del 50% de lo electores aún no concurren a las urnas y ahora, además, se verán forzadas a elegir entre coaliciones en formación, opciones nuevas y desconocidas.

El 19 de diciembre, ambas opciones buscarán remontar para obtener el 50% más uno. Eso demanda transmutar programas y abrirse a liderazgos más moderados y acogedores. Hasta ahora ese cambio de estrategia muestra la opción de Boric más flexible, llamando a sus cercanos políticos.

Kast debe reaccionar prontamente a este desafío de las imágenes pre-configuradas por sus adversarios políticos, los que están instalando la postverdad. Esa estrategia debe ser corregida a la brevedad para enfrentar y superar la falsa imagen, que puede transformarse en el Talón de Aquiles electoral, si no sabe rodearse de nuevos y más amplios liderazgos, flexibilizar su discurso y expandir sus vocerías.

REFUNDACIÓN DE LA POLÍTICA CHILENA.

JUEVES, 9 DE DICIEMBRE DE 2021

Las últimas elecciones en Chile han dejado un panorama complejo en materia de equilibrio de las fuerzas políticas. En la elección de los Gobernadores Regionales, la balanza se inclinó mayoritariamente hacia la Centro-Izquierda; en la Convención Constituyente y en la elección de esos Constituyentes fue ampliamente favorable para la Izquierda, la mayoría de los miembros electos son de esa tendencia muchos muy radicalizados; en la elección Parlamentaria la ciudadanía equilibró el poder político, las leyes requerirán de acuerdos.

Estamos siendo testigos de la refundación tanto en la Coalición de Izquierda, ahora con el Partido Comunista a la cabeza, como en la Nueva Derecha. En ambos lados emergen nuevos liderazgos y se anuncian nuevos equilibrios. El cambio al que la sociedad aspira tiene que con la sensibilidad y equidad social, con la implementación de valores republicanos, ciudadanos, laicos, con adecuado equilibrio Estado-mercado, con amplia participación de la sociedad civil y la amplificación de los bienes públicos".

En la lectura del resultado de la Primera Vuelta Presidencial, hay un claro mandato de cambio. Pero, en la elección presidencial desaparecieron las fuerzas tradicionales de la Centro-Izquierda, el Centro y la Derecha. El mandato refundacional de las nuevas fuerzas políticas que emergerán es desde una ultraderecha y una ultraizquierda, con enfoques más polares y radicales, aunque sabiamente la ciudadanía reclama ponderación y equilibrio, diálogo y no imposiciones abusivas.

Hay una oportunidad para que las posiciones más puristas en un caso y radicales en el otro se empapen de la moderación, flexibilizando posiciones en pro de un ambiente de integración y acuerdos políticos. Si no lo hacen ahora, en la siguiente elección la ciudadanía tiene la alternativa del PDG o Partido de la Gente, con Parisi a la cabeza, u otro que emerja en esa ocasión los que convocarán y volcarán a la unidad de los chilenos.

El 19 de diciembre culmina el ciclo de este modelo sociopolítico y comenzará uno nuevo, en el que se inaugurará un escenario distinto, debutarán -forzadamente- nuevas coaliciones políticas, no por iniciativa de los políticos, sino fruto de la imposición ciudadana, cuyo gran desafío será la integración y moderación. Las señales esperadas en esta Segunda Vuelta son de flexibilidad, amplitud y buen criterio. Es imperioso leer a la ciudadanía en su demanda de sentido social, de crecimiento económico, pero con equidad.

Las señales muestran una ciudadanía empoderada y pragmática. En el norte del país, donde el Gobierno lo ha hecho muy mal, el repudio se transformó en votos líquidos (de castigo) que beneficiaron a Parisi, en la Araucanía la señal fue de profundo repudio a la violencia y el terrorismo y favoreció a la Centro-derecha. El mensaje de la ciudadanía es claro, **la gente quiere el poder distribuido, equilibrado y ponderado**. Están en la retina de la gente los responsables del desorden, la violencia, la destrucción, el terror, todos asociados a un solo sector político y el desgobierno responsabilidad del mismo sector político y del actual Gobierno obviamente.

La gente tiene muy presente los procesos de polarización que se viven en Perú, Argentina, Venezuela, Cuba, Nicaragua, y también lo que ocurre en Brasil. Hay temor por algunos radicalizado en el entorno Kast y también a los Comunistas y sus compañeros de ruta manipulando instituciones públicas si ganan el gobierno. Si gana Boric, podrán, sin contrapeso, dada su hegemonía en la Convención Constituyente, demoler lo avanzado por Chile en Décadas.

Estamos siendo testigos de la refundación tanto en la Coalición de Izquierda, ahora con el Partido Comunista a la cabeza, como en la Nueva Derecha. En ambos lados emergen nuevos liderazgos y se anuncian nuevos equilibrios. El cambio al que la sociedad aspira tiene que ver con la sensibilidad y equidad social, con la implementación de valores republicanos, ciudadanos, laicos, con adecuado equilibrio Estado-mercado, con amplia participación de la sociedad civil y la amplificación de los bienes públicos.

Kast aparece comprometido con la paz, el orden y el progreso. Y, Boric con libertad, la igualdad y la justicia. Yo llamo a votar por la Paz, el orden y el progreso, para fundar una Nueva derecha con sentido social. La ciudadanía definirá el 19 de diciembre.

CHILE POST-ELECCIÓN: DESAFÍOS POLÍTICOS.

LUNES, 27 DE DICIEMBRE DE 2021

La elección presidencial 2021 marcó un punto de inflexión en el país, explicitó los elementos que caracterizan la postmodernidad: el estallido de lo social, la liquidez de lo político, el individualismo, lo efímero, la apatía, la indiferencia, la seducción, lo superficial y la banalidad. Emergieron las múltiples brechas, cobraron factura, observándose un quiebre generacional, valórico y cultural. Además, se evidenció el problema de adaptabilidad a la sociedad digital, que la Derecha ni el Gobierno supieron leer.

Explicitó el sentido de las molestias ciudadanas de las últimas décadas y de las movilizaciones sociales de octubre del 2019. Constituye el cierre de un ciclo que comenzó en 1973, en que se impuso un modelo, que siendo exitoso en la generación de riqueza, terminó mal gestionado, generando concentración de la riqueza, el deterioro creciente de los bienes públicos y una pandemética que afecto a las diversas élites.

CHILE, requiere luces para la UNIDAD; que la democracia requiere la diversidad y pluralismo, una POLARIDAD GENERATIVA CONSTRUCTIVA; que LAS IDEAS SON GENERATIVAS y preceden a la acción; que todo es CÍCLICO, con alternancias, TAMBIÉN EN LA DEMOCRACIA. ¡Éxito al nuevo gobierno! Todos debemos colaborar, comprometidos con el bien común"

Esto es una pandemia de degradación ética que alcanzó todas las instituciones del país, con amplios grados de corrupción, falla estructural del sistema por un materialismo radical, además de un minimalismo valórico y espiritual. Crisis que se aceleró por el (des)gobierno, que exacerbó los vicios del sistema. La élite política parece desentenderse del colapso estructural que afectó a las fuerzas políticas tradicionales en la presidencia.

La Primera Vuelta Presidencial significó la supresión de los partidos y coaliciones políticas tradicionales: tanto en la Izquierda, el Centro y la Derecha, las que quedaron en las últimas preferencias ciudadanas. Despreciadas por su incoherencia y escasa efectividad en décadas de accionar político, sin atender las demandas ciudadanas y sus requerimientos de progreso y desarrollo humano.

En la Segunda Vuelta, sacadas del escenario las fuerzas tradicionales, la ciudadanía eligió las dos opciones emergentes más radicalizadas y extremas, con un mandato de inclusividad, diversidad, pluralismos, con amplio sentido ciudadano y compromiso social. En ese desafío triunfó el proyecto de Izquierda Radical por un amplísimo margen. El de derecha se mantuvo anclado a cuestiones muy conservadoras, **confundiendo las opciones del candidato con las del proyecto político que intentó encarnar.**

Para el bloque de Izquierda Radical el desafío será incorporar a la Centro Izquierda, efectuar un gobierno de cambios, con amplio sentido social y ciudadano, que compatibilice: crecimiento económico, equidad social y estabilidad política, el clásico triángulo de la Gobernabilidad. Veremos las tensiones entre progreso y equidad; libertad y orden. Se evidencia la emergencia de un nuevo orden y de un cambio de época que cae desde lo global.

Para la Centro-Derecha, el desafío es refundar el sector, con nuevas ideas y liderazgos de sentido social, ciudadano, laico, democrático, ético y republicano. Superar la Derecha Económica, de énfasis conservador Requiere un cambio generacional hacia un Centro Social. Asumir la adaptabilidad a la sociedad digital, a sus nuevas formas de organización, participación y canalización de ideas e inquietudes sociales. Esto no se logra haciendo más de lo mismo. Requiere definir lo que se quiere cambiar y aquello que debe conservar. Sus Centros de Estudios requieren reenfocarse más allá del dogmatismo economicista. En medio de un ciclo de derrotas se suma la "Madre de las Batallas", la Nueva Constitución Política.

Chile, el "Cambio de Época", la emergencia de una nueva sociedad requiere procesos de adaptabilidad profundos en toda la estructura institucional y en las habilidades y competencias, tanto en las organizaciones como en las personas. El Ethos ha cambiado y con ello surge una nueva ética, una nueva estética y una nueva emocionalidad. El país no puede seguir transitando estos desafíos en un ambiente de emocionalidad centrada en la desconfianza.

CHILE, requiere luces para la UNIDAD; que la democracia requiere la diversidad y pluralismo, una POLARIDAD GENERATIVA CONSTRUCTIVA; que LAS IDEAS SON GENERATIVAS y preceden a la acción; que todo es CÍCLICO, con alternancias, TAMBIÉN EN LA DEMOCRACIA. ¡Éxito al nuevo gobierno! Todos debemos colaborar, comprometidos con el bien común.

CAMBIO DE ÉPOCA: DESAFÍOS POLÍTICOS.
MARTES 4 DE ENERO 2022.

La elección presidencial 2021 marcó un punto de inflexión en el país, explicitó los elementos que caracterizan la postmodernidad: el estallido de lo social, la liquidez de lo político, el individualismo, lo efímero, la apatía, la indiferencia, la seducción, lo superficial y la banalidad. Emergieron las múltiples brechas, cobraron factura, observándose un quiebre generacional, valórico y cultural. Además se evidenció el problema de adaptabilidad a la sociedad digital, que la Derecha ni el Gobierno supieron leer.

Explicitó el sentido de las molestias ciudadanas de las últimas décadas y de las movilizaciones sociales de octubre del 2019. Constituye el cierre de un ciclo que comenzó en 1973, en que se impuso un modelo, que siendo exitoso en la generación de riqueza, terminó mal gestionado, generando concentración de la riqueza, el deterioro creciente de los bienes públicos y una pandemética que afecto a las diversas élites. Esto es una pandemia de degradación ética que alcanzó todas las instituciones del país, con amplios grados de corrupción, falla estructural del sistema por un materialismo radical, además de un minimalismo valórico y espiritual. Crisis que se aceleró por el (des)gobierno, que exacerbó los vicios del sistema. La élite política parece desentenderse del colapso estructural que afectó a las fuerzas políticas tradicionales en la presidencial.

La Primera Vuelta Presidencial significó la supresión de los partidos y coaliciones políticas tradicionales: tanto en la Izquierda, el Centro y la Derecha, las que quedaron en las últimas preferencias ciudadanas. Despreciadas por su incoherencia y escasa efectividad en décadas de accionar político, sin atender las demandas ciudadanas y sus requerimientos de progreso y desarrollo humano.

En la Segunda Vuelta, sacadas del escenario las fuerzas tradicionales, la ciudadanía eligió las dos opciones emergentes más radicalizadas y extremas, con un mandato de inclusividad, diversidad, pluralismos, con amplio sentido ciudadano y compromiso social. En ese desafío triunfó el proyecto de Izquierda Radical por un amplísimo margen. El de derecha se mantuvo anclado a cuestiones muy conservadoras, **confundiendo las opciones del candidato con las del proyecto político que intentó encarnar**.

Solo para una mejor comprensión seguiremos usando como "categoría" los ejes CentroIzquierda- CentroDerecha, vigente en la auto-identidad de muchas personas, aunque resulta muy evidente que está superado por nuevas categorías: medioambiente, clima, género, pueblos originarios, tribus urbanas, movimientos espirituales, animalistas, veganos, etc. **Para el bloque de Izquierda Radical el desafío será incorporar a la Centro Izquierda,** efectuar un gobierno de **cambios, con amplio sentido social y ciudadano, que compatibilice: crecimiento económico, la equidad social y estabilidad política, el clásico triángulo de la Gobernabilidad.** Veremos las tensiones entre progreso y equidad;

libertad y orden. Se evidencia la emergencia de un nuevo orden y de un cambio de época que cae desde lo global.

Para la Centro-Derecha, el desafío es refundar el sector, con nuevas ideas y liderazgos de sentido social, ciudadano, laico, democrático, ético y republicano. **Superar la Derecha Económica, de énfasis conservador** Requiere un cambio generacional hacia un Centro Social. Asumir la adaptabilidad a la sociedad digital, a sus nuevas formas de organización, participación y canalización de ideas e inquietudes sociales. Esto no se logra haciendo más de lo mismo. Requiere definir lo que se quiere cambiar y aquello que debe conservar. Sus Centros de Estudios requieren reenfocarse más allá del dogmatismo economicista. En medio de un ciclo de derrotas se suma la "Madre de las Batallas", la Nueva Constitución Política.

Chile: el "Cambio de Época", la emergencia de una nueva sociedad requiere procesos de adaptabilidad profundos en toda la estructura institucional y en las habilidades y competencias, tanto en las organizaciones como en las personas. El Ethos ha cambiado y con ello surge una nueva ética, una nueva estética y una nueva emocionalidad. El país no puede seguir transitando estos desafíos en una ambiente de emocionalidad centrada en la desconfianza. **CHILE, requiere UNIDAD**; la democracia requiere valorar la diversidad y pluralismo. ¡Éxito al nuevo gobierno! Todos debemos colaborar, comprometidos con el bien común.

REGENERACIÓN: EN LA POLÍTICA, COMO EN LA NATURALEZA.

MARTES, 1° DE FEBRERO 2022

Renovación y regeneración, equilibrio dinámico y constante, nuevos brotes y renovales. Asistimos a la caída de la clase política que terminó ensimismada, mediocre, sorda al clamor ciudadano y ciega a sus demandas.

La política tradicional muestra hipocresía, falta de honestidad y realismo. Trata de tapar el sol con una mano. Deben asumir que en la reciente elección presidencial se evidenció la ruptura de la ciudadanía con el sistema político tradicional, que termina degradado éticamente y deslegitimado cívicamente. El Gobierno capituló, y no cayó por la emergencia de la pandemia y porque a los aspirantes al poder no les convenía romper un proceso democrático. Quedó demostrado que no necesitaban ejercer mayor presión, la Coalición de Gobierno se derrumbó sola, por ineptitud, soberbia e interés espurios. No se logró separar la política del dinero y los negocios.

Ganó un proyecto nuevo desde una Izquierda distinta, una nueva generación más radical, liderada por Gabriel Boric, Presidente electo por amplia mayoría. Ahora, conforma un gobierno más amplio y transversal. Solamente falta saber si la derecha será capaz de asumir el descalabro para cambiar, o si, por el contrario, seguirá cautiva de una élite miope. Chile necesita una derecha fuerte y valorada.

Todo comenzó con las tempranas señales en las movilizaciones estudiantiles y luego masivamente sociales, que anunciaban la ruptura de la sociedad con la política y los políticos tradicionales. Proceso que culminó con las movilizaciones del 18 de octubre del 2019, ocasión en la que el sistema político colapsó: el gobierno declinó su mandato, en una rendición incondicional. La institucionalidad chilena se derrumbó, el Poder Ejecutivo fue incapaz de mantener la gobernabilidad, la interlocución y el mínimo orden; el Poder Legislativo quedó completamente anulado, como un remedo de expresión democrática, al punto que renunció a su rol constituyente sin siquiera un gesto de dignidad (15 de noviembre 2019); por su parte, el Poder Judicial muestra descrédito, desvalorización y sospechas de parcialidad, sesgos, tironeos del poder político y económico.

El sistema político colapsó, pero parece desentenderse y no asumir. La Derecha se muestra haciendo más de lo mismo, en la Convención es ornamental, de utilería; el Centro político muestra un estado calamitoso (DC+Radicales); y la Izquierda también fue repudiada y apabullada, aunque alguna Izquierda quiere mostrar dominio del proceso, lo cierto es que aquello no es tal. Así quedó demostrado en la renovación de la mesa de la Convención Constituyente, cuando los Independientes se impusieron. Nunca en la historia de Chile había sido tan evidente el desprecio ciudadano por los políticos tradicionales y por sus centros de acción y pensamiento.

Véase la instalación de la Convención Constituyente, se realizó en forma autónoma. El Gobierno fue (absolutamente) intrascendente. La soberanía del pueblo se expresó en toda su magnitud, es el más genuino retorno del poder político al seno de la soberanía del pueblo.

Que duro castigo y perpetuo reproche a la miseria observada en el ámbito político. Ahora solo cabe abrir espacio a la nueva generación para que asuma el poder político en Chile. Queda demostrado que "estaban allí", pero querían más sentido social, equidad y compromiso con la dignidad de las personas. El desafío ahora es gigantesco y debemos ayudar a que el país retome la senda de desarrollo. Como siempre emergerá la re-generación con nueva fuerza.

SIMBÓLICA SALIDA DE ALLAMAND: LA NECESIDAD DE UNIDAD Y COHERENCIA

LUNES, 21 DE FEBRERO DE 2022.

En 1987 conocí a Andrés Allamand en Calama. Me pidió una reunión y lo invité a mi casa, su misión era pedirme que me integrará a Renovación Nacional y hablar sobre los desafíos democráticos que se venían por delante. Lo recibí como el líder de la derecha liberal. Nuestra conversación giró en torno a organizar una centro-derecha amplia, plural, democrática, de fuerte sentido social, comprometida con la libertad, el orden y la solidaridad, favoreciendo el emprendimiento para la generación de la riqueza.

En ese entendido me integré a Renovación Nacional, asumí el desafío de ser candidato a Diputado en 1989, fui el único diputado electo del sector, en la región de Antofagasta. Luego, fui reelecto por otro período. A continuación, fui electo senador de la región en dos períodos. A lo largo de más de dos décadas fui testigo de como se desdibujaba ese proyecto original que nos convocó.

La influencia del dinero terminaba distorsionando el sentido original; lo partidista tomaba características de una sociedad por acciones; la influencia y cargos a ocupar dependía del dinero invertido; los líderes del pensamiento liberal mutaban a gestores del conservadurismo; lo social trastocó al servicio a los más ricos; lo ciudadano abandonado en pro de un elitismo al filo del clasismo; la sintonía social mutó a una élite ajena a la realidad (endogámica), sin ninguna sintonía con la gente y hasta con un cierto desprecio, que terminó con la explosión social de octubre (2019).

Por eso renuncié a la militancia y lo denuncié públicamente, repudiando esa derecha que confunde los "principios" y "valores" con "precios" o "monto" en la cuenta de banco; que no distingue virtudes de vicios; ni mérito de compadrazgo. Detrás de mi renuncia fueron muchos los que siguieron el mismo derrotero, siempre con los mismos argumentos. Salió un importante número de Diputados, Senadores y destacados dirigentes. Pero, al parecer, era deseable que saliera cualquiera que se atreviera a contradecir la hegemonía de una élite cuyo interés no era el bien común. Muchos dejaron esa militancia, pero, nunca importó ni llamó la atención de esa élite.

Es triste ser testigo del fracaso, varias veces anunciado, de un proyecto político que fue degenerando hacia una élite ensimismada, que articuló una estructura auto-replicativa, para seguir haciendo más de lo mismo, con los mismos. No se toleró sentido crítico ni la auto-crítica, se demandó sometimiento y obediencia, un entorno incondicional y, en consecuencia, mediocre, sin pensamiento propio. Lo que algunos trataron como otredad, ahora descubren que fue mismicidad, pero con sentido autocrítico. Ahora, ya no es posible ese desprecio y desconsideración por los matices de los propios, cuando lo que amenaza es la otredad verdadera, ese peligroso enfoque refundacional y radical, que observamos en algunos políticos y constituyentes.

Leer la declaración de Allamand, en que anuncia: "el cierre definitivo en mi larga carrera política nacional", no deja de sorprenderme. Es un hecho simbólico, en la forma y fondo. Lo hace en medio de la peor crisis democrática que recuerde la centro-derecha, con el gobierno (del que fue varias veces Ministro y del círculo íntimo de Piñera) convertido en un esperpento político, una grave crisis migratoria y cuando enfrentamos un complejo desafío constitucional desbordado. Resulta paradojal la renuncia por videoconferencia, con efecto inmediato. La salida de la Cancillería, define el estado de ánimo y compromiso con el gobierno y el Presidente Piñera. Solo cabe imaginar el papelito que diga: "El último apaga la Luz". ¡Querido Andrés, el desalojo de estos días es escandaloso!

Es la verificación del fracaso del estilo político, en que degeneró el proyecto del que hablamos en los años 87-88. Sin duda, no es un cierre de ciclo feliz, ni luminoso. Todo lo contrario. No era pesimismo, ni negativismo, como dijo un prominente de la élite de Piñera ante la denuncia de falta de sintonía con la ciudadanía. La complicidad de un sector de la derecha política con la derecha económica (cuya composición e influencia alcanza todos los sectores políticos) "Mató la gallina de los huevos de oro", por descriterio. "Se abusó tanto de la vaca lechera que se terminó matándola". Esta generación deja un legado cuestionable. El problema no estuvo en el modelo (exitoso en generar riqueza) sino en la ética de quienes lo administraron.

Es inevitable una refundación o reconfiguración de la centro-derecha chilena. Es importante que cada cual diga lo que debe, porque, como se sabe, el triunfo tiene muchos padres. Pero, el fracaso es huérfano. Los tiempos que vienen exigen realismo y altura de miras, se acabaron las ventajas de la democracia protegida. No se puede seguir haciendo más de lo mismo, no tiene espacio el "Gatopardismo", donde todo cambia para que nada cambie. El país ha cambiado radicalmente. Esta democracia exige sintonizar con la ciudadanía.

Por el bien del sector, es necesario reconocer aciertos y errores. Para corregir es necesario identificar lo que se hizo mal. Es mejor asumir que el Gobierno de Piñera, no fue el proyecto político que imaginamos. Cuando el Presidente busca identificar su legado y el sentido de su tiempo, le respondo que el legado es un forado constitucional y legal, de dimensiones: humanas, éticas, políticas, económicas, institucionales. El sentido de su tiempo, en un tiempo sin sentido. Por malas decisiones, tomadas sin pertinencia ni oportunidad, con endogamia social y política. Esta centro-derecha muestra inopia o indigencia de ideas, como si temiera a la lectura y la discusión de los nuevos paradigmas que emergen.

Estimado Andrés en tu auto-destierro anterior, usaste la metáfora del "cruce del desierto". Los judíos escapaban de la esclavitud a que le sometían los egipcios y en busca de la tierra prometida. Me pregunto: ¿De qué esclavitud escapas y cuál es esa tierra prometida? Te deseo lo mejor. Espero vengan tiempos mejores. Y, que el proyecto político que alguna vez soñamos tome nuevo vigor.

Ahora solo cabe remover las ruinas y reconstruir. Recuperar las bases fundacionales de un sector que debe aprender de estos errores. El país y su democracia requieren una centro-derecha que supere su dependencia del poder del dinero y valore en mayor medida el sentido social y ciudadano. Espero que la distancia sirva para comprender la cruda realidad dejada.

Soy optimista, hay regeneración y recambio: surgen nuevas ideas, nuevos liderazgos, hay gente de excelente sentido político que debe tomar su oportunidad y construir una unidad amplia en la centro-derecha. Más aún, cuando estamos conscientes, de los trascendentales desafíos que vienen, partiendo por la Constitución.

2.- DE LA CULTURA Y LA SOCIEDAD

ELECTRICIDAD LIMPIA, CONFIABLE, SOSTENIBLE Y A PRECIO JUSTO (2)

LUNES, 2 DE JULIO DE 2018

Uno de los pilares para un desarrollo sustentable y un crecimiento sostenible e integral de un país es contar con un sector eléctrico en equilibrio, disponer de un servicio de suministro con una participación significativa en el parque generador mediante el uso de tecnologías limpias, un producto seguro y de calidad (confiable), con un precio justo para las partes.

La participación ciudadana, la regionalización, el ordenamiento territorial y un mayor impulso a mitigar los efectos adversos del cambio climático (des-carbonización de la generación) son instrumentos que aportan a una fecunda sostenibilidad y un desarrollo más orgánico de la nación, y también se prioriza la dignidad de las personas".

El logro de este objetivo requiere de la participación comprometida de los diferentes actores; oferentes, usuarios y la autoridad; con una planificación estratégica participativa desde sus etapas tempranas, en armonía y en consonancia con los válidos intereses de toda la comunidad, los que no necesariamente son concordantes en una primera aproximación, por lo que uno de los desafíos importantes es convenir en un plan de trabajo que satisfaga dichos requerimientos. La puesta en marcha en forma sistémica, exige un trabajo permanente de la ciudadanía, desde sus distintas posiciones; con un mejoramiento y adecuación continua del quehacer diario; atendiendo los requerimientos que cada oportunidad exige.

Es así que en el último tiempo, ha sido relevante poder enfrentar satisfactoriamente las necesidades de la población nacional, caracterizados por un difícil suministro de materias primas extranjeras (principalmente combustibles fósiles, tanto en cantidad como en costo), menor disponibilidad del recurso hídrico como consecuencia de los impactos del cambio climático, deficiencias en el marco regulatorio y condiciones asimétricas del mercado eléctrico, el gran crecimiento de la demanda, entre otras variables.

Comisión Técnico Parlamentaria Ciudadana de Energía (CCTP, 2011) **Bajo la presidencia y liderazgo de Carlos Cantero, ex Presidente de la Comisión de Energía del Senado de la época, se logró destrabar el Proyecto de Ley sobre Energías Renovables. Tras lograr un amplio y transversal acuerdo ciudadano, se despacho la ley en el Congreso, lo que generó el gran desarrollo que esta energía tiene hoy en Chile.**

---

2 Columna coautor: **Oddo Cid Cea. Ingeniero Civil de la Universidad de Chile**

Sin embargo, el país ha sabido reaccionar a estas dificultades a través de la formación de equipos de trabajos transversales los que en el mediano plazo han sido capaces de convenir la forma de solucionar las dificultades, además de la contribución de condiciones externas que han apalancado dicha solución, como por ejemplo: la baja sustantiva de los costos de tecnologías limpias para la generación de electricidad, particularmente los relacionados con los medios fotovoltaicos y eólicos.

No obstante lo anterior, hoy como es lo usual en esta actividad, se nos presenta la obligación, en el corto y mediano plazo, de hacer cambios en la regulación del sector, para adecuar ésta a la nueva realidad de nuestro parque generador, más diverso que el anterior, con una participación creciente de medios de producción variable y con una mayor generación distribuida; en materias tales como: la tarificación de servicios complementarios; la promoción de sistemas de almacenamiento; la distribución de electricidad; y, una nueva forma de gestionar la operación y mantención de las instalaciones la que debe tender a contar con un uso optimizado del sistema (redes inteligentes). Complementariamente a lo anterior, se debe impulsar el mayor uso de la electricidad en el transporte (electro-movilidad, incluyendo vehículos, motocicletas y más participación de ferrocarriles) y el apoyo de nuevos modos de producción (innovación y tecnología) particularmente en el mar y su borde costero.

La participación ciudadana, la regionalización, el ordenamiento territorial y un mayor impulso a mitigar los efectos adversos del cambio climático (des-carbonización de la generación) son instrumentos que aportan a una fecunda sostenibilidad y un desarrollo más orgánico de la nación, y también se prioriza la dignidad de las personas.

CHILE: CAUTIVO DEL NARCOTRÁFICO.

JUEVES, 19 DE JULIO DE 2018.

Es urgente superar la hipocresía política y comunicacional en torno al narcotráfico y llamar las cosas por su nombre, sin los eufemismos que usan los informativos para dar cuenta de la cruda realidad drogo-delictual, que se intenta ocultar. Por ejemplo, cuando se dice: "bala loca mato a ......". ¿Es preciso señalar que no hay balas locas? Habitualmente son balas del enfrentamiento entre narcotraficantes o sus soldados que disputan territorios o se quitan las drogas (la mexicana).

Chile ha visto aumentar exponencialmente los delitos, en las cárceles más de la mitad de la población penal está sentenciada por narco-delitos o algunos de sus derivados, la victimización aumenta como sensación ciudadana, nuestros barrios sufren el proceso de deterioro a la mexicana o colombiana, sin que las autoridades reaccionen. En Chile se detienen a los burreros y los consumidores, pero, nunca a los financistas o señores del narcotráfico.

Es evidente que Chile se trasformó en un preferente corredor de drogas[1] que se distribuyen al mundo. Los grandes carteles ven en el país un verdadero paraíso para sus ilícitas actividades: el cartel de Sinaloa, el Cartel Iraní, bandas derivadas de los tres principales carteles de Colombia, que operan en países vecinos y extienden sus actividades hacia Chile. De hecho, en su momento de gloria, Pablo Escobar, tenía a su familia y una potente base en Chile. Esto se ve favorecido por la escasa consciencia y alta hipocresía de nuestra sociedad, con una economía abierta, un Estado ineficiente y débil, un control de fronteras terrestres y marinas casi nulo, una descoordinación de los aparatos del Estado llamados a enfrentar el flagelo y un evidente proceso de debilitamiento profesional y ético en muchos de los más altos oficiales y agentes del Estado. No será necesario recordar todos los escándalos por dinero mal habido que se ventilan en los tribunales, testimonio de la falta de probidad. También hay que señalar, como contra cara, que hay otros abnegados funcionarios que arriesgan su vida diariamente en sus procesos investigativos y controles, no siempre con el apoyo, el respaldo y comprensión de sus complejas tareas, a quienes valoramos, reconocemos y estimulamos.

Basta de hipocresía y de mentiras sobre el narcotráfico. Se requiere abordar la implementación de efectivas políticas públicas. Este flagelo social es como el cáncer, si no se detecta y enfrenta con oportunidad lo que viene es la metástasis social. Actuemos a tiempo, para modificar la Ley de Drogas, de Extranjería, lavado de dineros, control de armas, asociaciones ilícitas, obstrucción a la justicia, actos con violencia y crimen organizado, entre muchas otras acciones".

El cambio radical se verificó cuando el pago de los narco-traficantes dejó de ser con dinero y se hizo con parte de la droga que se transportaba. Los denominados "burreros y burreras" que mueven la droga de un lugar a otro, para obtener su dinero deben comercializar ese pago (droga) a nivel local. Aquello gatilló una serie de procesos que explicaremos, para una mejor comprensión de los lectores. Al disponer de droga a nivel local se requirió incentivar el CONSUMO, partió por la zona norte con personas de altos niveles de ingresos para el caso de la cocaína, debajo siguió la adictiva y destructiva pasta base. Luego se extendió al resto del país. Entretanto en Caldera se eliminó el control fitosanitario, sepa "Moya" las razones.

Por lo anterior, en la frontera, particularmente con Bolivia, se produjo una ALTA DISPONIBILIDAD DE DROGA al menudeo. Ello gatilló en todo el país el EXPLOSIVO ROBO DE VEHÍCULOS, los que se llevan a Bolivia como parte de pago (en ese país se legalizan rápidamente) y a cambio se recibe droga que se traslada a Chile. Las aseguradoras de autos han vivido un calvario derivado de esta práctica. Ha sido recurrente que patrullas del ejército y de la policía de Bolivia crucen la frontera hacia Chile. La pregunta es si ¿estaban perdidos o escoltan el narcotráfico?.

Cuando escucho informaciones sobre estos temas, me pregunto si hay desinformación o complicidad. Está muy documentado el tráfico de teléfonos y medios tecnológicos, que permiten coordinar muchas de las actividades ilícitas desde la cárcel. Así también las etapas de los drogadictos que comienzan con estirar la mano pidiendo una monedita, luego cobran verdaderos peajes por circular en sus barrios, ya avanzada la dependencia comienza la etapa de los robos (los bidones de gas) y las casas de sus vecindarios, para luego asaltar y robar, incluso con violencia.

En las ciudades quienes están más abajo en esta estructura -o los más dependientes- duermen en las calles y espacios públicos, en los horarios de mayor afluencia se toman las esquinas para pedir la moneda, en Antofagasta uno de ellos, bajo los evidentes efectos de las drogas, terminó asesinando a un conductor. Todos saben donde se vende, cuadras completas, pero se detiene a los que compran o consumen. Extraño procedimiento ¿verdad?

En el norte hemos sido testigos, además, del aumento de crímenes y asesinatos de una violencia inusitada, casi siempre vinculados a temas de droga o deudas asociadas. También es recurrente escuchar que estos mismos personajes operan como intimidadores y sicarios en nuestro país y las autoridades parecen ajenas a esta realidad. En esta misma línea, durante años se intentó señalar que aquellos que se expresaban a balazos en el Día de Combatiente eran jóvenes idealistas de la izquierda. Lo cierto es que hoy se trata de los soldados de la droga, aquellos que han privatizado sus servicios para dar protección al narcotráfico, en diversos sectores de la ciudad donde se han establecido estas actividades ilícitas.

Todo esto ocurre por la falta de una eficiente política pública, que no se ha implementado por desconocimiento, insensibilidad o sepa Dios la causa. Se ha expresado en muchas ocasiones la necesidad de mejorar la coordinación de los servicios públicos destinados a enfrentar este flagelo, esa es una de las razones para la creación de la ANI la Agencia Nacional de Inteligencia de Chile, que ahora se quiere asimilar a la forma de la CIA americana, particularmente en materia de autonomía de funcionamiento. En efecto, el trabajo de inteligencia es precario, escaso y deficiente, denotando una evidente necesidad de mayor coordinación de la información que fluye del trabajo de Carabineros, Investigaciones, Aduana, el Servicio de Impuestos Internos, Gendarmería, el SAG, los controles de Aeronáutica de la Fuerza Aérea, la Policía Marítima, la inteligencia militar, etc. Las agencias norteamericanas y sus coordinaciones con las policías chilenas tampoco han sido muy efectivas, transparentes ni limpias, particularmente el FBI y la DEA, incluso en el Congreso critiqué el estilo de esta última por impropias operaciones con oficiales chilenos.

Nuestras fronteras son vulneradas por los vehículos todo terreno, motocicletas y hasta drones. La misma fragilidad se observa en el borde costero, es fácil burlar la precaria fiscalización y es evidente que en "caletas" hay una gran actividad para combinar en alta mar los embarques con las naves de tamaño mayor. Bolivia, Perú y el norte de Argentina han sido espacios propicios para este tipo de actividades, pero, los medios ya informan de la presencia de laboratorios en el territorio nacional. Está muy documentada la relación de las FARC, es decir, la guerrilla colombiana con el narcotráfico.

En el caso chileno incluso se ha acreditado que han dado entrenamiento militar a sectores violentistas. Respecto de su despliegue territorial, el tráfico de drogas tiene amplia expresión en nuestro país, como es obvio, con mayor gravedad en el norte, degradando hacia el sur. Puede parecer ficción, pero, hay sectores poblacionales tomados por el narcotráfico, en los que las policías tienen grandes problemas para poder acceder o ejercer un control, por la presencia de soldados del narcotráfico, los que muchas veces muestran un poder de fuego mayor que los agentes del Estado. Hay ciudades que, en una absurda pretensión se negaron a controlar la proliferación de los bares, clubes nocturnos, cafés con piernas y el ejercicio de la prostitución y el tráfico de drogas en pleno centro. El tiempo, que es el mejor juez, nos dio la razón, una década después esas ciudades tienen verdaderos barrios rojos en pleno centro urbano, con todas las secuelas, degradación y violencia asociadas. Esos mismos vecinos que se escandalizaron han debido dejar sus viviendas por el grave deterioro de esos sectores.

Chile, pretende cierta inmunidad en torno a este problema, esconde la cabeza como el avestruz. Pero, lo cierto es que se ha transformado en una realidad cotidiana, que daña la calidad de vida, los intereses y el desarrollo urbano. Se requiere asumir la verdadera dimensión de este flagelo, para implementar las políticas públicas necesarias para poner bajo control esta temática. Esperemos que esto se logre a tiempo. Puede ser que la metástasis delictual y descomposición social nos superen y lleguemos demasiado tarde. Ha sido muy largo el tiempo de "dejar hacer y dejar pasar" y las autoridades siguen mostrando una exquisita ineptitud.

El narcotráfico tiene ya mucho terreno ganado en Chile, muy probablemente no sólo ha comprado combatientes, soldados o zombies, que le dan cobertura. Es probable y lógico que avance penetrando en diversos espacios de poder en nuestra institucionalidad y más temprano que tarde intentará hacer el vínculo con la política y la justicia. Esto puede parecer groseramente aventurado, pero aún no se seca la tinta de la denuncia sobre un narco-municipio, que hoy se ventila en los tribunales, con todas las complejidades que ello conlleva, ya que además algunos de ellos se vincularon con dirigentes políticos.

Es vox populi la amplia extensión del consumo de drogas en nuestra sociedad, en las más diversas actividades. Es ya muy habitual el consumo social de drogas blandas, como la marihuana, la que incluso en algunos países se ha legalizado. También el consumo de cocaína en actividades de alta presión, o de la destructiva pasta base es los sectores más pobres. Entre la juventud las drogas químicas alucinógenas. Es impostergable y urgente actuar y enfrentar esta realidad.

Basta de hipocresía y de mentiras sobre el narcotráfico. Se requiere abordar la implementación de efectivas políticas públicas. Este flagelo social es como el cáncer, si no se detecta y enfrenta con oportunidad lo que viene es la metástasis social. Actuemos a tiempo, para modificar la Ley de Drogas, de Extranjería, lavado de dineros, control de armas, asociaciones ilícitas, obstrucción a la justicia, actos con violencia y crimen organizado, entre muchas otras acciones.

[1] Nuestro reconocimiento y recuerdo para Carlos Valcarce, que en los 90, como Diputado de Arica, fue el primero en denunciar estos procesos y lograr la primera Sesión Secreta, en la Cámara de Diputados, para tratar en profundidad el tema. Aunque sus preocupaciones y denuncias siguen desatendidas por el centralismo hasta ahora.

¿SOCIEDAD REDIMIDA E IMPUNIDAD?

JUEVES, 17 DE ENERO DE 2019

Una sociedad redimida es aquella que se salva por el sacrificio de otro (un Redentor). La redención es salvar o rescatar a alguien, dar por terminado su castigo o deuda, por ejemplo, el pago para obtener la libertad de un esclavo, cautivo o moroso. El tema es relevante, en la iglesia católica la redención es un tema central que marca el pensamiento de la sociedad. Enseña el sacrificio, es decir, la pasión y muerte de Jesús, para la salvación del género humano.

Es necesario promover la consciencia sobre lo Citerior, una ética de la responsabilidad en nuestros actos, nuestra auto-redención cotidiana, compromiso con la justicia, hacernos cargo de vivir la fraternidad, nuestra responsabilidad solidaria, responder por lo que hacemos en función de los méritos o pecados propios de nuestra vida".

La Redención se refiere a la expiación, redención o pago de Jesucristo y al hecho de que ese sacrificio nos liberó del pecado. Según esa doctrina, la expiación redime a todo el género humano del pecado, de la muerte física, y, por medio de esa expiación, los que tengan fe en Él y se arrepientan, serán también redimidos de la muerte espiritual. Acceden a la vida eterna y a la diestra. Todos y cada uno de los artículos del Credo de los Apóstoles son artículos de fe, y dogmas, para los católicos. Una verdad absoluta, definitiva, inmutable e infalible. Al respecto, vale la pena reflexionar y ejercitar la consciencia y la conciencia.

Esa categoría de pensamiento (la redención) parece ser la base de los males en la cultura judeo-cristiana. Un arcaísmo que se arrastra hasta nuestros días, desde el punto de vista que otro puede pagar por los pecados propios, redención y vida eterna para los que creen y se arrepienten. Parece incomprensible este concepto y racionalmente perverso, incoherente e inconsecuente. Entraña permisividad, proteccionismo, paternalismo, abuso, arbitrariedad y sobre todo impunidad. ¿Qué mérito puede tener aquello para los salvados? ¿Qué justicia representa para las víctimas de las faltas redimidas?

¿Existe el libre albedrío o no existe? Si las acciones son decisión y responsabilidad propia (deísmo), ¿De dónde surge la idea que otro puede ser el redentor? Por el contrario, si Dios es el que decide y gobierna nuestras vidas (teísmo), ¿Cómo se pretende la salvación por un redentor? La salvación de la que se habla implica que el redimido debe someterse y creer los dogmas del señalado Redentor.

En ese sentido interesa señalar que, frente a la violencia, abuso, corrupción, delincuencia, materialismo, permisividad y atropello a la dignidad humana, cabe la pregunta: ¿Se quiere que aquello sea redimido?. Tensiona pensar que esa concepción redentora de la vida ha generado impunidad, un endoso Ulteriorista. Se evidencia la tensión ética (filosófica) entre lo Citerior, lo de esta vida, y lo Ulterior, lo que está más allá de esta vida.

Es necesario promover la consciencia sobre lo Citerior, una ética de la responsabilidad en nuestros actos, nuestra auto-redención cotidiana, compromiso con la justicia, hacernos cargo de vivir la fraternidad, nuestra responsabilidad solidaria, responder por lo que hacemos en función de los méritos o pecados propios de nuestra vida.

El materialismo exacerbado de la sociedad tiene responsables; lo mismo que el minimalismo de la dignidad humana; la destrucción del medio ambiente; también el genocidio de biodiversidad con la extinción de especies animales y vegetales; la concentración de la riqueza; la expansión de la pobreza; la violencia; el hambre; la desesperanza, no pueden ser acciones impunes.

CHILE – SOCIEDAD DEL DESDÉN: ESTRÉS, DEPRESIÓN Y SUICIDIO.

LUNES, 18 DE MARZO DE 2019

Cuando observamos cifras ilustrativas de la gravedad del problema de salud mental de los chilenos no dejamos de sorprendernos al comprobar empíricamente nuestras sospechas sobre los desbordes del modelo socio-económico.

Según los informes de la OCDE -referente en la institucionalidad económica y empresarial de Chile- en nuestro país un 80% de la población padece trastornos neuro-psiquiátricos sin diagnóstico ni tratamiento, representando el 23% de carga de enfermedades, razón que explica que el uso de antidepresivos se haya cuadruplicado. A nivel global Chile muestra un récord macabro del cual la autoridad se desentiende groseramente, somos el país con la segunda mayor tasa de suicidio y está creciendo, cada año 1500 defunciones son auto inflingidas y el 90% de los suicidas padecen de alguna enfermedad siquiátrica. La Organización Mundial de la Salud (OMS-2017) en su informe "Depresión y otros Desórdenes Mentales Comunes", coincide con el informe de la OCDE y advierte que más de 1 millón de chilenos sufre de ansiedad, y cerca de 850 mil padecen depresión.

Es de culto el manejo o manipulación emocional de los medios, pero nunca se preguntan por las causas que indujeron a esa persona a tomar esa dramática decisión, su contexto sico-económico-social. Lo que ocurre en la salud pública chilena, en el sistema de pensiones, ayuda a acrecentar y agravar los problemas de salud mental, existen programas educativos, preventivos o de toma de consciencia de estos problemas sociales".

El desdén se expresa como una forma de desprecio sutil, mimetizado, disimulado, fruto del ensimismamiento del ser humano y su culto al dinero. Se trata de un enfoque ideológico (con expresión política) que promueve individualidad, egocentrismo, egoísmo, que denota la ansiedad de estatus en las personas, la ruptura del sentido de comunidad, un vértigo social que limita la conciencia de las personas, que baja la espiritualidad y autoestima.

Este fenómeno es lo que he definido como el Síndrome del Desdén, tiene su causa basal en una visión político-filosófica claramente materialista, minimalista de la dignidad y trascendencia humana, que promueve el individualismo, una visión muy debilitada de los bienes públicos, que desprecia el concepto de comunidad, exacerba la segmentación y la competencia en la sociedad.

Esa compulsión materialista ha tornado en una grave crisis ética y valórica, en la que se rinde culto al dinero por sobre todas las cosas, por cierto sobre la salud de las personas, las que son tratadas según el dinero que tienen, con muchas dimensiones del ser humano que se cosifican y terminan transándose como productos de mercado, una concepción extrema de neoliberalismo que se traduce en sociedad de mercado.

Resulta evidente que la salud mental se deteriora en Chile por razones endógenas a su modelo de desarrollo, según los datos del CEP, el 59% de las personas cree que el sistema de gobierno funciona regularmente, a lo que agregamos la convicción que los bienes públicos son de mala calidad, referimos los servicios de salud, educación, a lo que se agrega la grave inestabilidad laboral y malas condiciones remuneracionales, un sistema de jubilaciones perverso y mal gestionado, todo lo cual los expertos las asocian con el estrés, depresión, cáncer y suicidio.

El individualismo endógeno del modelo y consecuentemente de la sociedad toda, induce a pensar que la responsabilidad de todo lo que ocurre es personal o individual, esto se ve reforzado por el esmerado esfuerzo televisivo por idiotizar a sus audiencias con la banalidad de su programación: matinales, estelares, noticiarios, realitys, TV basura. Refiero el concepto idiotizar en el sentido semántico (del griego "idiotes"), aquellos que no se interesan por los temas de la polis (política), por los asunto cívicos propios de la democracia, que no desarrollan su pensamiento crítico y valoran que los medios de comunicación le entreguen todo el contenido predigerido o ya procesado.

En este contexto de individualismo autogenerativo: individual, social y comunicacional, el sistema no cuestiona el modelo socio-económico sino al individuo, que se autoculpa de lo que le ocurre aún cuando la causa sea estructural o endógena al sistema, en este proceso se debilita su autoestima, afectando su estado inmunológico, la condición depresiva se agudiza, el individuo pierde su capacidad de reacción, se acortan sus redes sociales, se aísla en sinergias negativas.

Noam Chomsky, caracteriza este proceso como un "Reforzar la auto-culpabilidad", se esconde la raíz de los problemas sociales, el individuo (hombre o mujer) cree que es culpable de su propia desgracia, ya sea por capacidad, compromiso o esfuerzo. Las víctimas de violencia no reaccionan ni denuncian los abusos incubando un sentimiento conformista y de culpa preguntándose ¿Qué abré hecho mal?, con la consecuente inhibición a la acción propia de la depresión.

El ser humano es individual pero también social; es racional y emocional; tiene una dimensión física pero también espiritual. El síndrome del desdén surge cuando se exacerba lo primero y se minimaliza lo segundo, es un trastorno mental, que en este caso por su extensión social se constituye en la epidemia de nuestro tiempo, se observa en las relaciones personales e interpersonales (sociales), alcanza también a las relaciones con las cosas, los valores, la ética, los sentimientos, las emociones, incluso la vida de las personas cuando constatamos la violencia comunicacional y física entre nuestros niños y adolescentes, que no son sino sólo el reflejo de la violencia de los adultos en su entorno.

Un tema asociado a este proceso es la invisibilidad de algunos problemas de alto impacto social, que quedan ocultos detrás de otros temas que adquieren más resonancia, que tienen más gestión en las redes sociales, vocerías más activas o comprometidas, mejor prensa o grupos de interés de mayor potencia. Cuando se produce esta sincronía esas temáticas adquieren cobertura mediática, notoriedad y sentido de urgencia en la agenda pública, aun cuando esto invisibiliza otros asuntos tan o más urgentes e importantes.

La visibilidad de un tema es lo que determina si entra o no en la agenda pública, lo que puede ocurrir desde arriba hacia abajo cuando se trata de grupos de poder que ejercen su lobby o tráfico de influencias vinculados al poder político, económico, espiritual, o de abajo hacia arriba, cuando los que promueven un tema de su interés están en la sociedad civil o grupos de poder sectoriales, en ambos casos (top-down o bottom up) se produce la visibilización de un asunto, pero, también se genera lo que se denomina procastinar (del latín procrastinare: pro, adelante, y crastinus, referente al futuro), refiere a la acción de postergación o posposición. Se postergan los temas más importantes y urgentes, actividades o situaciones que deben atenderse con inmediatez, sustituyéndolas por otras situaciones más irrelevantes, o de mayor simpatia en las audiencias, al menos las más bulliciosas, son más cómodas o funcionales a los poderosos grupos de interés.

El Estado chileno se desentiende de la realidad que estamos caracterizando, como si esto fuera un problema de las personas, un asunto de cada individuo. De hecho la salud mental en el sistema público es el servicio de más alta indignidad: un presupuesto prácticamente inexistente; las políticas públicas marginales; consecuentemente no se conocen sus programas ni campañas de prevención; la infraestructura para la salud mental es de toda indignidad al observar esos centros en todo el país; no se aprecia consciencia del problema aunque, en realidad, todo indica que se trata de otro desborde ideológico economicista del sistema. No hay ayuda psiquiátrica disponible en el sistema público para tratar los trastornos que el propio sistema genera en las personas, solo se la encuentra en el sistema privado, siempre que se tenga el dinero para pagar en forma particular la consulta y tratamiento.

Esta cosificación del ser humano llega a tal extremo que el propio Ministerio de Salud intenta limitar el número de licencias médicas a cada facultativo, según un promedio nacional, sin distinción de especialidad ni ningún criterio objetivo, disposición abusiva al punto que la Corte Suprema admitió a trámite un recurso de protección interpuesto por Marcela Rodríguez, destacada siquiatra del sistema público de Concepción, por estimar dicha medida es arbitraria e ilegal, a lo cual le agregaría al estilo Bombo Fica (sospechosa la ....) que presenta claros visos de corrupción y concomitancia con órganos privados de administración de salud.

La visión minimalista del ser humano también se observa en la manipulación comunicacional, la gestión de las emociones en la comunidad, por ejemplo, frente a los suicidios. Es habitual la información de los suicidios como el caso de los adultos mayores que hacen por las indignas condiciones en que llevan su vida de seudo-júbilo; o los que ocurren en lugares públicos emblemáticos, como un llamado de atención a la comunidad nacional, en algunas estaciones del metro, ciertos lugares propios de cada ciudad, en Santiago son icónicos los suicidas del Costanera

Center, que se lanzan al vacío desde el 5° piso de ese centro comercial. Es de culto el manejo o manipulación emocional de los medios, pero nunca se preguntan por las causas que indujeron a esa persona a tomar esa dramática decisión, su contexto sico-económico-social. Lo que ocurre en la salud pública chilena, en el sistema de pensiones, ayuda a acrecentar y agravar los problemas de salud mental, existen programas educativos, preventivos o de toma de consciencia de estos problemas sociales.

El modelo de desarrollo chileno requiere correcciones, poner en equilibrio el rol de los bienes públicos y los privados; el rol del Estado y el mercado; las normas de mercado con las normas éticas; donde la competencia debe reconocer espacios de colaboración; lo individual debe dar espacio a lo comunitario; con una mejor distribución de los frutos del desarrollo.

No matemos la gallina de los huevos de oro, un buen sistema que debiera tornar a los principios orientadores de la economía social de mercado, se ha transformado en un brutal sistema de economía de mercado que, a juzgar por la deriva que toma el sistema va hacia una sociedad de mercado, donde todo se transa sin Dios ni ley, donde la adoración al dinero a terminado con las instituciones mal olientes y corruptas. Si no corregimos a tiempo, promoviendo un nuevo pacto social, luego de la etapa del desdén seremos testigos de un caos relacional, en la política ya se visualiza, lo mismo en la iglesia y las instituciones militares y públicas.

REVOLUCIÓN CULTURAL: EMPRENDIMIENTO SOCIAL EN CHILE.

LUNES, 29 DE ABRIL DE 2019

Uno de los cambios culturales y políticos más revolucionarios en las últimas décadas en Chile -al que se le ha puesto escasa atención- es el espíritu de emprendimiento social, actitud de vida en miles de seres humanos, que adquirieren la convicción que la movilidad social y la estabilidad económica solo depende de sus propios esfuerzos, de su autonomía para la construcción de su propio destino.

Esta nueva ética ciudadana enfatiza la auto responsabilidad, el autocuidado en temas de alta sensibilidad y sentido social. Cada cual se hace cargo de construir su destino y su futuro, lo que les exige autodisciplina, el cumplimiento de sus obligaciones y compromisos, cultivar un ambiente de confianza y colaboración. Al tiempo que exige al Estado la supervigilancia del mercado y a la empresa su propio autocontrol. Y, a la sociedad civil cautelar la protección del usuario (ciudadano o consumidor) tanto del Estado como del mercado".

Este proceso constituye una revolución cultural en la que se impone una voluntad que se refleja en hogares comunes, desde el ámbito doméstico, el artesanado y las empresas más pequeñas, donde cotidianamente se encarna el espíritu emprendedor con diversos tamaños, alcance económico y ámbito de acción. ¡El coraje de salir cada día a ganarse la vida y a ganarle a la vida!

Esta ética marca un cambio de época que incorpora el emprendimiento como un elemento virtuoso, rompiendo cuestionamientos políticos incluso religiosos sobre el emprendimiento y la generación de riqueza. Personas con capacidades creativas para adicionar valor y para comunicar esa oferta por las redes sociales o en su entorno de acción, que actúa en lo cotidiano, casa, barrio, trabajo, donde se abren micro-mercados emergentes no satisfechos: pan amasado, lavado, pasteles, costuras, masajes, inyecciones, platos preparados. Emprendedores que quieren nivelar hacia arriba, capaces de ver las oportunidades que son parte de sus vivencias cotidianas.

No buscan sus héroes en el cine o la TV, reconocen entre ellos mismos a los héroes cotidianos, sus referentes son sus propios vecinos, amigos y colegas, que hacen realidad sus sueños y convicciones. Se trata de un conglomerado humano mucho más masivo, cotidiano, común y habitual en nuestra convivencia, que está unido por el desafío de generar valor. Una revolución cultural sin distinciones sociales, políticas, culturales, de sexo, o edad.

Un cambio en la subjetividad de las personas, una nueva valoración del emprendimiento, sin complejos con el lucro. Invierten potenciando sus capacidades personales y su valoración, con creatividad y esfuerzo se auto compensan en su emprendimiento para su equilibrio económico, estabilidad social y laboral, por auto gestión. Se trata de la solvencia económica para vivir de acuerdo a los deseos y con la dignidad deseable para cada grupo familiar.

Esta ética del emprendimiento, surge a fuerza de la dura realidad socioeconómica derivada del modelo, se contagia forzada por el desdén de la política hacia las demandas de las personas y sus duras realidades. La política de izquierda, centro y derecha, debe tomar debida nota: no se puede seguir mirando a la sociedad como un núcleo de necesitados o menesterosos que requieren del Estado para alcanzar sus objetivos, sea en vivienda, salud, seguridad, previsión social, o cualquier bien público. Estas personas por décadas han sido vistas como una fuente clientelar de necesidades a satisfacer por la política, instrumentalizados por la demagogia, la manipulación ideológica y pura y dura corrupción.

Esta nueva ética ciudadana enfatiza la auto responsabilidad, el autocuidado en temas de alta sensibilidad y sentido social. Cada cual se hace cargo de construir su destino y su futuro, lo que les exige autodisciplina, el cumplimiento de sus obligaciones y compromisos, cultivar un ambiente de confianza y colaboración. Al tiempo que exige al Estado la supervigilancia del mercado y a la empresa su propio autocontrol. Y, a la sociedad civil cautelar la protección del usuario (ciudadano o consumidor) tanto del Estado como del mercado.

Este creciente segmento social mira con desprecio a los traficantes de sueños, ellos son artífices de realidades, no aceptan más demagogia, son pragmáticos, un grupo líquido que se mueve buscando compensación y equilibrio. Hace solo unos años sectores de izquierda los señalaron como "Fachos Pobres" o arribistas sociales, sin percibir que se trataba de un cambio radical: son ciudadanos que no quieren más redentores de pobres viviendo como ricos; reguladores de sueldos mínimos con dietas máximas; políticos que hablan de lo social y sirven intereses privados; no quiere que le pidan más sacrificios quienes están plenos de privilegios; ni resisten más a políticos que predican, pero, no practican.

Esa ciudadanía está libre de ataduras ideológicas, religiosas o culturales, tiene apertura, inteligencia y gran movilidad. Su fidelidad depende de la reciprocidad, la coherencia social y el respeto con que se le trate.

LEY DE INCLUSIÓN EDUCACIONAL: IDEOLOGISMOS.

MARTES, 13 DE AGOSTO DE 2019

A cuatro años de la dictación de la Ley de Inclusión Educacional, los datos son dramáticos y preocupantes, se observa una paradoja: "mientras más se habla de la educación pública (estatal) en Chile, mayor es el porcentaje de matrícula privada". "Mientras más se radicaliza la defensa de la educación pública, peor es su cobertura, calidad y equidad".

El llamado es para que la política deje los ideologismos y se ocupe en serio de tan importante tema, con objetivos y metas claras, poniendo por delante los millones de educandos a los que se afecta, quienes constituyen en futuro de Chile. Quienes creemos en la educación como la más potente palanca de promoción socio-económica, nos declaramos en alerta.

Los datos:

- La evolución de los colegios públicos (Municipales) fue a la baja, antes de la ley eran 5.279 y a cuatro años de dictada la ley han bajado a 4.925, es decir 354 menos.
- Los colegios subvencionados antes de la Ley de Inclusión Educacional eran 6.060 y en 2018 esa cifra bajó a 5.665 (baja de 395)
- **El único sistema que subió post Ley de Inclusión fue el particular pagado, que creció de 592 a 678 (86 más).**
- De estos 71 corresponden a Particulares Subvencionados que se transformaron en privados y los 16 restantes nacieron luego de la implementación de la Ley.
- La creación de nuevos colegios subvencionados cayó abruptamente, desde casi 200 al año, antes de la reforma, a sólo 24 en el cuatrienio 2016-2019, existiendo 5 regiones en que no se creó ningún colegio.
- Según las estadísticas, en los últimos tres (3) años en diez (10) regiones no se creó ningún centro educativo.

Se requieren políticas públicas que permitan racionalizar el uso de los recursos para ampliar cobertura y calidad; evitar los abusos y las faltas a la probidad y la sana administración en la educación municipal; las instituciones deben ser controladas y fiscalizadas en el cumplimiento de sus funciones administrativas".

La Ley diseñada bajo prejuicios y presupuestos errados sólo provocó que se profundizaran aún más las brechas en materia de educación. El escenario post Ley de Inclusión Escolar, es que ya no se crean colegios municipales ni subvencionados, solo crece la oferta educacional privada.

El abordaje legislativo del tema, tanto del Parlamento como del Ejecutivo, estuvo marcado por el sobre ideologismo, la desconfianza, el prejuicio y un enfoque de cálculo electoral. No existió disposición al diálogo y la búsqueda de acuerdos, sino posiciones radicalizadas, lo que ha terminado por dañar la calidad, equidad y cobertura del sistema educacional chileno.

La Ley de Inclusión se basó en un relato político que afirmaba que todos (o la inmensa mayoría) de los sostenedores particulares subvencionados eran empresarios inescrupulosos cuyo único fin era obtener lucro de su actividad educacional.

En esa lógica, se pensó que la acción semántica de quitar la expresión lucro, tales sostenedores saldrían del sistema. La demostración empírica da cuenta que de los 6.060 sostenedores subvencionados, solo 71, aproximadamente el 1% del universo de sostenedores se transformaron en particulares privados. Mientras que el 99% de los gestores educacionales no tuvieron problema en transformarse en entidades sin fin de lucro para continuar su labor.

Hacemos un llamado a la búsqueda de consensos para avanzar en el logro de alcanzar la calidad, equidad y cobertura en educación. Es necesario que uno y otro sector dejen de lado los ideologismos y los intereses subalternos.

Por otro lado, el Ministerio debe pasar a la búsqueda de acuerdos, a promover el diálogo, la ministra (M. Cubillos) y el Subsecretrario deben bajar su rol político e ideológico, para centrarse en la calidad de la educación. Si no se da un impulso a este sector, en pocos años más tendremos serios problemas de cobertura escolar, pues la opción mayoritaria de la población para educar a sus hijos, no va a poder ser cubierta con la actual oferta educacional subvencionada.

Se requieren políticas públicas que permitan racionalizar el uso de los recursos para ampliar cobertura y calidad; evitar los abusos y las faltas a la probidad y la sana administración en la educación municipal; las instituciones deben ser controladas y fiscalizadas en el cumplimiento de sus funciones administrativas.

El Estado de Chile, debe definir si consolidará el sistema mixto, generando las confianzas para que los recursos fluyan y permitan ampliar la cobertura y la calidad. Se requiere señales claras y el clima de confianzas para que los colaboradores de la educación puedan seguir trabajando en paz.

CHILE Y LA NECESIDAD DE CORREGIR EL MODELO ECONÓMICO.

LUNES, 21 DE OCTUBRE DE 2019

Nada justifica la irracionalidad y la violencia destructiva. Pero la ciudadanía ha mostrado una explosión de rabia e impotencia por el mal manejo político. Desde hace años vengo denunciando – con un alto costo personal y político- un modelo de desarrollo abusivo, la ruptura de los límites éticos, la Sociedad del Desdén caracterizada por un desprecio hacia el ciudadano, el creciente deterioro de los bienes públicos, el incremento ilegítimo de bienes privados mal habidos, el desnaturalizado individualismo estructural del modelo, el quiebre de las instituciones tradicionales, la ruptura de la democracia al no respetar la soberanía del pueblo, el doble estándar de la justicia, el ambiente de impunidad y violencia normalizada.

La política debe dejar de servir intereses particulares o de grupos, salir de la burbuja que genera la realidad paralela de confort y privilegios y ponerse al servicio de Chile y especialmente de la calidad de vida de los chilenos. Es necesario revalorar y dar vigor a la democracia, eso se logra con diálogo honesto, en el mutuo respeto, cautelando principios y valores tradicionales y con una legalidad respetada por todos".

Sin perjuicio de otras causales que contribuyen, por ejemplo, el materialismo estructural del sistema, medios de comunicación que idiotizan a sus audiencias, un narcodelito instalado en Chile en total impunidad. Esto ocurre por la complicidad, por acción u omisión, de las autoridades de uno y otro color. Todo esto se ha visto agravado por la realidad paralela o la burbuja en que se mueve la élite política, con sueldos y privilegios millonarios.

No se promueve otro modelo, sino que se pide darle sentido social, que la competencia se equilibre con solidaridad, los bienes públicos con los bienes privados.

A lo anterior se le adiciona un deterioro creciente de las instituciones tradicionales, de todo tipo. La calidad de la política y los políticos está gravemente cuestionada, la lenidad, es decir, la impunidad de la ineptitud en la función pública. La connivencia, es decir, el establecer un ambiente de complicidad o protección mutua. A lo que se agrega la ruptura de los límites en todo tipo de relaciones, una libertad sin límites que se transformó en libertinaje, una tolerancia mal entendida que abre amplias avenidas a la intolerancia. En suma, una sociedad de liderazgos mediocres y funcionales a interés de personas o grupos de poder. Los llamados a orientar ética y filosóficamente contagiados de este ambiente.

Los hechos del FIN DE SEMANA NEGRO, que dan lugar a este comentario, eran de toda evidencia, se anunciaron profusamente, se difundió calendario con horarios y lugares incluidos, lo que se verificó un día antes en un dramático ensayo.

¿Qué pasó con la autoridad política en Chile? ¿Qué distrajo a los analistas de Palacio? ¿Qué ocurre con la inteligencia en Chile? ¿Para qué sirve la ANI Agencia Nacional de (Des) Inteligencia? ¿Es que acaso la autoridad no escucha esta información?

Una vez más los militares darán un respiro al caos. Pero, será algo transitorio. Los pilares estructurales de nuestra institucionalidad y su modelo de desarrollo están colapsando. Esa es la causa basal de esta erupción social, la presión social reclama por el abuso y la impunidad, por un modelo de desarrollo pleno de inequidad, que exige demasiados sacrificios a amplios sectores ciudadanos y los beneficios se concentran en muy pocos.

Nadie puede cantar victoria, la derecha económica está matando la "Gallina de los Huevos de oro"; la Derecha Social (que promuevo) tiene su mayor oportunidad; el centro político puede reencontrarse con las altas prioridades sociales que extravió hace tiempo; la Izquierda puede mostrar su sensibilidad social con respeto al orden o profundizar su asociación con el caos.

Hay quienes apagan el incendio con bencina. Esta situación se desbordó por ineptitud política, insensibilidad social y excesivo estado de confort de la élite política y económica. Se puede controlar, estamos a tiempo. Pero, la reacción política (especialmente en el gobierno) debe ser de auto reconocimiento de los errores, declarar voluntad de corregir, de escuchar a la sociedad civil, de respeto a la democracia, es decir, a la voluntad popular.

Cuidado que esto no ha terminado. Los muros institucionales están fracturados. Si no se toman las medidas adecuadas, todavía se puede derrumbar la débil estructura y allí conoceremos el verdadero caos.

Por lo mismo, propongo, ante este grave cuadro de descomposición institucional, la necesidad de asumir y reconocer la crisis social que afecta gravemente la calidad de vida de los chilenos. Repudiar el nivel de abuso e impunidad a que nos ha llevado un modelo de desarrollo que multiplica la iniquidad, lo que llevo a la ciudadanía a este estallido social.

Nada justifica la irracionalidad y la violencia destructiva. Debemos hacer todo lo necesario para devolver al país la tranquilidad y prudencia. Hago un llamado en el sentido que abuso e impunidad no se combate con más de lo mismo. Chile debe recuperar el orden y el imperio de la justicia, para ello la ciudadanía tiene un rol determinante.

La política debe dejar de servir intereses particulares o de grupos, salir de la burbuja que genera la realidad paralela de confort y privilegios y ponerse al servicio de Chile y especialmente de la calidad de vida de los chilenos. Es necesario revalorar y dar vigor a la democracia, eso se logra con diálogo honesto, en el mutuo respeto, cautelando principios y valores tradicionales y con una legalidad respetada por todos.

Todos los liderazgos de nuestro país deben volcar sus capacidades para hacer que las instituciones funcionen y cumplan con su misión de servicio, en el marco del derecho, eficiencia y oportunidad. Promoviendo la paz y el respeto mutuo. Me pongo a disposición para ayudar donde se estime que puedo ser útil y necesario.

El Presidente Piñera debe iniciar las acciones para un diálogo amplio que permita fundar un Acuerdo Nacional que sirva de pacto social. Al tiempo que debe reestructurar su gabinete con personas que encarnen experiencia, competencia, respeto y buen criterio político, para generar las confianzas necesarias n la ciudadanía.

CRISIS DE LEGITIMIDAD INSTITUCIONAL SISTÉMICA... MÁS Y MEJOR ÉTICA.

VIERNES, 15 DE NOVIEMBRE DE 2019

¿Qué provocó el "estallido social en Chile"? ¿Este proceso está asociados a otros fenómenos similares en América latina? ¿Es acaso una crisis económica, social, política o financiera? ¿Cómo saldremos de este caos?

Este proceso cae en la categoría de las "crisis de legitimación", planteadas por el sociólogo alemán, Jürgen Habermas (1973), para referir la disminución en la confianza en las funciones administrativas, cuando las instituciones carecen de la capacidad para mantener o crear estructuras eficaces en el logro de sus metas finales. Tiene elementos comunes con otros casos, lo que han justificado el uso generalizado del término para referir no sólo la esfera de la política, sino a los ámbitos de organización, de estructuras institucionales, o el liderazgo.

La medición de una crisis de legitimación consiste en considerar las actitudes del público hacia la organización en cuestión. La Crisis de Legitimidad Institucional Sistémica (CLIS), en el caso de Chile, alcanza al rol del Estado; al modelo de desarrollo pleno de iniquidad, consagrado en las bases de nuestra institucionalidad; a una política con escaso sentido de lo público replica privilegios privados; políticos que han abandonado el cuidado de los bienes públicos; la falta de liderazgo político y especialmente ético.

Promovemos una nueva ética en el ser, estar y hacer público y privado; impulsamos la vigencia de principios y valores del humanismo en la institucionalidad y las instituciones; influiremos en la construcción del ethos de la Sociedad Digital, en la ética, la estética y la emocionalidad; re-construyendo el tejido social; promoviendo emociones de confianza y colaboración; devolviendo a Chile el valor del mérito, la probidad y la transparencia; consensuando un modelo de Desarrollo Humano, escuchando la voz de la ciudadanía y de la juventud chilena".

La crisis en Chile surge coetáneamente con la convicción ciudadana de la ruptura de los valores éticos, por parte de la élite. La "Viralización del Desdén" desde la política y los actores relevantes de la sociedad. Pero, no solo de los valores éticos de probidad, transparencia e impunidad, rotos reiteradamente en los últimos años. Se trata de una ruptura estructural de los límites éticos, en todas las dimensiones del quehacer socio-relacional: político, económico, institucional, espiritual, financiero, educacional y cultural de nuestro país. La crisis que vive Chile es esencialmente ética y filosófica, tiene que ver con la ruptura de los principios del Humanismo, lo justifica el vuelco de nuestra mirada hacia las instituciones definidas como éticas y filosóficas.

Ante el vacío de liderazgo ético y filosófico, el Instituto de Ciencias de la Complejidad Social (ICCS [1]) busca ejercer un liderazgo que convoque a todos los actores, nacionales y extranjeros, interesados en el estudio y comprensión de las complejas relaciones de la crisis y el conflicto socio-político y la adaptabilidad a la sociedad digital. Los períodos más fecundos de reflexión y especulación de filosofía-política son aquellos en que surgen nuevas y más acuciantes urgencias, cuando una explosión socio-política altera el orden y la seguridad, destroza la tranquilidad de las personas y los sueños son cambiados por miedo, incertidumbre o terror.

Desde la ética de Platón, la virtud se concebía como el hábito de obrar bien, por la disposición constante del alma o las acciones conformes a la ética o la ley moral. En el Cármides, el filósofo sostiene que los males de la comunidad solo desaparecerán cuando el poder político se combine con el conocimiento de un criterio moral universal. El gobernante tiene que poseer "una clase única de saber que tiene por objeto el bien y el mal". Ideas luego fueron desarrolladas en su libro La República. Para Platón, lo justo en sí, la bondad en sí, la prudencia, etc., esto es, los valores éticos y morales existen por sí mismos, y por ello es posible definirlos objetivamente y, una vez conocidos, llevarlos a cabo en la vida práctica.

Cuando en Chile los límites ético-valóricos aún estaban claros, las instituciones éticas y espirituales, señalaban el valor de la perfectibilidad integral de todas las dimensiones y de todos los seres humanos. Entendiéndolo como factor de justicia y fraternidad, puliendo ideas por el uso de la razón y la conducta por la práctica de la tolerancia, por el estudio de las causas de las miserias humanas y de los medios para remediarlas, para superar pasiones y destruir la propia ignorancia y la de nuestros semejantes.

Sobre este asunto, Zygmunt Bauman, en su libro "Ética posmoderna. En busca de una moralidad en el mundo contemporáneo", sostiene que el comportamiento ético correcto, antes único e indivisible, comienza a resquebrajarse. Ahora un acto puede ser evaluado como "razonable desde el punto de vista económico", "estéticamente agradable", "moralmente adecuado". Además, el contexto global de la vida contemporánea presenta riesgos de una magnitud insospechada y catastrófica: genocidios, invasiones, "guerras justas", fundamentalismo de mercado, pogromos, terror de Estado o de credo, vandalismo urbano, guerrillas, etc.

El sociólogo francés, Gilles Lipovetsky, sostiene que en el "mundo estupendo" que vivimos, el problema es que muy pocos tienen el dinero para disfrutarlo; pocos que cada vez son menos, mientras el resto lucha contra la ansiedad que genera el híper-consumo, la híper-estimulación, la inmediatez, la falta de educación y de pensamiento crítico. La política del espectáculo se ha extendido y los políticos nos hablan de superficialidad, de su vida privada, intentando ser próximos y simpáticos, aunque sin profundidad ni contenidos. Si hay un dominio que ha fracasado, que ha sido anulado y banalizado, es la política.

Hoy estamos inmersos en la Sociedad Digital, dominada por las TIC(s), la generación de los Millennials, un escenario global que muestra profundos y vertiginosos cambios, lo que modifica el "ethos", alcanzando la ética, estética y emocionalidad. Estos cambios y sus procesos de adaptabilidad encarnan una crisis cultural, que desafía la reflexión y el pensamiento, exigiéndonos pro-actividad y redefinir las referencias éticas que nos rigen. Para salir de esta crisis se debe ejercer un activo liderazgo ético y filosófico, evitando que solo la política y el mercado definan los límites éticos de nuestra sociedad.

Trabajamos para elevar la calidad, credibilidad y la legitimidad de la política, mejorar su ética, cautelar la vigencia de los principios y valores del humanismo, promover una épica o relato que sueñe e inspire un mundo mejor. Promovemos una auténtica cultura de diálogo y acción colaborativa, que estimule la reflexión y el pensamiento crítico, innovación y nueva ciudadanía, que aborde lo intergeneracional, poniendo en sintonía lo urbano y lo rural, nuestras culturas ancestrales con la nueva sociedad, los espacios de código abierto que nos ofrecen las nuevas tecnologías.

La respuesta a las interrogantes iniciales nos inspira para superar esta crisis ética que repercute en la diversas dimensiones relacionales del ser humano. Promovemos una nueva ética en el ser, estar y hacer público y privado; impulsamos la vigencia de principios y valores del humanismo en la institucionalidad y las instituciones; influiremos en la construcción del ethos de la Sociedad Digital, en la ética, la estética y la emocionalidad; re-construyendo el tejido social; promoviendo emociones de confianza y colaboración; devolviendo a Chile el valor del mérito, la probidad y la transparencia; consensuando un modelo de Desarrollo Humano, escuchando la voz de la ciudadanía y de la juventud chilena. Eso es, hoy en día, el verdadero sentido del liderazgo ético que nos inspira. ¡Más y Mejor Ética!

[1] Los fundadores del ICCS son: Justo Araya, Felipe de la Parra; Gabriel Peralta; Mario Cabezas y Carlos Cantero.

CORONAVIRUS: ¿SERÁ QUE COSECHAMOS LO QUE SEMBRAMOS?

LUNES, 16 DE MARZO DE 2020

Somos habitantes de un universo, en equilibrio dinámico de multiversos, que fluyen en el amor. Espacio-tiempo en el que cada nodo, cada ser, cada segundo, son infinitos plenos de inter-relaciones que cruzan nuestro ser, en toda su cósmica pequeñez. La energía del amor fluye natural, como el agua, por esos canales cósmicos, por cada rincón de la natura, por cada átomo de nuestro ser.

¿Será que la epidemia de miedo y egoísmo que observamos como reacción frente a este mal, deba mutarse en amor y solidaridad? ¿Será que el remedio está en evacuar el mal de nuestra vida, de las relaciones humanas e inter-especies, en dejar de destruir el planeta y de extinguir especies? ¡En asumir que el remedio está en el amor, la humildad, la fraternidad y la solidaridad!"

Pero, de pronto, en el fluir del ser y estar, esos canales se ven obstaculizados, se dificulta la circulación de la energía creadora. Se inhibe la circulación de la buena energía, la plenitud de humilde y sencillo amor, estancos que se alteran, desbordan, buscando otros niveles de base donde fluir. La madre natura en su compleja inmensidad: de ondas y partícula, de materia y energía, de cuerpo y espíritu, nos pone frente a los equilibrios, a la ley de las compensaciones, el mosaico de la vida, de luces y sombras; ese piso de baldosas blancas y negras por el que caminamos la vida, siempre guiñando nuestros pasos entre luces y sombras, penas y alegrías, amor y odio, vida y muerte.

¿Será que la madre natura, Geo, Gaia, la Pachamama y sus mil denominaciones, según cada creencia, nos están dando un mensaje, alguna señal? ¿Será que se expresa el principio Monistas del Uno en el todo? ¿y, de todo en el uno? ¿Será un desmentido a laególatra vanidad humana?

¿Será que la mutación del CoronaVirus, nos ponen de frente a nuestra frágil realidad? ¿Será que debemos revisar nuestra construcción de mundo en torno al materialismo y hedonismo? ¿Es razonable seguir exaltando el antropocentrismo que muta en egolatría? ¿Será que debemos revisar y reflexionar sobre nuestra concepción del mundo y la sociedad?

¿Será que cosechamos los males que sembramos? Quizás el individualismo que campea en cada acción, nuestra soberbia y el egoísmo son fatuos. Que el desdén y el orgullo son emociones vanas; estúpidas reacciones jactanciosas que se derrumban frente a la invisible e insignificante magnificencia viral. Quizás los Dioses de hoy, ayer y de siempre, nos dicen que somos uno, en la unicidad; que NO somos amos del mundo, que destruimos inmisericordes, sino simples aves de paso, insignificantes frente a la inmensidad del Cosmos.

¿Será que la epidemia de miedo y egoísmo que observamos como reacción frente a este mal, deba mutarse en amor y solidaridad? ¿Será que el remedio está en evacuar el mal de nuestra vida, de las relaciones humanas e inter-especies, en dejar de destruir el planeta y de extinguir especies? ¡En asumir que el remedio está en el amor, la humildad, la fraternidad y la solidaridad!

DESAFÍO: EDUCACIÓN DE CALIDAD.

MARTES, 31 DE MARZO DE 2020

Luego de un encadenamiento de eventos traumáticos de carácter local y global: las movilizaciones sociales y el estallido ciudadano el 18 de octubre pasado; y, las consecuencias de la pandemia del coronavirus, que paralizó el país y el mundo, con cuarentena y aislamiento social prolongado, nos enfrentamos violentamente a la sociedad digital y los nuevos desafíos. En concreto a un estado de Cambio catastrófico.

Se debe impulsar un auténtico trasbordo desde la educación analógica a la digital. No se trata de repetir el ambiente del aula física en la educación virtual, el tema es más complejo y profundo, requiere nuevos recursos educativos, hábitos, habilidades y competencias".

La educación no volverá a ser la misma, ha cambiado para siempre. Habrá una distinción (ACV) antes del coronavirus y otra realidad completamente distinta (DVC) después del coronavirus, que alcanzará a todas las comunidades educativas del país, públicas y privadas, como reflejo del cambio digital global. Estamos viviendo un cambio de época, una profunda transformación cultural. Y en esta transformación debemos considerar al menos las siguientes variables esenciales.

Oportunidad adaptativa. No se trata de un año perdido, sino de uno pleno de desafíos que demanda liderazgo, prospectiva, políticas públicas e inversiones relevantes. En esta inmersión forzada a la sociedad digital, la educación está fuertemente desafiada, al tiempo que tiene una oportunidad para potenciar una educación mixta, presencial y virtual.

Demanda de políticas públicas. El peligro latente es que, si no se implementan urgentes políticas públicas, las desigualdades sociales se agudizarán, afectando la igualdad de oportunidades, segregando entre los que se insertan en la virtualidad y aquellos que quedarán rezagados.

Hasta ahora, cada unidad educativa -pública o privada- lucha aisladamente, con poco apoyo y escasa coordinación, en el proceso de adaptar los establecimientos a la educación virtual. Profesores, alumnos, padres y apoderados muestran estrés, cansancio e incertidumbre. Las comunidades educativas: directivos, profesores, alumnos, padres y apoderados, requieren políticas públicas, para facilitar su proceso adaptativo a la usabilidad de las nuevas tecnologías, en el proceso educativo y las otras dimensiones de la vida.

Nuevas formas de ser y estar en el mundo. Ha cambiado la forma de ser y estar en el mundo, las herramientas tecnológicas cambian las formas de relacionarnos en el trabajo, la educación, lo social, etc. El desafío de adaptabilidad a la sociedad que emerge genera nuevas demandas: gestionales, gerenciales y conductuales; al entorno regulatorio y legal; nuevas competencia y habilidades requeridas en el nuevo ethos digital. Un trasbordo desde la sociedad declinante hacia la sociedad emergente, cambio radical que no consiste sólo en la mudanza desde el ambiente analógico al digital, claramente se trata de procesos profundos y plenos de complejidad, en el contexto de adopción de los paradigmas de la sociedad digital.

Toda la comunidad educativa involucrada. Estos esfuerzos deben ser integrados, complementarios y copulativos, desde el profesor y el establecimiento, hasta el ministerio de educación, para avanzar hacia la adopción de las nuevas tecnologías. Ahora forzado por las circunstancias, el ministerio debe desarrollar los programas y los contenidos educativos, en los nuevos formatos digitales e interactivos, que den fluidez y efectividad al proceso de enseñanza aprendizaje, permitiendo atender las diferencias propias de los estudiantes en el proceso educativo. Un modelo educativo que reconozca las diferencias generacionales de los profesores, educandos, padres y apoderados.

Desafío y gran oportunidad para la educación. Si bien es cierto, la sociedad digital ha llegado a algunos espacios de la administración del estado, como el servicio de impuestos internos y el registro civil, hay amplios espacios que muestran profundos retrasos. Uno de ellos es la educación, de lenta adaptabilidad a las tecnologías de información y comunicación. Ahora tiene el gran desafío y una portentosa oportunidad de ponerse a la vanguardia de la modernización de Chile, la que tiene que comenzar por nuestra infancia y juventud, desde el jardín de infantes hasta el término de la enseñanza media, potenciando su aprendizaje.

Políticas adaptativas: apoyo multimedial urgente. El estado de Chile tiene la obligación ética de romper los graves desequilibrios observados en hogares que tienen desventajas tecnológicas, por ancho de banda en internet, disponibilidad de computador, smart tv y escasa competencias y habilidades para su inserción en las nuevas tecnologías.

Se debe impulsar un auténtico trasbordo desde la educación analógica a la digital. No se trata de repetir el ambiente del aula física en la educación virtual, el tema es más complejo y profundo, requiere nuevos recursos educativos, hábitos, habilidades y competencias. No se trata de remisión de apuntes, guías y tareas, eso está muy lejos del mínimo estándar aceptable para una educación de calidad.

Corporación EDUCALIDAD, en el contexto de la Sociedad Digital, promueve la educación de calidad, la igualdad de oportunidades, la adopción de herramientas tecnológicas digitales y un entorno legal y regulatorio adecuado, para el desarrollo de una educación mixta (pública y particular), promoviendo la realización y pleno desarrollo de las capacidades de los alumnos, que constituyen en futuro de nuestro país. Nacemos con ese propósito.

AL MINISTRO DE EDUCACIÓN.

LUNES, 6 DE ABRIL DE 2020

Hago un llamado al Ministro de Educación, para definir con claridad su proyecto escolar para el presente año. Solicito una estrategia clara, participativa y adecuadamente comunicada al país. Se comprende que enfrentamos un evento catastrófico, pero no es razonable que esta situación sea agravada por una mala coordinación y peor comunicación por parte de la autoridad educacional. Se requiere distinguir lo estructural de lo contingente, lo transitorio de lo permanente.

Los establecimientos avanzan en el proceso de educación virtual, sin la adecuada coordinación y liderazgo del ministerio. Hay graves problemas de infraestructura, disposición de internet y computadores por parte de los alumnos, lo que pone en riesgo la educación virtual".

Las comunicaciones ministeriales han generado confusión, incertidumbre y estrés en las unidades educativas a lo largo del país, afectando a directivos, profesores, alumnos, padres y apoderados. Pareciera no haber consciencia sobre el grado de confusión que proyectan. Señalaré algunos ejemplos:
1.- Si se anuncia el adelanto de las vacaciones de invierno, ¿Por qué no se suspenden las clases, como corresponde a los períodos de vacaciones? ¿Se ha evaluado bien la conveniencia de esto, para la continuidad del proceso de implementación y adaptación del sistema a la educación digital que recién comienza?
2.- Hay preocupación por lo que ocurrirá en junio y julio, lo meses más fríos y con mayores contingencias de salud en la educación. No ha existido un adecuado diálogo con los actores de la educación, ni se distingue las distintas problemáticas según territorio; si lo establecimientos son públicos o privados; o si tienen régimen trimestral a semestral.
3.- Se llama a mantener la actividad educativa virtual para asegurar la continuidad del proceso de aprendizaje de los alumnos. Pero, no hay señales de cómo será el proceso de evaluación de la educación on line.
4.- Paralelamente se desliza el anuncio sobre la extensión del año escolar hasta enero, para recuperar clases ¿Qué pasará con los establecimientos de están dictando clases on line? ¿Cuál es la señal que se quiere dar?
5.- Cualquier ajuste requiere flexibilidad respecto de la estructura del año escolar, para hacer adecuaciones que permitan cambiar de régimen trimestral a semestral, sin interferencias burocráticas.

Los establecimientos educacionales y los profesores están haciendo esfuerzos sobre humanos para adoptar las TIC y favorecer el proceso de adaptabilidad a la sociedad digital. Pero, no perece existir contraparte competente en el Ministerio de Educación. De hecho, en el gobierno no hay un interlocutor validado y legitimado en materia de Sociedad Digital.

Se requieren adecuaciones legales, se debe cambiar la legislación de financiamiento del sistema educativo que exige presencialidad del alumno en el colegio, cuando se imponen amplios espacios de virtualidad.

Los establecimientos avanzan en el proceso de educación virtual, sin la adecuada coordinación y liderazgo del ministerio. Hay graves problemas de infraestructura, disposición de internet y computadores por parte de los alumnos, lo que pone en riesgo la educación virtual. El 15 % de las familias -y consecuentemente de los alumnos- no tiene acceso a INTERNET, ni computadores, para usar las tecnologías TIC, lo que exige una acción correctiva y de apoyo de parte del Ministerio.

PANDEMIA, BRECHA DIGITAL E IGUALDAD DE OPORTUNIDADES.

JUEVES, 7 DE MAYO DE 2020

El Consejo Chileno de Tecnologías de Información y Comunicación expresó su preocupación por la brecha digital y su impacto en la igualdad de oportunidades en Chile. Esta inmersión forzada a la sociedad digital, surgió sin diseño, desafiando a toda la sociedad, por lo que se reclama del gobierno voluntad de implementar políticas públicas que aceleren el proceso de adaptabilidad en la sociedad chilena.

Competimos en el mundo global arrastrando odiosas desigualdades que se agrandan por la brecha digital, territorios subconectado con otros hiper digitalizados; comunidades con políticas públicas digitales y otros en los que solo es un remedo; zonas donde las herramientas tecnológicas amplían las capacidades de productividad y las más pobres eso no ocurre".

En el marco de su Diálogo Nacional, actividad que realiza cada miércoles a las 18 horas, por la plataforma ZOOM, se advirtió que estos cambios en el comportamiento tendrán un efecto más allá del confinamiento por la pandemia y serán permanentes en la economía y las relaciones sociales.

Este llamado cobra fuerza al observar lo que ocurre en teletrabajo, educación digital, comercio electrónico y telemedicina, entre otras actividades. Valoramos la iniciativa de Naciones Unidas (ONU) al declarar al Internet como un derecho humano, por lo que demandamos política pública de alfabetización y democratización digital.

La brecha tiene distintas dimensiones: infraestructura, equipamiento y usabilidad. En algunos lugares del país es por carencia de infraestructura digital, ciudadanos que se sienten marginados al no contar con conectividad; Chile continúa en deuda en materia de conectividad entre los países OCDE.

La Subsecretaría de Telecomunicaciones (Subtel), señala que en el país existen 110 comunas donde sólo un 5% de los hogares tiene acceso a internet, mientras que en otras 55 solo un 1% accede a este servicio. En otros casos la brecha se da por carencia de equipamiento, no se cuenta con capacidad económica para financiar una línea de Internet, acceder a un computador, teléfono adecuado para enfrentar el desafío de la educación digital, o el teletrabajo, la posibilidad de acceder a trámites "on line" en los servicios públicos, la comisaría virtual, para los trabajadores, estudiantes y ciudadanos, impactando además en la economía y la empleabilidad.

En otros casos la brecha se observa en la utilidad y usabilidad de las herramientas digitales, de baja productividad, destinadas a comunicación y entretenimiento. También tiene que ver con cuestiones culturales, muchos servicios públicos insisten en el error de la presencialidad del trabajador y los usuarios.

El informe de Subtel de diciembre de 2019, las conexiones de Internet fija alcanzaron los 3,4 millones de suscripciones, del total de accesos a Internet (21,9 millones de suscripciones), el 84% son realizados desde un dispositivo móvil (18,5 millones de suscripciones 3G y 4G), un 94,3% corresponde a navegación por smartphones. Se requieren un aumento de conexiones de calidad a ubicaciones fijas, que en muchos casos pueden obtenerse con mejor relación de costo/calidad a través de soluciones como la banda ancha fija inalámbrica (BAFI), la tecnología 4G y 5G, para que los chilenos tengan conexiones de mayor calidad.

El estudio de Brechas de Uso de Internet de Fundación País Digital, señala que un 76% de los habitantes de zonas urbanas usan Internet, pero, en el mundo rural menos del 50 % lo hace, reproduciendo la exclusión social, al ser los sectores sociales más vulnerables los afectados. Torbjörn Fredriksson, jefe de economía digital de la UNCTAD señala que "Los que no tienen acceso corren el riesgo de quedarse atrás a medida que se acelera la transformación digital, especialmente en los países retrasados".

Competimos en el mundo global arrastrando odiosas desigualdades que se agrandan por la brecha digital, territorios subconectados con otros hiperdigitalizados; comunidades con políticas públicas digitales y otros en los que solo es un remedo; zonas donde las herramientas tecnológicas amplían las capacidades de productividad y las más pobres eso no ocurre. Se necesitan políticas públicas claras y una respuesta multilateral coordinada para enfrentar el desafío de la digitalización.

PANDEMIA Y EDUCACIÓN: DIGITAL, VIRTUAL E INTERACTIVA.

JUEVES, 11 DE JUNIO DE 2020

Es urgente modernizar la LOC de Educación. ¿Cuándo nuestros Parlamentarios y el Ministerio de Educación se harán cargo de esta realidad? La pandemia del Covid-19 impactó violentamente en el sistema educacional, generando incertidumbres en las comunidades educativas: directivos, profesores, alumnos, padres y apoderados, con la llegada de la educación digital, la sala virtual, los pizarrones multimediales interactivos. Nadie estaba preparado y el ministerio de Educación no atina a definir una política al respecto.

Es tiempo de descentralizar, de distribuir la creatividad para la mejor adaptabilidad a la educación digital, virtual, interactiva, en redes colaborativas. Es urgente modernizar la LOC de Educación que no considera las escuelas de este tipo, basando su lógica central en la presencialidad del alumno en la sala física. Vaya nuestra urgente demanda a Parlamentarios y al Ministerio de Educación".

El confinamiento forzado de las personas para evitar los procesos de contagio, demanda urgente adaptabilidad, con soluciones que den curso al proceso educativo en las modernas plataformas digitales, que permitan el proceso de enseñanza aprendizaje en un contexto altamente interactivo. A pesar de la pandemia, la educación de nuestros niños y jóvenes no puede detenerse, el Ministerio de Educación debe implementar estrategias de virtualidad, en el ámbito público y privado. Hay amplia experiencia en escuelas virtuales que preparan para los exámenes libres las que deben ser incorporadas a la institucionalidad educativa.

La adaptabilidad no es una cuestión de gusto, tampoco es repetir los procesos concebidos para la educación presencial. Haría bien el Ministerio de Educación en descentralizar la creatividad en materia de educación, permitir el desarrollo de una oferta de educación digital, virtual, interactiva, altamente participativa, proceso altamente asociado a redes colaborativas de las partes interesadas (stakeholders), que son muchas y muy comprometidas: padres, abuelos, familiares, para quienes el futuro de esos niños es central y muchos otros actores que suman al proceso. Es muy cierto que la interacción personal y socio-emocional son muy importantes. Pero, estos sistemas pueden dejar mucho tiempo libre para que el educando lo destine a ese propósito. Migrar a la educación virtual no es una moda ni un lujo, en una necesidad.

En la educación tradicional presencial el protagonista es el profesor, en la educación digital intervienen muchos otros elementos: videoconferencia, videos, apuntes, un proceso en que el alumno explora, profundiza y aprehende conocimientos y habilidades asociadas. El profesor cambia su rol a guía o mentor del alumno, planifica y acompaña el proceso de aprendizaje, para buscar y acceder al conocimiento y afianzar competencias y habilidades del trabajo en redes colaborativas, con el abundante material gratuito disponible, cumpliendo los objetivos tazados por el ministerio y el establecimiento.

La evaluación es una cuestión muy importante y tiene un sentido completamente distinto al tradicional, que aísla al educando de las fuentes de información y mide aprendizajes individuales. El nuevo sistema de evaluación debe superar la memorización, para evaluar competencias y habilidades en el educando, trabajo por tareas, en equipos colaborativos, virtuales o presenciales, actividades como foros de discusión, evaluando los aportes y la reflexión de cada educando, en relación con la aplicación a sus intereses.

Se requiere un ministerio más proactivo. Ha sido heroica la actitud del sistema educativo, tratando de insertarse, sin referencia ni orientación. Profesores y alumnos hacen la travesía del desierto, con poca o nula orientación y apoyo Ministerial. Queda claro que la fortaleza y resiliencia del sistema educativo está en comunidades educativas que han hecho todo para atender a sus alumnos, con el apoyo de padres y apoderados.

Es tiempo de descentralizar, de distribuir la creatividad para la mejor adaptabilidad a la educación digital, virtual, interactiva, en redes colaborativas. Es urgente modernizar la LOC de Educación que no considera las escuelas de este tipo, basando su lógica central en la presencialidad del alumno en la sala física. Vaya nuestra urgente demanda a Parlamentarios y al Ministerio de Educación.

PANDEMÉTICA.

LUNES, 29 DE JUNIO DE 2020

Pandemia es el proceso en que todo un pueblo es alcanzado por un mal, una enfermedad epidémica que se extiende (viraliza y contagia) a muchos territorios o que ataca a casi todos los individuos de un tiempo-espacio. Se produce cuando surge un nuevo virus o se observa alguna mutación que se propaga por el mundo y la mayoría de las personas no tienen inmunidad.

La expresión, por extensión, también puede aplicarse a procesos sociales, económico o de otra naturaleza, donde también aplican los conceptos de auto-inmunidad (otredad) y sico-somáticas (mismicidad) que inducen la Inflamación, fiebre, viralización y contagio socio-cultural. En este caso usamos una palabra compuesta de pandemia y ética para poner de manifiesto que en nuestra concepción el proceso es una degradación ética, que se extiende globalmente. Con impactos diferenciados según los distintos ethos, que pueden ser más favorable o no a su desarrollo, según la inmunología (cultural y valórica) de cada población.

Las pandemias han estado siempre, son un estado crónico, permanente desde antiguo. Al reflexionar respecto del ¿Cómo ayudamos a superar la crisis? La respuesta fluye espontánea. Atendiendo a la raíz, a la causa basal que la gatilla. Se trata de una crisis cuya causa basal es ética, está en la filosofía. En la tensión entre el materialismo versus espiritualidad, en una visión minimalista del ser humano, del sentido de comunidad. Para superar la crisis debemos retornar a los principios fundamentales: Libertad, Igualdad y fraternidad".

El tema que nos ocupa está relacionado basalmente con la tensión entre lo material y lo espiritual, la visión minimalista de la dignidad de las personas y respecto del sentido de comunidad. He usado un neologismo "pandemética" para señalar una epidemia de sentido ético, que se contagia a gran velocidad destruyendo el tejido social. No se trata de un asunto local, ni siquiera continental, se trata de un fenómeno global, que alcanza a países ricos y pobres, de izquierda y derecha, de diversas religiones, etc.

La crisis basal que vivimos tiene un sentido estructural eminentemente ético, vinculado a las profundas desigualdades que genera el modelo vigente, un neoliberalismo estructural, que desborda en individualismo radical, el proceso de corrupción, una justicia parcial y discriminadora. Es la ruptura de los límites de la ética, que se llenan de opacidad, de incertezas, como amplios e indefinidos bordes. En el que la libertad puede caer en el libertinaje, al no respetar los espacios de libertad de los demás; la justicia con extrema elasticidad torna en injusticia; la competencia llevada al extremo termina eliminando los espacios de colaboración; el individualismo radical termina destruyendo el sentido de comunidad. En esas asimetrías emergen nuevas formas conflictos, distintos a los de la sociedad industrial y de la guerra fría.

Los "Nuevos Conflictos" son las nuevas formas de confrontación que van desde movilizaciones sociales hasta las guerras. Estos conflictos tienen sentido estructural, apuntan a la destrucción de bienes públicos y privados, tangibles e intangibles, promueven el cambio del modelo o paradigma vigente, son segmentados por materia, territorios o intereses económicos, son conflictos de carácter distribuido, sin cabezas visible, que agrupan anarquistas y movimientos sociales. La confrontación se libra con armas y métodos no convencionales, incluido el lumpen, terrorismo, la asociación con el narcotráfico y con la corrupción, las víctimas son principalmente civiles.

Se rompe la tradición de un siglo y medio derivada del Tratado de Westfalia, en el sentido que se respetaba a los civiles. Estos conflictos adquieren la forma de focos distribuidos, autónomos, transversales, difusos, con características o motivaciones propias en cada lugar, denotando la ruptura de los alineamientos tradicionales, se supera el sistema binario de buenos y malos; izquierda y derecha; norte y sur; ricos y pobres. No es trata de la revolución proletaria, se orienta hacia los trabajadores y la juventud que se educa. Se desplaza hacia categorías superiores de vigencia cultural: medio ambiente, pueblos originarios, calentamiento global; migraciones, minorías sexuales, asimetrías socio-económicas; entre muchos otras temáticas.

Hay un fuerte énfasis generacional, los jóvenes asumen que la historia comienza con ellos, todo lo anterior no vale, tienen un protagonismo muy marcado en materia de participación y construcción del mundo digital. La brecha intergeneracional tiene múltiples dimensiones. No se observan liderazgos hegemónicos que marquen verticalidad, por el contrario se trata de un tipo liderazgo marcado por relaciones de horizontalidad, que para efectos de sus coordinaciones toman la estructura de la "Función HUB", es decir, una estructura de articulación, coordinación y logística, que concentra, distribuye y amplifica los flujos en las relacionales de ese sistema, en el contexto de un enfoque ético-eco-sistémico-relacional.

Los nuevos conflictos tienen un carácter distribuido, fragmentado y segmentado variando según cada zona, con expresiones de violencia, saqueos, destrucción de espacios públicos, que se libran entre grupos, asociados a temáticas: asimetrías sociales, migraciones, genero, pueblos originarios, minorías sexuales, razas o color. etc.

Una característica generalizada es la presencia de amplias masas ciudadanas y entre estas aparecen grupos radicalizados que promueven la violencia, el saqueo y la destrucción. Otro elemento transversal, que se observa a nivel glocal, (global y local) en lo que se esconde bajo el acrónimo ACAB, All Corps are Bastard, que significa "Todos los cuerpos (de policías) son Bastardos", eslogan de carácter global que se repite en cada movilización, de desprecio por la institucionalidad y especialmente hacia las policías, a las que intentan confrontar, desacreditar en sus procedimientos, cuestionar es su legitimidad, legalidad, sus soportes logísticos y en sus presupuestos institucionales.

Son grupos radicalizados, asistémicos, anárquicos, disfuncionales. Sin embargo, algunos teóricos gustan de adornar esas intenciones con nombres de fantasía como el de "deconstrucción". que es lo mismo que destruir para construir sobre ello. Introduciendo un cierto sentido metafísico, de compromiso de valores, un sentido de vida. Son conflictos estructurales respecto del modelo de desarrollo, que para su resolución requieren amplios acuerdos y consensos. Pero, los sectores radicalizados quieren superarlo mediante el expediente de destrucción o demolición, en el contexto de una tensión de modelos que encierran éticas confrontadas, que no responden a las formas tradicionales de resolución de conflictos. Es una actitud unilateral radicalizada, que no confía en los procedimientos democráticos y mucho menos en los políticos, despreciando por igual a la izquierda, el centro y la derecha.

La revolución en las tecnologías de información y comunicación (TIC) ha alterado las relaciones témporo-espaciales, cambiando la naturaleza de las confrontaciones que tienen dimensiones tecnológicas: bots, IA, Big Data, drones, los ciberataques, los programas secuestradores y el hackeo de datos.

Los conflictos emergentes parecen no tener referentes, objetivos, ni liderazgos claros. Por otro lado, el multilateralismo está sumido en un completo fracaso, obsérvese la relevancia de la Unión Europea, que muestra graves fracturas. Otras instancias similares en el mundo se caracterizan por su exquisita irrelevancia e intrascendencia, ejemplo de esto son organizaciones internacionales como NNUU, la OEA, el BM, la OCDE, etc. Estas observan nula capacidad en la etapa de crisis pandémica, la cooperación internacional se ve mermada en su capacidad de prevención y mitigación de los conflictos y la violencia en todas sus formas. En algunos casos parecen promover confusión, desprolijidad en el cumplimiento de sus obligaciones y amparar acciones violentas.

La violencia de los movilizados es igual o peor que la de los agentes del Estado. Pero, tienen protección de los Derechos Humanos y desde ese doble estándar cometen todo tipo de delitos y crímenes en completa impunidad, como lanzar balines, piedras y bombas incendiarias a los agentes del Estado, a vista y paciencia de los observadores de NNUU y de los medios de comunicación. Una odiosa asimetría que ha sido amparada y no se observa voluntad de remediar y la justicia no se atreve a enfrentar. De esta forma milicias políticas, terroristas, narcotraficantes, delincuencia organizada, mafias globales y locales, van demoliendo la vigencia de la democracia, el estado de derecho, la vigencia de instituciones del Estado en diversas áreas territoriales.

Causas endógenas del colapso
La tipología de la conflictividad revolucionaria no es binaria como lo fue en la guerra fría. Hay quienes en el escenario actual aprecian el despliegue de las estrategias de teóricos de Izquierda, como La Revolución Molecular, de Félix Guattari y Deleuze, que cuatro décadas antes definieron un sistema universal de lucha social y de emancipación. No comparto ese criterio, lo cierto es que observo una Izquierda (nacional e internacional) derruida, sin liderazgos, ni propuestas, que está en el suelo y goza del más profundo desprecio de los sectores movilizados, como ocurre

transversalmente con toda la política, sin excepciones.

La crisis que estalló el 18 de octubre de 2019, en el caso de Chile, surge desde una sociedad fastidiada por el desdén de los políticos, segregada y abusada por un modelo minimalista de la dignidad humana. Sus causas son endógenas más que exógenas, el modelo llevado al extremo termina auto destruyéndose. Fue un colapso sicosomático, desde la mismicidad de un modelo radicalizado, abusivo y desprestigiado. El adversario aprovecha la inmunología deprimida para reactivar sus focos infecciosos, lo que hace recursivo el regreso de la fiebre a diversos órganos o partes del cuerpo.

El neoliberalismo se fue radicalizando, exacerbando el individualismo, la competencia, el libertinaje, el materialismo consumista, el nihilismo, el hedonismo, la corrupción y el narcotráfico se le metió por la puerta trasera. Un colapso inducido, por stress y abuso de grupos de poder económico que normalizaron la ilicitud y la corrupción; la depredación del planeta; el calentamiento global, la destrucción de la solidaridad estructural; la exacerbación del individualismo; el detrimento de la dignidad de la persona humana; el exterminio de las especies que pueblan los ethos, sin consideraciones éticas por parte de los responsables, materialismo que es por igual en la izquierda y la derecha. Del centro ni hablar, ya que no existe.

En el nombre de una libertad mal entendida, se derivo en libertinaje, abuso e impunidad, la derecha se ha terminado auto-infligiendo una derrota, que constituye una sentencia auto cumplida. Fueron mucha las voces que durante dos décadas anunciaron las graves consecuencias que esto acarrearía. Fueron acusados de desleales, díscolos, exagerados. Se debilitaron los bienes públicos al extremo, en beneficio de unos pocos, esos favores se pagaron generosamente para otros pocos. Pero, la inmensa mayoría ha visto disminuir sus bienes públicos, se ha mantenido en la pobreza, sobre-endeudada para mantener un nivel de sobrevivencia. Todo esto ha terminado con una política deslegitimada, con los políticos completamente desacreditados, cual parias de la sociedad. La democracia debilitada sin disimulos, el Estado y sus órganos muestran problemas de legitimidad y legalidad, la inestabilidad política y la desconfianza cruzan todas las relaciones humanas.

CONFLICTIVIDAD
La conflictividad está íntimamente ligada a la legalidad, legitimidad, institucionalidad, desigualdad, liderazgo, sentido de comunidad y la épica que inspira la unidad o la confrontación. El Conflicto es la tensión, desacuerdo u oposición entre personas o cosas; derivada de una rivalidad prolongadas entre dos o más instancias. En cambio, la Conflictividad es la cualidad de lo conflictivo, son las condiciones y tendencias que dan lugar a los conflictos, la evolución que se da entre un momento y otro tiempo-espacio, la evolución de dos períodos.

Los "Escenarios Prospectivos" se definen como el modelamiento de una situación futura esperada, que contiene secuencialmente: una situación de base o diagnóstico problematizado; una descripción de la trayectoria futura más plausible y los distintos cursos de acción posibles; una aproximación de las situaciones o riesgos de azar que pueden manifestarse; una definición del horizonte de tiempo, y; una descripción de la situación futura o situación de llegada. La conflictividad de un tiempo-espacio particular se caracteriza por "Ejes Principales de Conflictividad", de largo, mediano y corto plazo, que pueden ser del ámbito de la política; trabajo; comunidad; geopolítica; ética, etc.

A modo de ejemplo, en los estudios de percepción ciudadana en Chile, la conflictividad se asocia con: la crisis política, el descrédito y deslegitimidad de la actividad; la inestabilidad y debilitada gobernanza; las movilizaciones sociales; crisis económica caracterizada por el desempleo y sobre endeudamiento; pobreza y desigualdades, afectada por las migraciones, la emergencia de racismo y localismo; cambio climático y biodiversidad; brecha digital y marginación; las faltas a la probidad; el narco-delito; el desprecio al mérito en un contexto de impunidad; además de la eventualidad natural.

Por décadas el Estado chileno ha sido in-capaz de "Procesar el Conflicto", que reventó con la Explosión Ciudadana del 18 de Octubre. En muchos lugares el Estado se ha desvanecido; la institucionalidad dejó de operar en plenitud; la sociedad civil tomo un rol de rebeldía; emergió un segmento de Anarquistas juveniles; se despliegan sin contención los Soldados del Narco; emerge un segmento de lumpen protagonizando saqueos violencia e incendios; desapareció el liderazgo político; opinólogos y farándula forman la opinión pública. La delincuencia es transversal a lo político, social, cultural y etário, en un ambiente de impunidad.

Se observa un divorcio entre sociedad civil y la política, el Estado esta diluido y debilitado, no hay diálogo ni pacto social, la sociedad civil no puede imponer límites al desvergonzado actuar de políticos de espaldas a la ciudadanía; los tribunales de justicia han dado señales de impunidad y justicia de doble estándar; la Contraloría General es incapaz de actuar en forma y oportunidad llegando tarde a sus compromisos institucionales. El Estado de Chile y su Poder Ejecutivo, es incapaz de procesar los conflictos sociales.

La conflictividad está asociada a un mayor o menor liderazgo político y social, el cual hoy en Chile esta transversalmente debilitado. La sociedad baja sus niveles de conflictividad y radicalización cuando hay un buen relato (convocante) o una épica inspiradora, lo que no ocurre en este caso. Siguiendo el planteamiento de Habermas sobre la Teoría de Estado, la legalidad y legitimidad son fundamentales para el manejo de la conflictividad, en el caso chileno se observa precariedad, en el parlamento, el Gobierno y los partidos políticos. No hay relato ni vocerías, anuladas o con signos de corrupción ideológica. Mientras más altas las expectativas de la gente y más bajas las respuestas de la autoridad, se exacerba la conflictividad. Por otro lado mientras más críticos los problemas socio-políticos y más inoportunas e ineficientes las respuestas se agudiza el conflicto. El nivel de la política, la solidez estructural de sus liderazgos y propuestas son deplorables, enfrascados en la descalificación y obstrucción binaria o de polarización de la mediocridad. El conflicto parece perpetuarse, no logra ser canalizado por los conductores políticos, sus liderazgos están cada vez más debilitados. La conflictividad hacia el segundo semestre del 2020 ira en aumento.

TIC: RACIONALIDAD – EMOCIONALIDAD – CONFLICTIVIDAD

La revolución en las tecnologías de información y comunicación ha cambiado la relacionalidad social y las dimensiones témporo-espaciales, lo que está gatillando una relación social caracterizada por una nueva topología, ha cambiado la centralidad, proximidad, accesibilidad y conectividad. La estructura de la relacionalidad ha volcado desde la verticalidad hacia la horizontalidad, cambiando el paradigma relacional y comunicacional. Surge un nuevo valor de la diversidad lo que trae aparejado un nuevo pluralismo. Así la élite queda reducida a sus capacidades adaptativas a la sociedad digital. Esto se agrava por los procesos replicativos, que inducen a las personas e instituciones a hacer más de lo mismo. En este sentido la sociedad civil avanza a una velocidad mayor y con mejores habilidades adaptativas.

Los avances en las tecnologías cambian la conflictividad y la forma en que se desarrollan los conflictos. En este asunto cobra particular relevancia la tensión entre la racionalidad y emocionalidad, la comunicación se llena de contenidos emocionales. De hecho, las audiencias masivas consisten en la manipulación de las emociones de las personas. La fidelidad de esas audiencias depende en gran medida de si se siente recíprocamente respetadas, acogidas y consideradas, con amplios espacios de participación. El equilibrio dinámico entre racionalidad y emocionalidad juega un rol clave en la conflictividad social.

Con la amplia difusión de las TIC, están cambiando las formas de esa conflictividad, derivando hacia ataques cibernéticos, físicos y biológicos, haciéndolos más selectivos o masivos según la conveniencia. También hay mayores capacidades de mimetismo, de ocultamiento, particularmente cuando se dan las asimetrías tecnológicas y de conocimiento respecto de la usabilidad de las mismas.

La automatización, la robótica, la big data, la inteligencia artificial, la ubicuidad de las redes y comunicaciones, además de las asimetrías en el conocimiento (Know How) modifica la conflictividad, surgen nuevas formas de coordinación, se extiende la funcionalidad HUB, nuevas formas de articulación, coordinación y conmutación en las que se aprecia la magnitud de la brecha digital. Particularmente cuando la élite persevera en la replicación y en la endogamia social, que ha resultado muy perjudicial en el caso de la política, la iglesia, entre otras tantas instituciones.

Las movilizaciones muestran una capacidad logística y de coordinación impresionante, superando a los agentes del Estado en capacidad, velocidad y capacidad de articulación. En los casos de escalamiento de la conflictividad este tipo de tecnologías facilita ataques, en nivel de violencia, de destructibilidad, reduciendo los riesgos de la intervención física. Se observan ciertos grados de segmentación, compartimentación y especialización de los grupos que operan reactivamente en la conflictividad, actuando en coordinación, individualmente o en grupos.

Es previsible el daño y peligrosidad de estas nuevas formas de conflictividad, cuando la confrontación escala y adquiere características más violentas, generando ataques físicos, para herir o matar a las personas y destruir bienes privados o públicos. En este complejo escenario observamos completa ausencia de pensamiento prospectivo y servicios de inteligencia que no son dignos de ese calificativo. El gobierno y los políticos igualmente extraviados en sus criterios y concepciones.

Reflexionando ante la eventualidad de confrontaciones globales, la pandemia nos hace tomar una clara perspectiva de lo que viene de cara al futuro próximo. A la posibilidad de ataques tecnológicos se agregan los ciberataques, y el riesgo de la guerra bio-tecnológica o derechamente biológica. Hay allí un gran arsenal que reserva virus, bacterias, gases y otros trucos, que serán las nuevas armas de confrontación biológica, destruyendo cultivos, animales y personas, mediante sustancias tóxicas o enfermedades generalizadas, o el debilitamiento de los sistemas inmunológicos.

Otra nueva dimensión de la confrontación que tiene una forma permanente, en diferentes escalas y dimensiones, es la guerra de la postverdad, las noticias falsas y las Fake News, mentiras profundas que siempre traen asociadas algún tipo de interés gatillante. La desinformación, las divisiones y la inestabilidad política son parte del arsenal propiciado para la confrontación y la conflictividad. Sea parea actuar, reclutar, ganar adeptos, financiamiento o apoyo comunicacional.
Las amenazas se diversifican en evolución constante, complejas, mimetizadas, en adaptabilidad permanente y a un ritmo y velocidad que el Estado, en su condición actual, no puede ni remotamente responder. Se requiere un cambio de paradigma, nuevas formas de entender la relacionalidad, de uso de las potencialidades tecnológicas. Pero, lo más importante es que se debe salir del caduco paradigma cartesiano, lineal o sectorial, para entrar a un enfoque de paradigma ETICO-ECO-SISTÉMICO-RELACIONAL

El Estado debe modernizarse, cambiar su cultura y ética, los estilos gestionales, con respuestas imaginativas y audaces, basadas en el respeto y redes colaborativas con el ámbito local y global. No debe cerrar sus embajadas, por el contrario debe articular una potente red de nodos colaborativos globales, que incluyen el sector privado y la sociedad civil, asumiendo la necesidad de equilibrar competencia con espacio-tiempo para la colaboración para beneficio de la sociedad. Se debe superar las divisiones político-ideológicas propias de la guerra fría, o del ambiente de confort y abuso previo al 18 de octubre, para avanzar hacia relacionalidad basadas en el respeto y la colaboración, en la reciprocidad que genera una acción concertada. Me parece que esta generación de políticos será incapaz de asimilar este cambio y la ciudadanía deberá proceder a su reemplazo.

La competencia terminará destruyendo al sistema y el obstruccionismo entrampará el desarrollo del país, en uno y otro lado tendrán que sacudirse de la pusilanimidad y mediocridad endógena, para que Chile cultive la excelencia y retome el desarrollo con equidad, con convicción, compromiso y honestidad. Con una nueva ética como pacto social. Para los nostálgicos que esperan que los militares salven el país, les anuncio que no se harán cargo de las idioteces políticas, ni estarán dispuestos a pagar los costos de la farra. Ya lo hicieron y recibieron el pago de Chile, unos y otros sacaron provecho de su sacrificio, unos en lo político y otros en lo económico, para dejarlos abandonados a su suerte. Lo mismo que ocurre ahora con las policías, implementando el mismo modelo inhibitorio, intimidatorio y persecutorio.
¿Cómo superamos la pandemética?

La solución está al alcance de la mano, en los principios de siempre, pero se requiere un liderazgo ético. Se requiere inspirar en el Principio Monista que establece que todos somos uno. Y, uno somos todos. Todo es uno, en unidad y unicidad. En la ley de la reciprocidad, como es arriba es abajo; como es adentro es afuera. Son principios milenarios que acompañan al ser humano desde el fondo de la historia. Aplican para todas las dimensiones éticas de las que debemos hacernos cargo. Las pandemias han estado siempre, son un estado crónico, permanente desde antiguo. Al reflexionar respecto del ¿Cómo ayudamos a superar la crisis? La respuesta fluye espontánea. Atendiendo a la raíz, a la causa basal que la gatilla. Se trata de una crisis cuya causa basal es ética, está en la filosofía. En la tensión entre el materialismo versus espiritualidad, en una visión minimalista del ser humano, del sentido de comunidad. Para superar la crisis debemos retornar a los principios fundamentales: Libertad, Igualdad y fraternidad.

Los Humanistas deben ser fieles a su sentido social, a su vocación democrática, a lo que le es esencial el melliorismo, la perfectibilidad de todo y todos los seres humanos. Puertas abiertas para estar con la gente, con sus problemas y necesidades. Una élite elegida y los excluidos que son la infinita mayoría.
La humanidad vive en los adjetivos y no en los sustantivos; en lo accesorio y no en lo sustantivo; el sustantivo en nosotros es el Humanismo, los adjetivos pueden ser variados; Sustantivo es que somos Masones comprometidos con los principios y valores laicos. Somos seres humanos que se declaran comprometidos con lo ético y filosófico; en el todo y no en las partes; en lo interno en equilibrio con lo externo. En lo físico que es el cuerpo; en lo mental que es la memoria y mente; y, en lo espiritual que es lo referido al alma.

Epílogo
En la oscuridad la luz debe estar en el Candelero, para que de la luz a los que la necesitan, en el momento y lugar requerido. En las instituciones, en los gobiernos, en los organismos internacionales, en las actividades, en los caminos, en los espacios habitados, en las rutas, incluso las lejanas que se orientan por los faros que alcanzan con su luz. No se trata de iluminar templos, sino cada rincón del planeta y del alma humana, en donde cada persona habita. La misión es ser luz de Humanismo y de valores éticos, hasta llegar a ser la luz del mundo. Nos urge una sociedad más humana, con sentido Ético-Eco-Sistémico-Relacional.

MINERÍA: TURNOS ESPECIALES, CONTRATISTAS Y MANO DE OBRA LOCAL.

JUEVES, 2 DE JULIO DE 2020

Por: Carlos Cantero O. Geógrafo, Master y Doctor en Sociología; y John Pastén D. Ingeniero Industrial, MBA UAI, Certificado AMC Australia, Emprendedor.

La pandemia del COVID- 19 dejará secuelas profundas en la economía, en el ámbito nacional y regional crece el desempleo, el endeudamiento y la precariedad. El Complejo Industrial, Minero y de Servicios, en la región de Antofagasta, muestra indicadores con luces y sombras, algunas empresas manejando bien la crisis pandémica, promoviendo el teletrabajo en sus colaboradores con mayores riesgos por edad o enfermedades de base, otras evidencian un manejo cuestionable en las medidas para aminorar y mitigar el impacto de la pandemia.

Los cambios de turno de las empresas con jornadas especiales han evidenciado aeropuertos congestionados de trabajadores y contratistas, con largos tiempos de espera, sin las más elementales condiciones sanitarias.

No existe consciencia ni identidad. Aquello que se identifica con el orgullo de ser minero o trabajador del Ecosistema Industrial Minero y de Servicios de Chile, lo que constituye la relación subjetiva de los individuos con los componentes simbólicos de una región, proceso que genera sentido de pertenencia, compromiso con la actividad y fidelidad con la identidad regional, entendida como un activo social y económico".

Algunas empresas han mostrado gran respeto por su personal, en otras, incluida la del Estado, la motivación económica ha forzado los sistemas productivos con dramáticas consecuencias para trabajadores y comunidades vinculadas. Esto obligó a las autoridades a reiterar procesos de cuarentena y restricción a las personas en los desplazamientos pendulares hacia sectores industriales.

También es preciso señalar la irresponsabilidad de sectores ciudadanos negligentes que no respetan las normas y salen a espacios con aglomeraciones potenciando el proceso de contagio, especialmente en supermercados y el centro de las ciudades. Es evidente la falta de disciplina, respeto y orden a normas elementales en sectores de la sociedad, lo que denota bajo capital social.

La ciudadanía regional impactada en su empleabilidad, toma consciencia sobre los negativos efectos locales de los turnos especiales en la minería. Se enfatizan las evidencias de las externalidades que generan en la zona las empresas de contratistas foráneas, considerando el nulo aporte a la economía regional y comunal. Emerge el clamor señalando la necesidad de contratar empresas, contratistas y mano de obra regional, que generen algún beneficio compensatorio a la región y sus comunas.

La conmutación laboral está siendo expresamente repudiada, creciendo la idea de vincular faenas, trabajadores y territorio. Ya se han observado incidentes exigiendo la salida de trabajadores de contratistas foráneos de los poblados y comunidades del entorno a las instalaciones industriales, particularmente en la Provincia El Loa.

En perspectiva, la localización remota con los turnos especiales, el teletrabajo, la Conmutación de Larga Distancia-CLD de trabajadores y contratistas, tendrán consecuencias en los proyectos productivos y la relación con sus entornos, lo que afectará la Licencia Social y la Responsabilidad Social Empresarial. Esto representa un gran desafío en múltiples dimensiones, de cara a eventuales exigencias ciudadanas, políticas y gremiales.

Las empresas utilizan estos sistemas generando externalidades negativas en la zona donde están las faenas y los beneficios se van a otras ciudades en el centro del país. El Reporte Panorama Regional 2018, elaborado por el Observatorio Laboral Regional (OLAB) estimó que el 15 % del total de ocupados en Antofagasta son conmutados (47.359 personas aproximadamente), trabajan en la región, pero no reside en ella.

Es la proporción más alta del país. Un 52% utilizan sistemas 1/1: 4X4; 7×7, 14×14, y del tipo 2/1 (20×10, 14×7) que representan al 27% de los contratados, según la Dirección del Trabajo. Si consideramos el efecto Multiplicador del Gasto resulta muy negativo para los intereses regionales, esos salarios que dejan de gastarse en la región a consecuencia de la conmutación laboral equivalen a siete veces el valor del Fondo Nacional de Desarrollo Regional. (FNDR año 2020: $ 77.000.000.000).

Además, impacta negativamente en la disminución del Impuesto Territorial, estos trabajadores los pagan en sus regiones de residencia, lo que afecta los ingresos regionales donde están las faenas y la fuente laboral, considerando que el 38% de los impuestos territoriales financia directamente los ingresos propios de la comuna.

Las autoridades políticas de las regiones mineras comienzan a tomar consciencia y a concertar voluntades en: a) Modificar el Código del Trabajo estableciendo un porcentaje máximo del 10% de los trabajadores y requisitos más rigurosos para la jornada excepcional; b) Modificar la gestión territorial y de los suelos fiscales; c) Tributaciones especificas a la mano de obra no local.

Chile enfrenta dos realidades peligrosas: regiones mineras que contribuyen significativamente el Presupuesto Nacional, condenadas a una mala calidad de vida; y, regiones que reciben los beneficios del gasto privado, que representan un Chile imaginario y utópico.

Esto se ve agravado por las gerencias "golondrinas", contratados por un par de años, con objetivos y plazos acotados, los que hacen lo necesario para cumplirlos, sin ningún compromiso territorial. Cumplen, reciben su bono y se van a Santiago donde tienen su casa, atrás dejan las externalidades, los costos sociales y los dolores.

También se daña la Identidad Social y Regional, de hecho Chile es líder mundial en minería y sus profesionales son referentes de excelencia global. Pero, no existe consciencia ni identidad. Aquello que se identifica con el orgullo de ser minero o trabajador del Ecosistema Industrial Minero y de Servicios de Chile, lo que constituye la relación subjetiva de los individuos con los componentes simbólicos de una región, proceso que genera sentido de pertenencia, compromiso con la actividad y fidelidad con la identidad regional, entendida como un activo social y económico.

2020: EN LO MALO REINA TAMBIÉN LO BUENO.

JUEVES, 31 DE DICIEMBRE DE 2020

Año 2020, motejado de malo, trajo nuevas situaciones que cambiaron nuestra forma de ser y estar en el mundo. Cambió nuestra mirada sobre la vida, implicancias ontológicas que afectan al ser, es decir, la forma en que estamos y entendemos la vida.

Época de dualidades, opuestos dicotómicos y complementarios de sentido relacional: material-espiritual; luces-sombras, que definen y caracterizan nuestra tensión existencial. En lo malo también vive lo bueno, la bondad está donde habita la maldad, la aparente fealdad guarda belleza, cualidades que no están en las cosas.

Bendigo un año paradojal, estaba harto de la normalidad claramente anormal. Saludo un año distinto que encarna cambio estructural. Agradezco nuevas prioridades que abren nuevas oportunidades también en lo social".

Todo está dentro de nosotros. Opuestos complementarios de mil matices, como el día tiene la noche; el verano al invierno; el sol y la luna; lo femenino y masculino; la alegría y la tristeza; la luz y la oscuridad. En el derrotero de nuestra existencia, en el Mosaico de la vida, se traslapan cuadros blancos y negros, los antiguos simbolizaban con baldosas de ambos colores.

2020, repudiado y valorado, has puesto equilibrio al materialismo desbordado; al individualismo egoísta, al desdén inhumano. Detienes el externo vértigo hiperactivo, pero, generas espacio reflexivo; pasividad exterior para el viaje interior. Las nuevas tecnologías permiten comunicación por nuevas vías, nuevo tiempo-espacio relacional genera nuevas formas de ser y estar, potenciando el permanente interactuar.

Que el brusco frenazo nos haga reflexionar, para valorar lo que tenemos, que no necesitamos comprar: el sol de cada día; el aire que respiramos; el calor de los amigos y amor de los seres queridos. Compartamos alimentos; bebamos al calor de la amistad; prodiguemos cariño a nuestro entorno; amor fraternal. Disfrutemos de la sonrisa amable; de la música armoniosa; de la capacidad de mirar, del poder conversar.

Ruego al Ser Supremo me dé sensibilidad para activar emociones, sentimientos y paz. Que la compasión sea nuestra compañera, para apreciar la naturaleza entera. Pido sabiduría para valorar las personas, atención para reflexionar, concentración para meditar y la consciencia elevar. Bendiciones en este viaje, en la maravillosa aventura existencial en estos parajes. Que la Salud, la Fuerza y la Unión, reinen en armonía, les dé equilibrio, templanza y felicidad, a toda la compañía.

SOCIEDAD DIGITAL: 5G, IA Y CIBERSEGURIDAD.

JUEVES, 4 DE FEBRERO DE 2021

En la sociedad actual el capitalismo está asociado a la vigilancia digital, algoritmos que nos monitorean constantemente y se apropian de datos, millones de datos personales, muchas veces sin nuestra autorización o, en otras ocasiones, con autorizaciones en las que no somos conscientes de todo el alcance que ello implica, por ejemplo al aceptar la cookies de un sitio.

El gran desafío del 5G tiene que ver con la cobertura, la calidad, compatibilidad y precio del servicio y los procesos de adaptabilidad a la sociedad digital, que representa un gran desafío sistémico".

La comunidad de inteligencia artificial, la sociedad científico-digital y los desarrolladores de las TIC (tecnologías de información y comunicación), son quienes, de verdad, están configurando el mundo y la sociedad. Los políticos van a la saga y la élite cultural está muy retrasada, hay ignorancia de los alcances que tiene la inteligencia artificial, los datos personales, la Big Data y Blockchain, incluso en los países desarrollados.

Eso explica los graves eventos de ciberseguridad ocurridos a todo nivel público y privado, nacional y global. La importancia del tema se aprecia en la neo-guerra fría, específicamente en dimensiones como: la carrera espacial y todas las implicancias geopolíticas que implica; el ciber-espectro radioeléctrico, en el que se desarrolla todo el mundo digital; y, el ecosistema terrestre donde está el hábitat, los alimentos, el agua y los minerales. Eso explica las tensiones observadas entre China, EE.UU, Europa y Rusia, además de otros bloques geoeestratégicos.

La virtualización, automatización o robotización, alcanza todas las dimensiones de la vida social, abriendo coyunturas y, al mismo tiempo, limitando otras dimensiones en las personas, por ejemplo, restando puestos de empleos, pero también abriendo oportunidades de complementación. La llegada del 5G permitirá acceso a una tecnología, al menos, 10 veces más rápida que el 4G y sus capacidades son 100 veces superiores. Esto implica una revolución de la conectividad, accesibilidad, centralidad y proximidad, en las más diversas tareas, simples y complejas, de las personas y las cosas, en lo público y lo privado.

Esta profunda revolución está articulando un gran cambio en los tres elementos constitutivos de la Adaptabilidad a la Sociedad Digital: el hardware que son los fierros, los equipos y las redes; el software, es decir los programas y algoritmos; y el humanware, que es el cambio cultural, ético y legal, que influye la capacidad y usabilidad de las personas, organizaciones y empresas. Esto requiere el apoyo de políticas públicas. El gran desafío del 5G tiene que ver con la cobertura, la calidad, compatibilidad y precio del servicio y los procesos de adaptabilidad a la sociedad digital, que representa un gran desafío sistémico.

Estas definiciones están determinando las neo-desigualdades sociales y económicas, se requiere una masiva toma de consciencia sobre estos temas, abrir amplios, responsables y transversales procesos de diálogo, para conseguir consensos que eviten estas graves asimetrías. Además, emergen profundos desafíos éticos. El Estado requiere atender estos desafíos.

SURFEANDO HACIA EL FUTURO: CHILE EN EL HORIZONTE 2025.

JUEVES, 15 DE ABRIL DE 2021

Mi buen amigo Fernando Flores, desde el Consejo Nacional de Innovación para la Competitividad, en agosto del 2013, lanzó un robusto texto con "Orientaciones Estratégicas para la Acción", fruto de su visión, sus redes y un trabajo colaborativo plural, diverso, transversal, con múltiples encuentros, diálogos y discusiones, con los más relevantes actores del ámbito nacional e internacional.

Es necesario reencontrarnos con el valor del mérito para ascender en la función pública. El futuro de Chile y sus hijos depende de este cambio cultural, de la Adaptabilidad a la Sociedad Digital, de la transformación digital que debemos llevar con políticas públicas a las personas, empresas, organizaciones y los territorios que conforman nuestro amado país".

En perspectiva esos esfuerzos de Flores, en compañía de un talentoso equipo de Consejeros, representantes del sector público y privado, invitados permanentes, coordinados por Katherine Villarroel, adquieren mayor vigencia y valor. Fue un trabajo magnífico y en perspectiva, mirando la realidad actual, parece cada día más urgente y evidente, el abordaje de esos desafíos.

Es una desgracia que, en Chile, no asumamos que las ideas preceden a la acción, no valoramos el trabajo en torno al pensamiento, las ideas, la reflexión, más aún cuando este es fruto de la convergencia de redes colaborativas.

Nuestro país no logra sobreponerse al vértigo del inmediatismo, la contingencia, el individualismo, el sectarismo, la mediocridad farandulera que destruyen el país como un cáncer. No se respeta esos esfuerzos relevantes ni se les da continuidad.

Fernando Flores, lo dice en ese valioso documento, "**Frente a los desafíos nuestra acción y nuestras políticas, pero sobre todo nuestras maneras de relacionarnos y nuestra imaginación y capacidad para inventar el futuro, jugarán un rol cada vez más relevante**". Por cierto, la ausencia de estos esfuerzos, que es lo que ha ocurrido en el país, determinan que la élite: política, social, empresarial, financiera, muestren más bien una actitud fallida, poco ética y sin compromisos con la equidad, han terminado ejerciendo un rol repudiado por la ciudadanía y cada vez más irrelevante en medio de la crisis.

Bien lo enfatizó ese equipo transversal e interdisciplinario de chilenos, que por esos días pensaba el futuro que hoy es presente. Cuanta vigencia y fuerza cobran esos dichos empujados por Flores y sus amigos: "**Para nosotros, chilenos, el cambio fundamental y más urgente es de orden cultural. Estamos convocados a generar nuevas actitudes, nuevas prácticas y nuevos estilos que nos ayuden a superar las cegueras, los temores, las comodidades, las ilusiones tranquilizadoras y otros estados de ánimo que no nos permiten tomar riesgos**

y compromisos para ser más protagonistas de una sola certeza: que nuestro desarrollo pleno como país tiene en la innovación su piedra angular".

En el informe referido, Flores nos llamaba y apremiaba con su "**sentido de urgencia de un cambio cultural.** Ese fue el denominador de ese esfuerzo que hoy recuerdo, valoro y pongo en plena vigencia, en la frágil memoria de mis compatriotas. Necesitamos retomar la conversación, reconstruir las confianzas, para imaginar, compartir, viralizar y contagiar nuevas prácticas. Superar la mediocridad, el sectarismo, la farándula en lo público, la endogamia, el nepotismo, el exceso de ambición, el debilitamiento ético, las faltas la probidad si no la corrupción.

Es necesario reencontrarnos con el valor del mérito para ascender en la función pública. El futuro de Chile y sus hijos depende de este cambio cultural, de la Adaptabilidad a la Sociedad Digital, de la transformación digital que debemos llevar con políticas públicas a las personas, empresas, organizaciones y los territorios que conforman nuestro amado país.

CRISIS SOCIAL EN CHILE: "EL MAL TRIUNFA CUANDO EL BIEN NO HACE SU TRABAJO"

JUEVES, 6 DE MAYO DE 2021

Frente a la crisis político institucional que vive Chile, es recurrente que se culpe al modelo. Mal se puede reclamar responsabilidades a un conjunto de ideas. La sabiduría popular tiene un refrán: "La culpa no es del chancho sino de quien lo alimenta". Es la manera de señalar que la responsabilidad no es exclusiva de quien realiza el acto sino de quienes lo consienten. Para mayor claridad sobre el tema agregamos la frase "La culpa no fue de la gota que derramó el vaso, sino de quienes viendo que esto ocurría no hicieron nada para evitarlo"

¡Se requiere autoridad y liderazgo ético! Para el éxito del proceso necesitamos una centro izquierda que estimule el emprendimiento y la propiedad privada; y, una centro derecha que respete los bienes públicos y el sentido social. Debemos recuperar los valores republicanos y democráticos, superar la endogamia social y el nepotismo, rehuir la nefasta influencia de una élite sin valores éticos. Integrar la diversidad social, económica y cultural del país, con amplia participación de la base".

Los responsables de los abusos que terminaron con el estallido social en Chile han sido aquellos administradores del sistema, que transgredieron los límites éticos y claramente faltaron a la probidad. Estos hechos revisten doble gravedad, ya que además desacreditaron un modelo exitoso en la generación de riqueza, crecimiento económico y desarrollo humano. Es decir, mataron la gallina de los huevos de oro. Peor aún, estas personas (sus centros de estudios), siguen su vida como si nada hubiese pasado, sin un "mea culpa", incluso ocupando cargos de representación gremial (¿Impunidad institucionalizada?).

La crisis social en Chile, a diferencia de lo que ocurre en modelos socialistas, no fue por **escasez de riqueza**. Todo lo contrario, fue por **abundancia de riqueza**, que no llegó a la gente. **¡La riqueza se concentró en pocos!** Eso terminó aniquilando la confianza, credibilidad, legitimidad y legalidad del sistema. La crisis no se desencadena por méritos de la Izquierda, sino por la abusiva y en algunos casos corrupta gestión de una élite económica, bastante transversal.

La causa basal de la crisis es de "orden ético". Por debilitamiento de los principios y una grave confusión conceptual entre valores éticos y valores económicos. Por el silencio cómplice de aquellos llamados a cautelar la probidad: los fiscalizadores, la justicia y también el ámbito ético filosófico. ¡El mal triunfa cuando el bien no hace su trabajo!

Para salir de esta espiral, Chile requiere equilibrar: la generación de riquezas con la equidad social; la competencia con la solidaridad; los bienes públicos con los bienes privados; el mercado con el Estado; lo mejor de la Izquierda con lo mejor de la derecha. Para eso se requiere líderes con oficio y capacidad de diálogo, valorando ética, probidad, excelencia, mérito. Si ello no ocurre se aplicará la Ley del Péndulo, nos iremos al otro extremo, redistribuiremos pobreza, dolor, corrupción y más impunidad. Ejemplos sobran en países vecinos. ¡No somos inmunes!

¡Se requiere autoridad y liderazgo ético! Para el éxito del proceso necesitamos una centro izquierda que estimule el emprendimiento y la propiedad privada; y, una centro derecha que respete los bienes públicos y el sentido social. Debemos recuperar los valores republicanos y democráticos, superar la endogamia social y el nepotismo, rehuir la nefasta influencia de una élite sin valores éticos. Integrar la diversidad social, económica y cultural del país, con amplia participación de la base.

Estamos comprobando que la farándula y el neuromarketing no solo sirven para manipular el consumismo. El virus memético (Jiles 2021) contagia en la política un populismo ramplón. La democracia está en riesgo, acechan candidatos y liderazgos mediocres, con escasa probidad, poca experiencia, en uno y otro lado. Chile tiene una cita con la historia y los ciudadanos tendrán la última palabra, espero no sean arrastrados por la polarización ni la mediocridad. Chile requiere liderazgos anclados en el mérito, la excelencia y la probidad.

ADAPTABILIDAD ORGANIZACIONAL: HUB Y ECOSISTEMAS.

JUEVES, 9 DE SEPTIEMBRE DE 2021

Nuestras instituciones tradicionales muestran dificultades de adaptabilidad, se hacen disfuncionales en la sociedad digital, por la lentitud de sus modelos gestionales. Los desafíos del desarrollo requieren una inteligencia territorial, demandando un cambio cultural que involucre a todos los actores. Pero, el desafío de adaptabilidad refiere a competencias duras y las competencias blandas, o habilidades sociales para el trabajo en equipo.

La globalización y la revolución en las tecnologías de información y comunicación, lejos de debilitar el factor territorial han resultado todo lo contrario, la distancia y las variables espaciales (analógicas y digitales) son determinantes para el desarrollo de las actividades, cobrando importancia la dimensión espacial digital, que constituye una revolución témporo-espacial, representada por la virtualidad. Preocupados del desarrollo en su dimensión territorial y social, líderes en todo el mundo estudian las nuevas tendencias y mecanismos de reacción, para actualizar y direccionar políticas y herramientas que potencien su adaptabilidad a la nueva sociedad.

Nuestras organizaciones deben adoptarse a la lógica de Hub y los ecosistemas, como estructuras inteligentes, en el sentido que gestionan su conocimiento y la innovación, promoviendo la emergencia de acciones disruptivas que estimulan su transformación. Estos conceptos están asociados a la integración de todos los actores y el conjunto de elementos que interrelacionan y generan desarrollo".

El lenguaje construye la realidad, la que surge de la relación, sigue el principio autopoiético o replicativo, que aplica a lo biológico y socio-cultural: se autogenera, auto-organiza, autosustenta y autoreplica de la misma manera por los medios y las redes sociales. De esta forma se contagian conductas y estilos funcionales. De allí la importancia de hacernos cargo de los nuevos paradigmas y sus marcos teóricos, los cambios que conllevan para orientar la interacción de las organizaciones, empresas y la sociedad civil, para el desarrollo institucional con un enfoque eco-sistémico-relacional.

Este proceso lo recoge el concepto HUB: Se trata de un núcleo concentrador, dispositivo o plataforma que permite centralizar una red para desde allí ampliarla, optimizando las interrelaciones e interacciones. También se entiende como un enrutador o conmutador, un punto de intercambio o centro de distribución y coordinación. Este concepto (Hub) se aplica a la gestión de redes, el transporte, el manejo de terminales o centros de transferencia, especialmente en aeropuertos. Y, ahora se introduce hacia la gestión institucional y territorial.

El HubConcepts, como cuerpo teórico surge de la experiencia de dos autores (ambos finlandeses) que, desde su experiencia gestional observaron una realidad común: la necesidad de un marco general que refiriera una aproximación práctica a la planificación y desarrollo con un enfoque complejo e integrado en el territorio (global, nacional, regional o local), recogiendo las mejores prácticas.

La respuesta a este desafío surge como enfoque: eco-sistémico-relacional, de gestión plenamente integrada y coordinada, que busca superar la parcelación propia de nuestra cultura lineal (Cartesiana: las partes del todo), con una mirada transdisciplinaria, multisectorial, holística, abierta a los procesos, promoviendo una real y formal integración público-privada, con amplia participación de la sociedad civil, con una valoración de la inserción en los sistemas de redes globales, enlazando los talentos para compartir y contagiar conocimientos y experiencias. Esta es la cuestión fundamental para ampliar redes, eficientar la gestión y la coordinación.

El Hub introduce una aproximación a la planificación, implementación y desarrollo de un ecosistema, con un marco completamente integrado que define una visión nueva de lo multi y trans sectorial, el valor global del trabajo ecosistémico (público-privado) para beneficio mutuo y general. Es una mirada glocal (endógena), que intenta optimizar lo local y su inserción en lo global, priorizando la colaboración y la coordinación, trabajando junto a otros actores claves del ámbito local y global, aprovechando el conocimiento (tácito y explícito) y la inteligencia que tiene un territorio, todo ello en interacción con la juventud y en coordinación con los mejores liderazgos y reconocidas prácticas de otros espacios territoriales (locales, subnacionales, nacionales o globales). Hay que tomar conciencia -viralizando y contagiando- que siempre hay personas muy competentes con las que se deben construir sinergias, tanto en las organizaciones como en los territorios.

Se debe asumir, adoptar y adaptar las mejores prácticas como proceso constante, asumiendo el valor de las redes de colaboración, y la nueva dimensión de la competitividad que promueve alianzas estratégicas entre competidores para el éxito en la gestión, para liderar la planificación, desarrollo y gestión de la innovación regional, asumiéndola como un ecosistema y centro neuronal (hub) local, regional, nacional y global, aplicando estándares, procesos de auditoría, gestión del conocimiento y marcos de evaluación probados.

Nuestros espacios organizacionales y territoriales requieren incorporar nuevos marcos teóricos que orienten los modelos de desarrollo hacia respuesta efectivas a las problemáticas emergentes, incorporando a todos los actores, en la búsqueda de un bien compartido. Se requiere fortalecer un sistema de coordinación y comunicaciones que rompa la arraigada concentración y centralismo institucional.

Enfrentar este desafío requiere aplicar políticas para la construcción de una cultura e identidad propia en cada territorio, que aporte valor institucional y reputacional. Para este propósito resulta básico construir nuevos climas emocionales, formas de mirar, escuchar y conversar, anclados en la confianza, el compromiso, respeto y fraternidad, promoviendo políticas de convergencia para lograr acuerdos.

En la sociedad digital hay múltiples actores compitiendo sistémicamente por comunicar, influir y determinar la percepción de la realidad. Nosotros tenemos compromisos con la preservación y promoción de valores, por lo que debemos implementar políticas explícitas para contagiarlos y viralizarlos en la sociedad. Proceso que debe desarrollarse a partir de un cambio de paradigma, no solo en el contexto de la adopción de nuevas herramientas para la administración y los recursos humanos, desarrollo y difusión del conocimiento en todos los niveles, orientados hacia la innovación en toda la cadena. Buscando fórmulas de relacionamiento amplio, para la gestión del conocimiento en la organización, fórmulas para la resolución de problemas y, principalmente, los modos utilizados para relacionarse con la comunidad, en un enfoque de bien común.

Se requiere construir una inteligencia institucional y territorial, articulada y coordinada, para lo cual se deben desarrollar y consolidar estos centros de gestión del conocimiento y nodos para acoger a los interesados y para contribuir con estilos conductuales participativos y colaborativos.

La sociedad que emerge nos enfrenta a nuevos desafíos económicos, sociales, cultural, de innovación, competitividad, clima organizacional, calidad de vida, gestión territorial y ambiental. En muchas de estas temáticas hay poca o ninguna experiencia, a modo de ejemplo, lo migracional; la conmutación asociada a las jornadas especiales de trabajo; el narcotráfico; el medio ambiente; la gestión del conocimiento; temas en los que se espera nuestro aporte.

También está el desafío identitário, para configurar las dimensiones de los personajes y valores que caracterizan nuestra actividad. Cada ecosistema debe definir su propio modelo de desarrollo sobre la base de políticas orientadas al crecimiento, diversificando, fomentando la apertura, con pertinencia y oportunidad. En este proceso general el desafío del HUB consiste en buscar fórmulas para promover el desarrollo, visión prospectiva y planificación estratégica, la definición consensuada de metas que orienten al conjunto de los nodos.

En este modelo de desarrollo debemos involucrar a todos, en un proceso dinámico, para mejorar las posibilidades de alcanzar nuestro propósito. Se requiere capacidad prospectiva y planificación estratégica para orientar la acción en la dirección elegida, previendo la tensión y estableciendo fórmulas para resolver conflictos entre actores y los diferentes intereses. Debemos apropiarnos de las tecnologías y de las estrategias "Smart" aplicándolas a nuestra estructura: Organizaciones inteligentes y Redes Inteligentes.

Nuestras organizaciones deben adoptarse a la lógica de Hub y los ecosistemas, como estructuras inteligentes, en el sentido que gestionan su conocimiento y la innovación, promoviendo la emergencia de acciones disruptivas que estimulan su transformación. Estos conceptos están asociados a la integración de todos los actores y el conjunto de elementos que interrelacionan y generan desarrollo. Este modelo de acción tiene plena vigencia para el CEMI y puede dar lugar a una rica reflexión para acelerar el proceso de adaptabilidad organizacional en la Gran Cadena Universal.

BRECHAS QUE CARACTERIZAN LA SOCIEDAD DIGITAL.

JUEVES, 23 DE SEPTIEMBRE DE 2021

La sociedad actual enfrenta una crisis cuyo fundamento basal es ético. Un proceso de degradación permanente, constante y vertiginoso, de los elementos valóricos, que hemos denominado "Pandemética". Esto se da en el contexto de brechas muy evidentes, a saber: generacional, digital, ética y cultural.

La brecha generacional muestra una ruptura entre los adultos (Baby Boomer) y la juventud en sus diversas categorías o denominaciones, al punto que la señal de cambio revolucionario es la equívoca distinción entre joven y viejo. Aun cuando hay "viejos" que muestran gran pensamiento crítico y nuevas ideas para la adaptabilidad al mundo que emerge; y, "jóvenes" que traen la configuración de todos los vicios de los que son críticos.

Es el imperio de lo ligero, lo líquido, la obsolescencia constante; el consumismo inmediatista; el culto al hedonismo y nihilismo. Una banalidad ética, anclada en la sociedad del desdén, donde se gestiona la (des) información y el manejo o manipulación de las emociones".

La brecha digital resulta de fácil comprensión y guarda relación con la capacidad de adaptabilidad a la sociedad digital, a la usabilidad de las herramientas TIC, al desarrollo de nuevas habilidades tecnológicas y competencias relacionales. Esto determina la capacidad de cada cual, para configurar la realidad, influir en los procesos sociales, incidir en la viralización de los temas que marcan la pauta política y noticiosa. Los que se adaptan tienen una gran capacidad de configurar la realidad, particularmente si se maneja la Big Data, la gestión de medios de comunicación, la gestión de redes y el neuromarketing.

La brecha ética tiene que ver con la tensión entre los viejos valores que se intenta mantener y los nuevos valores que la juventud intenta imponer en la sociedad, asociado a las nuevas tendencias de individualismo, aunque con algunas expresiones comunitarias, que se puede traducir por la emergencia del Nihilismo o debilitamiento de los valores tradicionales que ceden a la compulsión inmediatista; lo que se refleja en la vigencia del hedonismo que es la compulsión por el placer sin asumir consecuencias; todo esto marcado por la antigua tensión entre los bienes públicos y los bienes privados; entre lo patriarcal y lo matriarcal; entre la competencia y la colaboración; la tensión entre estilos de liderazgo egótico y el liderazgo ecológico; entre muchos otros matices.

Y, la brecha cultural caracterizada por la Post-Modernidad y la Post-Verdad, entorno en el que las grandes estructuras socializadoras pierden su autoridad. Se derrumban los mega relatos: ideológicos, religiosos, culturales, consecuencia de lo cual se debilitan los principios y valores. Emerge una sociedad de amplias libertades en la que se derrumban los modelos prescritos. Esta sociedad se caracteriza por la Voluntad de seducir, en lo público y lo privado; el placer sin compromisos; la moda y consumismo.

Es el imperio de lo ligero, lo líquido, la obsolescencia constante; el consumismo inmediatista; el culto al hedonismo y nihilismo. Una banalidad ética, anclada en la sociedad del desdén, donde se gestiona la (des) información y el manejo o manipulación de las emociones.

Todo lo cual define un nuevo ideal de vida y las nuevas formas de poder. Se están gestando los nuevos paradigmas que caracterizaran lo que viene emergiendo y que se ha denominado la Sociedad de la Singularidad. ¿Quiénes definirán y cuáles serán esos principios y valores? ¿Será acaso el poder económico? ¿La netocracia que diseña los algoritmos? ¿Tendrá algún rol la intelectualidad, los librepensadores, los liderazgos espirituales, éticos y filosóficos?

3.- LO ESPIRITUAL Y VALÓRICO.

CHILE: SE BUSCA LIDERAZGO ÉTICO.

JUEVES, 7 DE MARZO DE 2019

¿Qué rumbo seguirá Chile? La sociedad chilena está sumida en el pesimismo y frustración por el generalizado despliegue de la corrupción, el abuso, las faltas a la probidad y la impunidad que se extienden a todos los estratos socio-económicos.

Se requiere una política que entienda el desarrollo como el adecuado equilibrio entre crecimiento económico, equidad social y estabilidad política. Se buscan políticos que valoren el compromiso, la dignidad, el mérito y la probidad. Se busca liderazgo ético para inspirar al mercado y sus emprendedores, al Estado y sus servidores, y a la sociedad civil entendida como ciudadanos y no como meros consumidores".

Es una crisis que nos pone frente a los desafíos cívicos de un laicismo de última generación. La crisis derivada de los nuevos dogmas, no religiosos sino económicos, que oprimen a las personas; una crisis que vuelca nuestra mirada hacia los principios, hacia los valores éticos. Estamos en presencia de una nueva forma estructural de atropello a la dignidad de las personas.

Basta de negar la realidad o justificar lo injustificable. Son innumerables e inaceptables los episodios que a diario conoce la ciudadanía: desde el robo burdo hasta aquel de cuello y corbata.

Desde el usuario que elude el pago de servicios básicos hasta el empresariado que se coinde para robar corporativamente; bandas de delincuentes que roban en la ciudad hasta aquellas mafias que de uniforme (con estrellas) asolan con deshonor instituciones tradicionales de la República.

La iglesia en total descrédito por esconder delitos sexuales (su basura debajo de la sotana). Como si esto no fuera suficiente, se agrega una penetración impresionante del narcotráfico y todas sus secuelas y "pirotecnias".

En materia política es vox populi la asociación ilícita, el tráfico de influencias, el nepotismo y la endogamia socio-cultural. La justicia no es la excepción, en este cuadro de descomposición, se aprecia parcial, con evidente discriminación política, económica y cultural. En el último tiempo hemos sido testigos de sentencias paradigmáticas, incomprensibles, aberrantes. Dejemos la actitud hipócrita y asumamos que ¡Algo huele mal en nuestro Chile!

No vale aquello de: "mal de muchos", que se constituye en un consuelo de idiotas, aquellos que no se comprometen en la cosa pública, en el sentido griego (idiotes / polites). El proceso que observamos en la sociedad chilena, en mi opinión, es la colisión de lo material y lo espiritual, son las secuelas del despliegue de un materialismo reiteradamente denunciado, del culto al valor del dinero en detrimento de la dignidad humana, que se hace intrínseco al modelo de desarrollo. Constituye la expresión de un neoliberalismo extremo y descontrolado, la degeneración del modelo desarrollado por la Escuela de Chicago.

Dejo constancia que no promuevo un modelo alternativo de corte socialista ni socialdemócrata. Muy por el contrario, reclamo el retorno a la ECONOMÍA SOCIAL DE MERCADO, que fue la concepción original. Soy partidario de un modelo de desarrollo económico que equilibra mercado y Estado.

Lo creo válido para promover el crecimiento económico, de la competencia, pero, con espacios de colaboración (solidaridad), el individualismo, pero, con sentido de comunidad, el emprendimiento lucrativo en armonía con el altruismo. Desarrollo económico que reclama innovadores de mercado y los innovadores sociales, que pide eficiencia, creatividad, imaginación y excelencia en el mercado, pero, también en el Estado, que exige probidad en el hacer público y privado.

Donde crece el mal, también se encuentra el remedio. En ese materialismo también puede florecer lo social, donde prima el individualismo también germina el altruismo, donde hay corrupción se puede imponer la probidad. El remedio está en volver a los principios, a la promoción de valores, al compromiso ético. Combatir la estupidez materialista y el idiotismo consumista, promoviendo pensamiento crítico; enseñar a la gente a gestionar sus emociones, para que no sea víctima de la manipulación que se hace de sus deseos y seudo necesidades o necedades.

A grandes males, grandes remedios. Chile requiere un liderazgo ético, que hoy no se aprecia en la política partidista. Un liderazgo que confronte la corrupción y promueva la probidad, que supere el compadrazgo, la endogamia y el nepotismo valorando el mérito y la excelencia. Uno que sea capaz de superar la mediocridad conformando equipos calificados y eficientes, que mida sus logros con métricas claras y transparentes.

Se requiere una política que entienda el desarrollo como el adecuado equilibrio entre crecimiento económico, equidad social y estabilidad política. Se buscan políticos que valoren el compromiso, la dignidad, el mérito y la probidad. Se busca liderazgo ético para inspirar al mercado y sus emprendedores, al Estado y sus servidores, y a la sociedad civil entendida como ciudadanos y no como meros consumidores.

CRISIS ÉTICA EN CHILE.

LUNES, 22 DE ABRIL DE 2019

Los usos y costumbres actuales clasifican las instituciones según su grado de exposición frente a la sociedad, existen instituciones secretas conocidas exclusivamente por sus miembros, sin que entreguen información ni dispongan de página web; están las instituciones abiertas, que exhiben toda su información sin restricción; y están aquellas que se denominan discretas.

Frente a la grave crisis ética que observamos en el país, por su transversalidad, extensión y alcance, se consideran graves los riesgos que esta situación entraña, más aún si se considera que estas fracturas valóricas están acechadas por las lacras del narcotráfico que muestra sus huellas en Chile. **De allí la necesidad de un llamado público y abierto para la emergencia del liderazgo ético, transversal a las instituciones de la sociedad, en el que la Masonería -sus miembros sin complejos- deben asumir su importante rol a nivel nacional, para buscar las luces que permitan orientar el devenir de un país que hoy está sumido en la vacuidad ética".**

Una institución discreta es aquella que gestiona con discreción sus actividades y conocimientos, que guarda reserva sobre su intimidad (institucional o familiar), aquello que no es necesario ventilar ante los demás. El carácter discreto de una institución es un estilo de gestión alejada de la auto-exposición, de lo indiscreto, inoportuno, imprudente, exhibicionista o extrovertido, tan propio de la sociedad actual, que además es inmediatista y muy sesgada a la opinión emocional. Es el respeto a lo íntimo (personal o institucional) que despierta curiosidad y morbo.

La Masonería es una institución discreta, aunque hay quienes insisten en calificarla como institución secreta, cuestionando incluso sus métodos e intenciones, promoviendo teorías conspirativas. Habitualmente las personas que lo hacen muestran ignorancia, opinan sin antecedentes fundados, muchas veces sobre la base de prejuicios, señalando intenciones que nada tienen que ver con la realidad. Por cierto, actuaciones (antojadizas) que normalmente otorgan a quien las emite un alto protagonismo, exhibicionismo mediático, en el ambiente de impunidad que rodea a la televisión. Una actitud que más allá del compromiso con la verdad es funcional al raiting, la captura de atención y exacerbación del ánimo de la audiencia, para el interés de esa persona, programa o medio.

La Masonería es una institución ética, filosófica e iniciática, sus miembros dedican sus esfuerzos a la comprensión y promoción de principios y valores de valides universal, a la superación personal, la elevación de su consciencia, a ejercer su libertad de credo y pensamiento, alejados de dogmas de cualquier naturaleza. El carácter conspirativo no está entre sus intereses, de hecho está prohibido el proselitismo religioso y político, lo que se respeta estrictamente, temas que quedan reservados para el fuero íntimo de cada uno de sus miembros, con el encargo que los proyecten a la sociedad responsablemente, fundados en los valores del humanismo. Su forma de acción es la práctica y promoción del laicismo, cautelando que el poder espiritual no interfiera en el ejercicio del poder temporal. Malamente se ha entendido como la confrontación de los masones y la iglesia, cuando en realidad de lo que se ha tratado es que los dogmas no sometan las cosas públicas. Ayer los dogmas religiosos y hoy los dogmas economicistas.

Las Logias Masónicas son instituciones profundamente vinculadas con la historia de la República, desde las luchas de independencia hasta nuestros días, han participado discretamente en los grandes eventos que han constituidos los más importantes avances socio-culturales del país, los nombres de prominentes miembros están asociados a establecimientos educacionales, calles, avenidas y plazas, por su importante contribución.

Las logias son instituciones reconocidas por el Estado, constituidas de acuerdo a la ley. Sus estatutos, cuerpos normativos e institucionalidad están acordes con las leyes vigentes, tienen sedes, direcciones y autoridades reconocidas, las que figuran en los protocolos oficiales. Tienen actividades de público conocimiento: en la educación, los scouts, en los movimientos laicistas, en la promoción de los principios del desarrollo humano. En sus páginas web abiertas a la comunidad www.granlogia.cl dan a conocer sus principios y valores; la orgánica institucional; su historia y sus actividades, incluyendo noticias relevantes; sus símbolos permanentes; su forma de financiamiento basada en las cuotas que cada miembro paga mensualmente, todos antecedentes públicos. Tiene la Editorial Occidente -abierta al público- donde edita textos referidos a sus actividades. El día del patrimonio abre sus puertas a toda la comunidad que concurre en masa a conocer sus instalaciones y templos consagrados, periódicamente realiza las tenidas blancas que son abiertas a la comunidad que desea asistir y tiene un programa anual de actividades, conferencias y seminarios a lo largo de todo el país. Su método pedagógico se basa en el simbolismo, que arranca desde el fondo de la historia humana, tiene sus formas y ritos propios, reconociendo diversos grados para marcar los pasos en el crecimiento de cada cual. Es una institución iniciática en el sentido que marca un antes y después en la transformación personal, en el crecimiento y cambio de perspectiva vital de cada miembro.

Desde su origen los masones tienen como vocación impulsar los altos valores para asegurar la más plena convivencia humana. Es una fraternidad de alcance universal, reúne personas que trabajan incesantemente por su perfeccionamiento personal y grupal, para servir al progreso y desarrollo de la sociedad. Son personas unidas por el sentimiento fraternidad y hermandad, comunes a todos los movimientos espirituales y religiosos. La Masonería rechaza los dogmas y sesgos materialistas, promueve el libre examen, la libertad de consciencia y de pensamiento, la dignidad de la persona, los valores del humanismo y el respeto por el medio ambiente.

La Masonería promueve la vigencia de principios universales que la inspiran: Libertad, Igualdad y Fraternidad, que hoy están gravemente amagados por los embates del materialismo, enfoques ideológicos minimalistas de la dignidad humana. En ese exclusivo sentido expresa su vocación de poder, vinculado a lo valórico, ético y filosófico, la probidad y el mérito, todos elementos que el sistema amenaza estructuralmente. En la defensa de esos valores está comprometida la voluntad institucional y la de todos sus miembros. Más aún, frente al quebrantamiento de los principios y valores fundamentales, que marcan la crisis ética en que está inmersa nuestra sociedad, la que demanda de los grupos éticos, filosóficos y espirituales, entre los que se cuenta la Masonería, asumir un rol de liderazgo ético más definido.

Eso explica la severidad con que la institución aborda cualquier quebrantamiento valórico, faltas a la probidad o expresiones de corrupción entre sus miembros. Esa es la razón de la severidad, pertinencia y oportunidad, con que el Gran Maestro, Sebastian Jans y la alta oficialidad institucional, actuaron expulsando públicamente de sus filas a cualquiera de sus miembros que falte a su juramento de respeto a las autoridades legalmente constituidas, a las leyes nacionales y a los principios y valores institucionales.

El Gran Maestro de la Masonería chilena, golpeado por los hechos que afectaron a dos ministros de los tribunales de Rancagua, que pertenecieron a la institución, señaló: "La Masonería no va a tolerar ningún tipo de corrupción, caiga quien caiga", advirtiendo la expulsión inmediata, señaló que si una logia no actúa con celo, pertinencia y oportunidad será intervenida, para evitar cualquier falta a nuestros principios y valores permanentes. Esa actitud fue valorada y ampliamente apoyada por los miembros de la Masonería. Por eso molestó la actitud del periodista Santiago Pavlevic, que frente a falta de estos ex miembros de la masonería pretendió involucrar a todos los miembros en la misma condición, extendiendo el manto de conducta reprochable, olvidando que siempre las responsabilidades son personales. No son todos los Hermanos Corruptos, ni todos los jueces prevaricadores, pretender inducir aquella idea es un uso abusivo del medio y de la función periodística.

Frente a la grave crisis ética que observamos en el país, por su transversalidad, extensión y alcance, se consideran graves los riesgos que esta situación entraña, más aún si se considera que en estas fracturas valóricas están acechadas por las lacras del narcotráfico que muestra sus huellas en Chile. De allí la necesidad de realizar un llamado público y abierto para la emergencia del liderazgo ético, transversal a las instituciones de la sociedad, en el que la Masonería -sus miembros sin complejos- debe asumir su importante rol a nivel nacional, para buscar -en todos los niveles- las luces que permitan orientar el devenir de un país que hoy está sumido en escándalos, corrupción, degradación, desorientación y vacuidad ética.

NUEVO PACTO ÉTICO SOCIAL EN CHILE.

LUNES, 6 DE MAYO DE 2019

La Masonería es una institución esencialmente ética, filosófica e iniciática, que promueve la libertad de consciencia, de credo y de pensamiento; la dignidad de la persona; los valores del humanismo; el respeto por el medio ambiente; y, la tolerancia en la sociedad. Es una fraternidad espiritual que promueve los principios y valores universales: Libertad, Igualdad y Fraternidad, para asegurar la más plena convivencia humana. Su principal forma de acción en la sociedad es la práctica del laicismo.

"En estos momentos de crisis es cuando se requiere la institución ética, filosófica e iniciática, impulsando su liderazgo para constituir una alianza transversal a la sociedad, convocando a toda esa reserva ética y moral que existe en personas e instituciones del país, para cautelar los límites éticos y los valores humanistas esenciales a la convivencia nacional y al desarrollo humano, constituyendo un nuevo pacto ético social en Chile".

Las Logias Masónicas reúnen personas que trabajan incesantemente por su perfeccionamiento personal y grupal, para servir al progreso y desarrollo de la humanidad, unidos por el sentimiento de hermandad común a todos los movimientos espirituales y religiosos. Lo iniciático se da en el sentido que marca un antes y después en la transformación personal, en el crecimiento y cambio de perspectiva vital de cada miembro.

Es una institución constituida de acuerdo a las leyes chilenas, con una orgánica, estatutos, institucionalidad, sedes y autoridades conocidas, que recoge toda su actividad en su página web, las que se financian con recursos aportados por sus miembros. Tiene actividades públicas en todo el país para cautelar la vigencia de los principios y valores inspirados en el humanismo laico.

El poder no está entre sus intereses, no acepta los dogmas de ninguna naturaleza, razón por la cual no permite en sus templos el proselitismo religioso ni político, temas que quedan reservados para el fuero íntimo de cada uno de sus miembros, con el encargo que los proyecten responsablemente a la sociedad.

Los masones tienen las mismas características de perfectibilidad común a todos las personas, cualquier miembro que falte a los principios o a las normas éticas, comete perjurio y se pone al margen de la institución y siempre que corresponda será llevado al tribunal de honor y los tribunales de justicia. La Masonería actúa con discreción, guardando su intimidad (institucional o familiar), aquello que considera no es necesario ventilar ante los demás, este estilo gestional está alejado de la auto-exposición, de lo indiscreto, inoportuno, imprudente o exhibicionista, tan propio de la sociedad actual, inmediatista, sesgada a lo emocional, a la curiosidad o el morbo.

En la sociedad actual el materialismo, el nihilismo y el hedonismo han puesto un velo de opacidad a los límites, lo que pone en cuestión la vigencia de los principios, los valores, la ética, el mérito, que hoy están gravemente amagados. La principal característica es el debilitamiento de los límites éticos, las faltas a la probidad, a la transparencia, las desigualdades interpersonales y las inequidades territoriales.

Estos embates ideológicos materialistas, el imperio de los dogmas economicistas, las visiones minimalistas de la dignidad humana, la falta de compromiso ambiental, la mala distribución del ingreso, hacen cobrar plena vigencia al llamado por una Masonería activa en la sociedad, con sus miembros en la avanzada, como aquello antecesores que asumieron su liderazgo luchando por nuestra independencia, en la construcción de los cimientos de la República y la promoción de los valores laicos.

En estos momentos de crisis es cuando se requiere la institución ética, filosófica e iniciática, impulsando su liderazgo para constituir una alianza transversal a la sociedad, convocando a toda esa reserva ética y moral que existe en personas e instituciones del país, para cautelar los límites éticos y los valores humanistas esenciales a la convivencia nacional y al desarrollo humano, constituyendo un Nuevo pacto Ético Social en Chile.

MÁS Y MEJOR ÉTICA PARA CHILE

JUEVES, 11 DE JULIO DE 2019

La Masonería chilena busca asumir su liderazgo en la promoción del pensamiento y la reflexión sobre los grandes desafíos de nuestro tiempo, convocando transversalmente a todos los sectores. Lo hace desde su vocación ética, filosófica e iniciática: Ética, ocupada del conjunto de normas que dignifican el comportamiento humano; filosófica, no para filosofar sino para la vigencia de los principios y valores fundamentales; e iniciática, como experiencia espiritual de cambio desde una etapa de vida a otra, hacia un nuevo estado de consciencia individual y social.

Los chilenos crecimos en una sociedad orgullosa de la probidad de sus instituciones. En las últimas décadas, todo aquello se derrumbó. Enfrentamos una crisis ética (no coyuntural sino estructural), en las instituciones públicas y privadas, que alcanza todo el espectro político, las distintas clases sociales, las diversas generaciones. La élite, esa minoría rectora de la sociedad, protagoniza una epidemia de corrupción, por la cantidad de casos, número de involucrados, la magnitud del dinero defraudado.

Debemos ocuparnos de nuestra influencia, pertinencia y credibilidad en la sociedad. No basta la beatería en los Templos Masónicos, ni la crítica a lo obrado por otros. Si tenemos algo que aportar debemos retomar la influencia en el ámbito público; insertarnos en las ágoras de las redes sociales; reponiendo los bienes públicos, el desarrollo social, la vigencia de nuestros principios y valores fundamentales: Libertad, Igualdad y Solidaridad".

Para salir de esta crisis Chile requiere más y mejor ética. Una profunda reflexión filosófica para asegurar que los cimientos son sólidos. Los masones venimos de una larga tradición de constructores, sabemos que no se puede construir si los fundamentos no son sólidos y estables. Si queremos cambiar y reparar, no se puede seguir haciendo más de lo mismo. Estos asuntos tienen particular relevancia en este espacio consagrado a lo ético y filosófico, el Gran Templo de la Masonería chilena.

Siempre se aborda la corrupción desde el derecho positivo, desde las normas constitucionales, las leyes de transparencia y de probidad dictadas en los últimos años que han ayudado a avanzar en esta materia. Sin embargo, estas parecen inocuas, inútiles para contener el deterioro ético y la extensión de la corrupción.

El problema es anterior, se da en la coherencia entre la ética fundante y su praxis en nuestra institucionalidad. Los grandes filósofos, desde el fondo de la historia humana, nos enseñan que la realidad se construye en el lenguaje, en los conceptos fundamentales, en las definiciones basales que establecen los límites éticos y legales, que dan sentido y sustento a la vida en sociedad.

La crisis ética que nos ocupa es un fenómeno multicausal, veamos algunas de sus principales dimensiones:

Se trata del impacto de un paradigma materialista, una concepción minimalista del ser humano, que ha alterado el sentido de la vida y los valores del vivir.

Reduccionismo que cosifica a la persona y la dimensión espiritual, esencial e inalienable del ser humano, garantizada en la Constitución Política. Somos dualidad de materia y energía, propiedades auto constitutivas y sincrónicas, en las que se funda la perfectibilidad de la persona.

Causa basal de la crisis ética es un relativismo que borra toda certeza. Los límites (landmark) toman las características de bordes amplios, indefinidos y plenos de opacidad, lo que ocurre en el contexto del derrumbe de los mega relatos basales de la cultura occidental: lo religioso, ideológico, tecnológico, social y comunicacional. Las tradiciones pierden vigencia, no hay referentes conceptuales ni se reconoce autoridad, debilitando el control y autocontrol, lo que requiere reversión.

La cuestión ontológica se da en la semántica del ser y el estar, que induce una concepción del ser humano como ente inmutable, absoluto, incorruptible. Se dice que una persona es inteligente, virtuosa o violenta. Pero, el ser humano no es, sino que está, en proceso auto constitutivo constante. Puede estar en uno de esos estados transitoriamente, pero "no es" condición inmutable. Para la Masonería es relevante asumir que estamos arrojados al proceso de ser en el vivir, es decir, en permanente auto construcción, perfeccionamiento y superación, como cuestión esencial al ser humano.

Otro elemento fundante de la crisis se encuentra en el antropocentrismo de la cosmovisión occidental, que induce a pensar que los seres humanos somos una especie superior, destinados a dominar el entorno y las demás especies. Importantes científicos y líderes del mundo y el propio Papa Francisco, en la Carta Encíclica Laudato Si, cuestionan enérgicamente esta interpretación del Génesis, señalándola como impropia y causal del proceso que nos ha llevado al catastrófico calentamiento global, a un medio ambiente contaminado, especies exterminadas y un precario equilibrio que pone en riesgo a la especie humana. Propuesta: Esto nos exige promover cambios radicales desde el enfoque cartesiano sectorial hacia un enfoque Eco-Sistémico-Relacional. Las personas y las cosas son lo que son sus relaciones.

Ese antropocentrismo impacta -no solo en el ethos- también en el pathos o emocionalidad. El "yo" asume primacía en detrimento del Nos, lo que se expresa en un individualismo y competencia exacerbada, minimalismo social que daña el sentido de comunidad y la colaboración, afectando el Principio de la Solidaridad, tan caro a la Masonería. Propuesta: Debemos promover el cambio desde un liderazgo Ego-céntrico hacia un liderazgo Eco-céntrico.

Este enfoque superlativo de materialidad debilita el humanismo, promoviendo una concepción en que las personas valen por lo que tienen y no por lo que son (seres humanos). Lo hemos visto reiteradamente expresado en múltiples dimensiones: salud, educación y en justicia, icónicamente representada por la sentencia a los señores Lavín-Délano y el Caso Caval. Lo que de paso puso en cuestión el Principio de la Igualdad de las personas ante la ley.

En las últimas décadas se ha desplegado en nuestro país un modelo que promueve un mínimo de límites (regulaciones) y el máximo de libertades, individuales y económicas, que maximiza los bienes privados y, en la práctica, ha representado el reduccionismo de los bienes públicos. El problema está en que el modelo ha sido llevado al extremo, extendiéndose un relativismo sistémico que expresa algo así como: es más libre quien niega todo límite, lo que ha llevado a muchos a transgredir la legalidad, extremando los límites en lo económico, ambiental y valórico.

El señalado reduccionismo de los bienes públicos explica la deslegitimación de la política y la crisis de representación, que pone en riesgo la institucionalidad y la gobernabilidad democrática. El modelo privatiza los bienes públicos, en un permanente empobrecimiento de lo social. La política no ha cautelado el bien común, cada vez son menores las obligaciones del Estado con la gente y la carga impuesta a las personas es mayor.

Se observa total abandono del valor del mérito, cada vez son más habituales los casos de nepotismo en los cargos públicos y una endogamia social y político-partidista, que lleva a favorecer a los cercanos, lo que alcanza a todos los sectores. Se ha generado un precario equilibrio entre poder, abuso e impunidad.

Observamos un proceso de autopoiesis cultural en el que amplios sectores ciudadanos son tratados como autómatas ideológicos o entes programables, por la aplicación de las neurociencias de la dominación y el sometimiento. Los medios se constituyen en foco de viralización de valores y conductas. Replicadores emocionales en proceso de contagio de estímulos bio-sico-neuro-sociales y ambientales que explican los mecanismos cognitivos que influyen hoy la sociedad. Un proceso de replicación programada y cíclica (loop), especialmente en la TV, que consolida una cultura del consumismo y el minimalismo en la dignidad de las personas.

La crisis también se asocia con la Normosis Social, ese proceso constante de normalización de aquello que es esencialmente anormal, hasta que es aceptado y legitimado contra toda lógica. Hay ejemplos icónicos en nuestra sociedad: en el consumo del tabaco que se llevo al extremo de dañar a los que no fumaban; la proliferación de alimentos responsables de la pandemia de obesidad y diabetes, especialmente en la población infantil; el permanente ocultamiento de los delitos sexuales en la iglesia; entre otras situaciones.

La crisis está cruzada por la banalidad del mal, de la que nos habló Hannah Arendt, en "La Condicion Humana", ese proceso en que el mal se extiende sutilmente, mimetizado, sin obstáculos, sea por omisión, ignorancia, desidia, o propia voluntad. A modo de ejemplo referimos un flagelo que se devela en Chile, se instala el narcotráfico y sus perversas excreciones, que se extienden como un cáncer. Es evidente que esto conlleva complicidad o inepta permisividad de sectores de la élite nacional.

La normosis, la banalidad del mal y la levedad del ser, están con nosotros desde el fondo de la historia: véase el genocidio de los pueblos ancestrales australes al final del siglo XIX; la actual deuda histórica con los profesores; el abuso con funcionarios públicos mantenidos ilegalmente a honorarios y contrata por décadas; el atropello a la dignidad de los jubilados; el modelo altamente concentrador de riqueza; el endémico centralismo del poder; el desdén con que aceptamos la epidemia de enfermedades somáticas: stress, cáncer, depresión y suicidios juveniles.

Chile tiene su inmunología deprimida. El comportamiento viral se da en la biología y la experiencia muestra que también se da en lo socio-cultural, los memes o unidades de información cultural se comportan como virus oportunistas, cuando se deprime el sistema inmunológico se multiplican las conductas disfuncionales.

La sociedad plantea nuevos desafíos al laicismo. Observamos un proceso de deriva cultural, el espacio de lo sagrado ha migrado desde lo religioso hacia lo económico. Los dogmas que hoy someten y dañan la dignidad de las personas no son del ámbito religioso, sino los dogmas que se despliegan desde el ámbito económico, con estatus de dogmas de fe. La Masonería y la sociedad tienen nuevos desafíos en este cambio de la laicidad.

Desde una perspectiva ideológica o política, es habitual escuchar críticas al neoliberalismo y responsabilizarlo del estado de las cosas. Debemos asumir y reconocer responsabilidades compartidas. La denunciada primacía del neoliberalismo no sería tal si quienes proclaman la vigencia de los valores del humanismo laico ejercieran su influencia y acción correctora en los espacios de poder, con compromiso y oportunidad.

Debemos ocuparnos de nuestra influencia, pertinencia y credibilidad en la sociedad. No basta la beatería en los Templos cualquiera que estos sean, ni la crítica a lo obrado por otros. Si tenemos algo que aportar debemos retomar la influencia en el ámbito público; insertarnos en las ágoras de las redes sociales; reponiendo los bienes públicos, el desarrollo social, la vigencia de nuestros principios y valores fundamentales: Libertad, Igualdad y Solidaridad.

Nuestra tradición desde el fondo de la historia está vinculada a la construcción de templos (para la virtud) y puentes (para la fraternidad humana), en el complejo equilibrio dinámico entre Cambio y Conservación, debemos construir planos para consensos, un nuevo pacto social de marque el trazado de lo que debemos conservar y lo que podemos cambiar. En este esfuerzo debemos atender al diálogo inter-generacional, nunca antes en la historia humana la creación del conocimiento y el diseño de la sociedad estuvo tan vinculado a los jóvenes.

Abrimos nuestras puertas para convocar a todos los sectores de la sociedad, activando la Gran Cadena, para que con sabiduría y virtud, asumamos (todos) nuestro rol en la construcción de acuerdos para plantear a Chile un Nuevo Pacto Social.

MASONERÍA Y FRATERNITAS REPUBLICANA.

LUNES, 23 DE SEPTIEMBRE DE 2019

Proclamarnos como institución: ética, filosófica e iniciática nos impone obligaciones. En el último tiempo, muchas voces se han levantado llamando a la Masonería a una acción coherente y consecuente, para asumir el liderazgo que le adeuda al país por décadas. Personalmente he publicado diversas columnas llamando -con insistencia y sentido de emergencia- para que la Orden Masónica se sacuda de su inmovilismo y perplejidad pasiva, para asumir su responsabilidad histórica ante la crisis ética que observamos en el país y los grandes desafíos medioambientales y digitales que vive nuestro mundo.

Debemos hacernos cargo de un Chile en que, el todo es la relación de cada una de las partes. La influencia de la Masonería depende de la unidad, del compromiso de acción de cada miembro, de la proyección hacia la sociedad en su quehacer elevado, en alta consciencia vibratoria, en el quehacer cotidiano en cada rincón de nuestra amada tierra, construyendo justicia y progreso espiritual. La masonería está asumiendo su liderazgo local, nacional y global".

Algunos encontraron sentido a estos llamados a la acción, otros se sienten cómodos como observadores y se molestaron por la audacia. Sin embargo, la respuesta a esos llamados llegó en un inédito espacio-tiempo consagrado, donde los principios y valores Masónicos fueron el centro, en un diálogo fraterno de encuentro, pluralidad, diversidad y tolerancia. El 9 de septiembre recién pasado, la Gran Logia de Chile, abrió su principal Templo, para recibir en su seno una pléyade de los actores más importantes del país, que concurrieron a la convocatoria de la Primera Fraternitas Republicana, ceremonia que puso el acento en el encuentro de un país de Hermanos, en la transversalidad y sentido integrador, exaltando los valores de la fraternidad y los principios republicanos.

Allí estuvo nuestra ciudadanía representada por hombre y mujeres de todos los colores, diversas tendencias políticas, sin distinción de credos, ni de posición social o económica. También se atrajo el interés de la institucionalidad nacional, representantes de los tres poderes del Estado: Ejecutivo, Legislativo y Judicial, con sus máximas autoridades observando con expectación "La Buena Nueva" contenida en los antiguos postulados Masónicos, cargados de simbolismo y con profundo sentido ético y filosófico.

Fraternitas Republicana, constituyó un hito histórico, un verdadero proceso iniciático masivo y público, en que la Masonería renovó el compromiso con el humanismo laico; con sus elevados principios y valores, de cara a la ciudadanía y a las autoridades del país, declarando la irrenunciable promoción de la vigencia de los mismos en la sociedad. Este evento está llamado a despertar el sentido público de la Masonería, de encuentro con el mundo profano, para mirar a la cara a la sociedad. Ha calado y calará aún más hondo en el alma nacional. Se impondrá como un llamado cíclico (anual) a la fraternidad, para movilizar nuestra Gran Cadena Fraternal en torno a la vigencia de estos ideales y valores.

Los grandes iniciados de todos los tiempos, desde antiguo han enseñado y practicado una verdad que arranca desde el fondo de la historia humana, recogida en el Libro de los Libros, La Biblia, en San Juan 1:1. "En el principio era el verbo......". En el mismo sentido los sabios de nuestra cultura enseñan que, "en el lenguaje se construye la realidad", se reflejan las emociones gatillantes de procesos sociales, de contagio de emociones, de viralización de ideas. El lenguaje de amor genera amor; el lenguaje fraternal genera fraternidad; el lenguaje de unidad genera unidad. El lenguaje de perdón, de encuentro y reencuentro, de regeneración del tejido social, terminará uniendo a los chilenos.

Fraternitas Republicana ha llegado para quedarse, constituirá el gran espacio para "Pensar en Chile" desde un humanismo laico, exaltando valores con sentido de unidad nacional; para el equilibrio de lo material y lo espiritual; de los derechos y las obligaciones; del yo y el Nos; de lo privado y lo público; de lo individual y lo social; valores que se han debilitado en las últimas décadas. Un lenguaje de acción para la generación de fruto fecundo para nuestro amado país y su gente.

La Masonería ha encontrado su nicho (perdido hace muchas décadas) para insertarse como actor relevante en el proceso de recuperación de los altos valores éticos; en las ideas y la acción; en la coherencia y consecuencia; para que la ciudadanía ejerza el viejo mandato: "Por sus frutos los conoceréis". La Masonería continental fijó su atención en esta iniciativa, reconociéndola como el camino a seguir para reorientar la senda de progreso.

Los medios de comunicación -en sus titulares- enfatizaron lo patriótico. No logramos transmitir el sentido más profundo de la iniciativa, es decir, de Fraternitas y Valores Republicanos. Pero, eso no importa. Se ha logrado un gran avance y experiencia preparatoria para lo que vendrá. Se habrá entendido (por las autoridades institucionales) que el mensaje profundo no siempre es recogido adecuadamente en los titulares de los medios de comunicación y lo que importa es la claridad del mensaje entregado. En el caso en comento ha quedado resonando como eco el llamado del Gran Maestro en torno a la necesaria Fraternidad y los valores republicanos entre los chilenos; el énfasis de la Gran Maestra de la Masonería Femenina, pidiendo por la justicia y los valores en el hacer; y, el Presidente Piñera, llamando a reorientar los valores patrióticos.

Debemos hacernos cargo de un Chile en que, el todo es la relación de cada una de las partes. La influencia de la Masonería depende de la unidad, del compromiso de acción de cada miembro, de la proyección hacia la sociedad en su quehacer elevado, en alta consciencia vibratoria, en el quehacer cotidiano en cada rincón de nuestra amada tierra, construyendo justicia y progreso espiritual. La masonería está asumiendo su liderazgo local, nacional y global. La cadena es lo que son cada uno de sus eslabones: Todos somos uno y uno somos todos. Principio unitario, de unidad y unicidad.

LENIDAD, CONNIVENCIA Y TOLERANCIA.

LUNES, 30 DE SEPTIEMBRE DE 2019

Lo humano emerge en el lenguaje, en conceptos bien definidos, que dan sentido a la comunicación entre individuos, en un tiempo-espacio específico. Lo conceptual constituye una cuestión fundamental en la conversación o relación que permite construir realidades.

De hecho, considero que somos seres de programación semántica. Si no existe el concepto preciso, es difícil entender una realidad y más aún comunicarla. Somos lo que son nuestras relaciones y comunicaciones, desde donde surge la coordinación de coordinaciones, las peticiones, los compromisos, las promesas, la apertura de posibilidades, los potenciales futuros relacionales de cada presente.

La crisis de nuestra sociedad se evidencia cuando en el proceso de cambios no existe una adecuada articulación causal y secuencial, un equilibrio entre el conservar y el cambiar lo que debilita la vigencia de los principios, introduce opacidad al sistema valórico, flexibiliza los límites hasta el punto que las palabras pierden su sentido para las personas y las instituciones dejan de cumplir su rol".

La sociedad actual está marcada por la crisis, elementos dinámicos y auto constitutivos, sincrónicos, es decir, que se producen al mismo tiempo que otro fenómeno o circunstancia, en perfecta correspondencia temporal. Y, fenómenos diacrónicos, cuando su evolución se estudia a lo largo del tiempo, en la relación evolutiva, histórica o consecuencial. Esta distinción en los fenómenos es relevante para filósofos como Ferdinand de Saussure, Jacques Lacan; Jean Paul Sartre, que enfatizaron esta complementariedad, que ahora resultará esencial para entender el proceso que vive nuestra sociedad.

La referencia al lenguaje como constructor de la realidad y la importancia de la conceptualización en la comunicación para caracterizarla, tiene importancia cuando queremos comprender la crisis, en sus dos dimensiones: lo estructural y la contingencias, en el proceso de cambios vertiginosos, que generan la inestabilidad de los límites, hasta el punto de normalizar lo que es completamente anormal o ilícito, en el proceso de viralización de conceptos debilitados por un materialismo exacerbado (neoliberalismo extremo).

En la sociedad emergente hay una pérdida de sentido conceptual y valórico acelerado, los conceptos son relativizados, su significación, vigencia y valor son debilitados, cuestionados por el nihilismo (o ausencia de valores) que caracteriza la Sociedad del Desdén. Se van olvidando -o poniendo en desuso- conceptos, generando procesos sincrónicos (causales) y diacrónicos (consecuenciales) que impactan en la sociedad.

Este proceso -desde una perspectiva socio-cultural- es lo que ocurre con el concepto "lenidad", cuya significación, uso y vigencia esta debilitado, lo que impacta en la sociedad y sus realidades. Es decir, en el proceso se difunde, viraliza o contagia una falta de rigor para exigir el cumplimiento de los deberes y el castigo de las faltas.

La laxitud en la vigencia del concepto genera opacidad para establecer límites, una actitud social de indulgencia, permisividad con las ofensas, benevolencia en las sanciones, juzgando sin severidad los errores u omisiones. Lo mismo se observa con conceptos como "connivencia", que refiere a complicidad entre dos o más personas; disculpar errores, abusos, fallas o culpas. Desde una perspectiva religiosa una excesiva misericordia o absolución de los pecados, en especial el perdón, que caracterizan lo religioso en nuestro caso las iglesias. Otro concepto afectado en sentido inverso es cohonestar, es decir, dar apariencia de honesto, justo o razonable a lo que no lo es, constituyendo una acción facciosa o de bandos, una complicidad por complacencia.

En el lenguaje de la Masonería este proceso se observa en torno a la precisión y vigencia del concepto tolerancia. Se observa una causal diacrónica, consecuencial en la relación con los otros, el límite de la libertad propia en la relación con los otros. Una excesiva permisividad borra los límites de lo prudente ante las faltas u omisiones. ¿Dónde está el límite del respeto hacia los otros? ¿Dónde el reclamo de justicia se transforma en injusticia? ¿Cuál es el límite para que la libertad no se transforme en libertinaje?

El proceso que describo está completamente normalizado en la televisión y explica el acelerado deterioro socio-valórico que nos ha llevado a la degradación que se evidencia con asuntos tan graves como: la corrupción; los fraudes; asociaciones ilícitas; la violencia; el daño al medio ambiente; la narco-delincuencia; incluso, el nobel sicariado -o asesinato por encargo- que debuta y se institucionaliza. Todo este proceso ocurre con la lenidad y la connivencia de los medios y las autoridades, es muy evidente la mutua orquestación en la cultura de farándula que adormece las consciencias.

En este punto surge la convicción de la importancia de establecer y respetar los límites, el resguardo de la vigencia de los valores, el respeto por las tradiciones, los usos y costumbres, que se arrastran desde el fondo del tiempo (Old Land Mark; Albert Mackey, 1856) que actúan como hitos, referencias, mojones demarcatorios, asociados a las antiguas y universales costumbres, reglas de acción que constituyen normas. Son grandes principios fundamentales tradicionales, usanzas, prácticas y peculiaridades, que se observan meticulosamente, sin esfuerzo o acción consciente, de la misma manera que respiramos.

La crisis de nuestra sociedad se evidencia cuando en el proceso de cambios no existe una adecuada articulación causal y secuencial, un equilibrio entre el conservar y el cambiar lo que debilita la vigencia de los principios, introduce opacidad al sistema valórico, flexibiliza los límites hasta el punto que las palabras pierden su sentido para las personas y las instituciones dejan de cumplir su rol. ¡De tal forma que el lenguaje construye, en ocasiones destruye la realidad, cuando no la modifica!

¿Será razonable que la sociedad, sus instituciones y liderazgos sigan impávidas, perplejas ante el proceso de descomposición? ¿Es aceptable que esta generación y sus instituciones éticas, filosóficas y espirituales se declaren ineptas, acicateadas por niños y niñas al estilo de Greta Thumberg? ¿Será para tanto el grado de descomposición, complicidad, lenidad, connivencia y tolerancia de miembros de nuestra generación?.

CONCIENCIA Y CONSCIENCIA.

LUNES, 7 DE OCTUBRE DE 2019

Uno de los elementos más trascendentes en la caracterización de las personas es lo referido a su estado o nivel de conciencia. Refiere a la capacidad para percibir el universo y todo lo que nos rodea, distinguiendo entre lo interior y lo exterior. Desde el fondo del tiempo las personas han elevado su conciencia buscado respuestas a las grandes preguntas: ¿Qué somos?, ¿De dónde venimos? y ¿Hacia dónde vamos?.

En consecuencia, teniendo presente estas definiciones, se puede señalar que la conciencia es una aptitud o facultad para discernir, la que se manifiesta en estado consciente, con significado ético o moral. Por ejemplo, la distinción entre el bien y el mal, la comprensión de la virtud, el entendimiento".

Vinculado a estas interrogantes al antiguo aforismo griego "Conócete a ti mismo", que estaba escrito delante del templo de Apolo (Delfos), deidad del panteón griego vinculado con la verdad y la luz (conocimiento). Sócrates en su filosofía es el máximo referente en el uso de este aforismo, enseñando a sus discípulos la necesidad de gobernarse a si mismo; la importancia del pensamiento como base de la vida; la permanente búsqueda de la sabiduría, más allá del conocimiento.

Es necesario distinguir entre conciencia y consciencia, ya que en su utilización cotidiana se observa confusión. Ambos conceptos son esenciales para entender la vida y a que se refiere el trascendente llamado a expandir, ampliar o elevar la conciencia.

En términos generales, la conciencia, es la capacidad para reconocer las distinciones entre el bien y el mal, la coherencia moral y la consecuencia ética. En cambio, la consciencia, es un concepto más amplio, que refiere a la capacidad para reconocer y percibir el entorno, es el acto síquico por el cual el individuo reconoce y toma conciencia de una situación.

En el diccionario de la Real Academia de la Lengua Española (RAE), encontramos luces para comprender ambos conceptos, sus distinciones y semejanzas:

Conciencia, de raíz latina "conscientia", que significa "conocimiento compartido", y "cum scientĭa", "con conocimiento". El concepto tiene diversas acepciones: Conocimiento del bien y del mal que permite a la persona enjuiciar moralmente la realidad y los actos, especialmente los propios; Sentido moral o ético propio de una persona; Conocimiento espontáneo, más o menos vago de una realidad; conocimiento claro y reflexivo de la realidad. Se define también como "subjetividad", es el estado de conocimiento de objetos externos o de algo interno a uno mismo; inclusive la experimentación bruta de cualquier sensación, aún en ausencia de significado o conceptualización sobre la relación entre el sujeto y esas cosas.

Consciencia, tiene la misma raíz latina "conscientia" refiere a "ser conscientes de ello", es un estado fisiológico de vigilia que implica la capacidad de reconocerse o de constatarse ante el ethos o entorno, lo que permite el conocimiento inmediato o espontáneo que el sujeto tiene de si mismo, de sus actos, reflexiones y su realidad. También refiere a la capacidad de los seres humanos de juzgar sobre esa visión y reconocimiento.

En consecuencia, teniendo presente estas definiciones, se puede señalar que la conciencia es una aptitud o facultad para discernir, la que se manifiesta en estado consciente, con significado ético o moral. Por ejemplo, la distinción entre el bien y el mal, la comprensión de la virtud, el entendimiento, etc. Wikipedia nos entrega la regla mnemotécnica para resolver las dudas al respecto: "Todos los seres humanos han de estar conscientes para manifestarse en conciencia". Sin consciencia no se puede tener cargo de conciencia. Espero que mantengamos en alerta y vigilia ambas facultades.

A RECUPERAR LA ÉTICA Y EL HUMANISMO.

MIÉRCOLES, 30 DE OCTUBRE DE 2019

Por: Carlos Cantero O. Ex Senador y Luis A. Riveros C, Ex Gran Maestro de la Gran Logia de Chile

El abordaje de la crisis que vive Chile la hacemos desde el humanismo laico, en el intento de cautelar la vigencia de sus principios y valores, en momentos en que los límites éticos de la sociedad han sido reemplazados por la primacía materialista. Los valores del humanismo y el laicismo han sido desplazados sin resistencia ni fricciones, sin que las instituciones éticas y filosóficas hayan podido contener esos embates. La República ha ido acumulando una severa crisis producto de esas tendencias, y eso ha explotado como un verdadero huracán en los últimos días.

Debemos comprometernos en recomponer la vigencia de los principios y valores del humanismo laico, reconstruir un tejido social en la confianza y la colaboración, devolver a Chile el valor del mérito, la probidad y la transparencia, para volcarnos a un consensuar un modelo de Desarrollo Humano, inspirados en nuestros tradicionales principios de Libertad, Igualdad y Fraternidad".

La explosión social del "Fin de Semana Negro" en Chile, representa el colapso de un modelo de desarrollo que genera inequidad y segregación, frente a lo cual las políticas públicas han sido débiles o han estado ausentes. Ha sido una protesta en repudio a la primacía materialista y su visión minimalista de la dignidad del ser humano que se ha impuesto en nuestra sociedad. Ha sido contra la ilimitada impunidad y el abuso que se ha normalizado en el ámbito público y privado, y que ha envuelto a toda la clase política como un conjunto. Es el colapso sistémico de la institucionalidad y la democracia chilena, a pesar de los esfuerzos por consolidarla en el período pos 1990.

Es la ciudadanía, en particular la juventud movilizada, la que ha logrado contagiar y convocar voluntades en las calles, las que con el sonido de cacerolas ha verbalizado su repudio a los principios que inspiran este modelo y el desprecio por la política y los políticos de todos los sectores y colores. Aunque aprovechada por violentistas ominosos, ello no ha afectado al fondo de la protesta social, que enarbola banderas justas que alientan una profunda revisión del modelo como se ha venido practicando, para revertir sus nefastos resultados en materia de equidad, de igualdad ante la ley y de perspectivas reales de un desarrollo humano y sostenible.

La sociedad reclama cambios, lo que demanda señalar los principios y valores que queremos conservar y en dentro de que límites: libertad, democracia, solidaridad, probidad, transparencia, respeto, etc. Este es un llamado para que abramos la reflexión y activemos vocerías en este sentido, en todos los sectores de la sociedad. Es un llamado para activar liderazgos que entreguen sus luces a la sociedad y encaminen nuestro desarrollo en el marco del humanismo y del respeto por la persona.

Toda esta crisis está cruzada por un tema que está en su esencia: la distinción entre los bienes públicos y privados; la línea divisoria entre lo individual y lo colectivo; los espacios entre el egoísmo y el altruismo.

Llamamos a tomar consciencia del fracaso de este modelo en la forma actual y construir un nuevo pacto social, haciéndonos cargo de la fractura social y generacional que se ha generado junto a nuevas formas de participación y civismo. Es un llamado a superar el nepotismo y la endogamia que inducen mediocridad y segregación, lo cual también está en la base gatillante de esta explosión social. Por eso hay que escuchar a la ciudadanía: la demanda es más que unos pocos subsidios o bonos para inducir la conformidad. Así se actuó en el pasado, pero nada fundamental se cambió en términos del modelo y sus negativos resultados.

Llamamos a ejercer los liderazgos, cada cual en su propio entorno, para detener la violencia y la irracionalidad, los delitos y saqueos, para llevar paz y orden, respeto y solidaridad, para reconstruir el sentido de comunidad, reinstalar el espíritu de unidad y consciencia sobre el destino común de nuestro país.

Debemos comprometernos en recomponer la vigencia de los principios y valores del humanismo laico, reconstruir un tejido social en la confianza y la colaboración, devolver a Chile el valor del mérito, la probidad y la transparencia, para volcarnos a un consensuar un modelo de Desarrollo Humano, inspirados en nuestros tradicionales principios de Libertad, Igualdad y Fraternidad.

Para eso, es vital escuchar la voz de la ciudadanía, y ser capaces de atraer la voluntad generosa de la juventud chilena, que piensa en el futuro y que necesita ser atendida en sus reclamos y propuestas. Eso es, hoy en día, el verdadero sentido del concepto de República.

HALLAZGO DEL TESORO ANDINO.

LUNES, 20 DE JULIO DE 2020

Deslumbra un fabuloso tesoro cultural, poderosas latencias y sincronías para enfrentar la crisis que vive la humanidad, frente a un mundo colapsado por la inflamación antropocéntrica de un ser humano depredador, exterminador y contaminador implacable; las compulsiones egóticas que conllevan un desbordado individualismo egoísta; el virus del desdén ecológico y el calentamiento global; la fiebre del materialismo acumulador; la inmuno-depresión de la casa común.

Emerge la filosofía, la cosmovisión, la ética y metafísica del mundo andino. Una herencia resguardada por penitentes Mallcus, los poderosos espíritus tutelares que habitan las altas cumbres andinas, que fieles al mandato de las tradiciones milenarias, atesoran una filosofía y cosmovisión de las más ecológicas, cósmicas y vastas que conozco en los distintos pueblos del mundo.

Sus mensajes han estado a la vista de todos, en un lenguaje arquetípico universal, volcado en sus tejidos, cesterías y alfarerías; en su lengua, música y cromatia; en geoglifos, petroglifos y pinturas rupestres; en la mente intuitiva que es razón y emoción; en la comunicación concreta, que recoge la cíclica circularidad de la espiral témporo-espacial. Un conocimiento vernáculo, heredado de milenios de aprendizajes, que han guardado hasta el presente los amautas (sabios) de los pueblos originarios.

Los pueblos ancestrales, articulados por la dorsal de cordilleras que cruzan -a lo largo- las américas, tienen una impronta cultural, simbólica, vernácula, que arranca desde el fondo del tiempo. Se trata de una filosofía monumental, de una cosmovisión riquísima, una sabiduría de profundo sentido ético y ecológico, místico y simbólico.

Un sistema de vida de íntima relación cósmica cotidiana, de profundo respeto al cielo y sus mensajes, a la naturaleza y sus frutos, a los ancestros y su sabiduría, conocimientos, sentimientos y tradiciones que están en esencial comunión espiritual, con principios vernáculos verificados por milenios: de Totalidad; Complementariedad; Reciprocidad; Integralidad; Polaridad; Causalidad; Sincronía; que rigen la naturaleza y la vida, que alcanzan lo visible y lo invisible, la materia y la energía, lo físico y lo espiritual, el hacer y el sentir, el ser y estar en el mundo. Cumbres continentales que sostienen la identidad y el patrimonio de estos pueblos, continuidad atesorada para referencia de la humanidad, con puentes de unión en el norte continental, que forman arcos de unidad biológica, genética, cultural y de simbolismo primigenio.

Sorprende la resiliencia de 5 siglos al apremio simbólico-espiritual, intenciones transmutadoras de sincretismo forzado. La cosmovisión está latente en los valles y montañas, pampas y salares, en cada cornisa donde late el pulso de la vida y la cultura ancestral, en sus figuras: cuadrados, círculos, triángulos y espirales, todas sumidas en la tutelar imagen de la Cruz Cuadrada (Chacana) que orienta tiempo-espacio y la Cruz del Sur, que cada noche ilumina el camino de la vida (Vía Láctea) como faro tutelar, que cautela la vigencia y sobrevivencia de una cultura empapada de divinidad.

Identidad cultural de pueblos de espiritualidad común -en los valles y montañas, en el mar y la cordillera, de norte a sur, en las selvas y los desiertos- atesorando principios y valores que dan forma a su alma colectiva: gente de elevada consciencia, inmersos en relacionalidad con sentido de comunidad viva. Guardan la sabiduría de sus amautas, la luz de esos mundos, que se re-encuentran recursivamente en la celebración de los ciclos anuales de la naturaleza y de la bóveda celeste.

Guardan -para las nuevas generaciones- principios atávicos, de antepasados remotos, un saber tan antiguo (o más) que aquella cultura del triángulo: Nilo, Tigris y Éufrates, que originó el mundo occidental, protagonista del colapso ambiental mundial. La cosmovisión andina tiene un sentido ético más concreto, sólido y respetuoso de las leyes universales y naturales del mundo, en la que el individuo hace parte del ethos natural, en comunión con sus principios y valores, con sus símbolos y deidades. La gente originaria atesora su sentido de comunidad.

La sabiduría andina compite con las más elevadas culturas del mundo: una matemática precisa y compleja, con cero incluido, la geometría, la astronomía, la medicina; una concepción circular del tiempo-espacio en espiral, que regula los ciclos de la naturaleza; una tecnología que permitió su amplia capacidad adaptativa: urbanismo, agricultura, ganadería, hidráulica, alimentos, etc.

Un mundo de integralidad y relacionalidad total, recogida en la íntima armonía natural y espiritual, con sus plantas y animales; con su territorio y sus minerales; las aguas de sus ríos, lagos y mares; montañas tutelares investidas de divinidad; la pacha mama (madre tierra) fuerza relacional desde donde surge toda forma de vida; sus ayllus y sus lazos de hermandad y comunidad; el ayni que es el espíritu de generosa reciprocidad y complementariedad de y con todos los seres del mundo.

Cosmovisión y simbolismo expresado en: el número 1 como Unidad del mundo en la Unicidad, donde uno es todo, y todo es uno; lo binario (2) en la complementariedad del día y la noche, lo femenino y masculino, el calor y el frío, arriba y abajo; lo terciario (3) en los espacios o dimensiones de la existencia el mundo: superior alax pacha (deidades), el mundo donde vivimos aka pacha, y el mundo inferior o de lo invisible kawki pacha; y, el cuaternario o número 4, que se da en las dimensiones del cosmos que se representa en la cruz cuadrada o chacana, que cobra vida y presencia en su cotidianeidad doméstica, en sus ciclos agrícolas, las estaciones del año y los puntos cardinales. Siempre orientados de oriente a poniente, casas y puertas dirigidas a la salida del sol, que en su curso define, además, el fluir de las aguas. Un simbólico nacer y morir cada día, para volver a nacer al siguiente. Desde el oriente llega la luz, el sol, la vida, encarnada en sus tradiciones y sabiduría, que les han permitido pervivir.

Cuando tomo -en consciencia- la última recta de mi vida, de mis estudios, conversaciones y encuentros con seres notables, en diversos lugares del mundo, declaro mi convicción sobre el hallazgo del tesoro, el anhelado Dorado Andino, que siempre estuvo frente a nosotros: La filosofía y ética andina, de énfasis ecológico, es superior en potencia a aquellas volcadas al mundo lo interior; o las que ancladas en un radical antropocentrismo desprecian el medio ambiente y los seres vivos; las que están ancladas en el materialismo; o que promueven el egoísmo egocéntrico.

Emerge desde la milenaria sabiduría andina, el enfoque ECO-ÉTICO-SISTÉMICO-RELACIONAL. Allí radica la inmunología para superar la pandem-ética, la vertiginosa y global pandemia de degradación ética en toda su complejidad. Que intelectuales, amautas y mis queridos Hermanos, sean luz en el mundo, proclamando e irradiando el valor de esta sabiduría. ¡¡Que despierte la primavera andina, que las apachetas marquen el camino y abran portales mostrando a los cuatro vientos el orgullo de la herencia ancestral!!

LA PANDEM-ÉTICA.

VIERNES, 7 DE AGOSTO DE 2020

Refundemos la Ética en la Sociedad

En diversos países de América han surgido, de forma espontánea, manifestaciones ciudadanas multitudinarias, que a pesar de las limitaciones impuestas por la pandemia global mantienen su vigencia y vigor, tomando formas distintas de protestas generalizadas y sistémicas, desde movilizaciones hasta cacerolazos, repudiando el modelo de desarrollo, la disfuncionalidad de una democracia fallida, el rol de los políticos transversalmente, la visión minimalista de la persona humana, es despliegue de un Materialismo desbordado. Movilizaciones de protestas abiertas, no excluyentes, libres y demostrando una sociedad civil con gran capacidad de coordinación y movilización.

Vivimos una profunda crisis ética. Las instituciones éticas y filosóficas contemporáneas tienen el desafío y la responsabilidad de brindar sus luces para orientar en la oscuridad que se mueve la sociedad. Los límites éticos están desbordados, desdibujados, plenos de tinieblas y opacidad. Se requiere iluminar esas áreas tan fundamentales para la vida social y sus interacciones en todos los ámbitos del ser y estar en el mundo".

La sociedad reclama un nuevo estilo de liderazgo, que supere lo egocéntrico para mutar hacia lo ecocéntrico, que vaya más allá de la competencia estimulando la colaboración, que integre el Estado con el mercado, en este sentido los jóvenes han asumido el protagonismo en el rechazo activo a un sistema individualista. Las movilizaciones ciudadanas en los diversos países se contagian transversalmente en la sociedad, mostrando su vitalidad, su insatisfacción y sus deseos de ser escuchados. Movilizaciones que muestran una rica diversidad: indígenas, trabajadores, profesionales, amas de casa, desempleados, artistas, sindicalistas, científicos, intelectuales, estudiantes de todos los niveles, niños, adultos, adultos mayores, líderes y gente del común, sin distinción de religión, sexo o clase social.

La riqueza de sus formas de expresión también ha sido notoria: carteles y pancartas en las que se expresan todas las preocupaciones y malestares, con exigencias y demandas en todos los tonos, desde los serios y profundos hasta los irónicos y sarcásticos, danzantes y músicos llenan de color, alegría y vitalidad los espacios en que los manifestantes se expresan. Fueron miles, en algunos casos millones, las personas que vibraban con estas reivindicaciones, de repudio a las groseras desigualdades. Son nuevas formas de expresión de una democracia directa y participativa, donde paradojalmente los ciudadanos repudian la política y especialmente a los políticos de todas las tendencias: izquierda, centro y derecha.

Estas movilizaciones adquieren vigencia global y reflejan la violencia que se observa en las diversas sociedades, cuando la autoridad muestra ineptitud o reacciona con violencia, la respuesta de los movilizados a tomado formas reflejas de esa violencia, en algunos casos con daños cuantiosos a los bienes públicos y privados, como lo observamos en países como Francia, Chile, Estados Unidos, entre muchos otros. Estos hechos tienen un valor y significación simbólica, que toca las bases de la Institucionalidad, la comunidad y la familia.

Se repudia la vigencia de un modelo que refleja un materialismo desbordado, anclado en el consumismo, en las profundas desigualdades, el debilitamiento de los bienes comunes y la trasmutación de los bienes públicos en bienes privados, una marcada tendencia al minimalismo del sentido de comunidad y de la dignidad de la persona humana. Es el repudio a una sociedad de precariedad, de sobrevivencia y endeudamiento. La acción de golpear públicamente las cacerolas y otros objetos de la cocina mandan un mensaje y son una advertencia a los gobernantes que no están haciendo bien su trabajo, que la población está sufriendo privaciones. Es un mensaje fuerte y contundente.

Estas movilizaciones y los movimientos ciudadanos tienen el mérito de mantener su vigencia y fuerza. No podemos desconocer la presencia de sectores marginales, violentistas, anarcos, lumpen, soldados del narcotráfico, que señalan su voluntad de destruir las instituciones y su institucionalidad, repudiando los símbolos históricos y culturales. Expresándose -muchas veces- con actos de saqueos, violencia y destrucción de bienes. Pero, ello no debilita ni quita mérito a las multitudinarias marchas y las demandas ciudadanas por una sociedad más solidaria, justa, libertaria y fraternal. Sectores de la élite económica intentan deslegitimar y banalizar las manifestaciones y otros sectores denuncian los excesos por uso de fuerza pública desproporcionada. Con todo, la autoridad política ha mostrado ineptitud e incompetencia al momento de enfrentar esta conflictividad creciente.

Estas manifestaciones expresan un profundo malestar de la sociedad que se ha ido acumulando a lo largo de los años. Es la expresión del rechazo a los resultados económicos, sociales y políticos responsabilizando a la élite política y económica que muestran desdén, complicidad e impunidad. Esta se ha manifestado en una desesperanza y una visión pesimista del futuro de las familias y de la sociedad en general, en donde la desigualdad, la corrupción y la indiferencia de la clase gobernante es rampante y sin vergüenza. La insatisfacción acumulada por la sociedad demanda una inmediata respuesta.

Llamado Final

Para que el remedio surta el efecto adecuado se requiere un diagnóstico preciso. Algunos señalan los males basales en la política, en lo social, en lo económico. Pero, estas son las manifestaciones de males derivados otra causa basal. **Vivimos una profunda crisis ética.**

Las instituciones éticas y filosóficas de la sociedad contemporánea tienen el desafío y la responsabilidad de brindar sus luces para orientar las tinieblas en que se mueve la sociedad. Los límites éticos están desbordados, desdibujados, plenos de opacidad. Se requiere iluminar esas áreas tan fundamentales para las vida social y sus interacciones en todos los ámbitos del ser y estar en el mundo.

Es urgente el compromiso de todos para hacer las modificaciones necesarias involucrando a todos interesados, promoviendo el Desarrollo Humano, cautelando el mejor reparto de los recursos para obtener mayores beneficios y posibilidades de una vida digna. De esta forma se fortalecerá la democracia fundada en la libertad, la igualdad y la fraternidad.

Estos principios desafían la consciencia de quienes se sienten identificados y llamados para cautelar la vigencia y proyección de estos valores éticos y filosóficos. Los Humanistas tenemos una cita con la historia, lo que nos obliga a ser garantes de los principios universales. Estamos obligados a la fidelidad con una herencia legada desde la historia fundacional, es nuestra responsabilidad y misión fortalecer esos valores.

Se trata de refundar la convivencia social, política y cultural, en la vigencia de los valores tradicionales. Nuestro llamado es para promover **un nuevo pacto social, acorde al Desarrollo Humano, con ética democrática y la justicia social que queremos para el siglo XXI. ¡Qué así sea!**

HUB Fraternitas Americana

- Fernando Iragorri Muñoz. Economista – Colombia
- Carlos Cantero Ojeda. Geógrafo, Doctor en Sociología – Chile
- Alex Cruz. Ingeniero de Sistemas – Honduras
- Rogelio Reyes. Ingeniero Informático – México
- José Luis Echevarría Fano. Abogado – Perú
- Jimmy Aramayo Crespo. Empresario – Bolivia
- Julio Aldana León. Humanista y Comunicador – Guatemala
- Álvaro Mayoral Miranda. Académico – México
- Eric Sotomayor Y. Administrador de Empresas – Bolivia
- Daniel Vega García. Contador Público – México
- Rogelio Reyes II. Licenciado en Informática – México
- Francisco Cordon Grimsditch. Comerciante – Argentina
- Miguel Lemos Ridrigues. Economista – Portugal
- Amado Ovidio Gil. Licenciado en Diseño – México
- Johnny Vargas Vargas. Abogado – Bolivia
- Randy Valverde V. Auditor de Tecnologías – Costa Rica
- Álvaro Yepes Martínez. Doctor Medicina – Colombia
- Alejandro Américo Martucci. Licenciado en RR.PP. II – Argentina
- Antonio Anatayel Montejano Arauz. Master en Derecho – México
- Hernán Cárdenas. Contador Público – Chile
- Alex Peréz de Tudela. Abogado – Chile
- Dra Marta Ferrari. Médica – Uruguay

- Jorge Fernández Barba. Doctor Veterinaria – Uruguay
- Igal Vega Garcia. Artista – Israel
- Fedora Vega Garcia. Enfermera – España
- Sergio Pereira Behm. Comercio – España
- Wilmer Monterrey López. Diseñador Publicitario – Venezuela
- Samuel Jiménez. Comunicador – Chile

PANDEMÉTICA: Palabra compuesta de pandemia y ética, para señalar que enfrentamos un proceso de degradación ética, que se viraliza con una alta tasa de contagio, a gran velocidad, destruyendo el tejido social en el espacio-tiempo global. Proceso de mutación valórica que se propaga encontrando a la mayoría de las personas sin inmunidad, induciendo Inflamación y fiebre socio-cultural, con impactos diferenciados según los distintos ethos, que pueden ser favorables o no a su desarrollo, según la inmunología (cultural y valórica) de cada población. No se trata de un asunto local, ni siquiera continental, se trata de un fenómeno global, que alcanza a países ricos y pobres, de izquierda y derecha, de diversas religiones. Es la tensión entre lo material y lo espiritual, la visión minimalista de la dignidad de las personas y del sentido de comunidad. Doctor Carlos Cantero (2020).

EQUINOCCIO: ¡QUE LA PRIMAVERA TRAIGA NUEVA VIDA Y SABIDURÍA!

MARTES, 22 DE SEPTIEMBRE DE 2020

En la naturaleza todo es cíclico, espirales de replicación témporo-espaciales que determinan el ser y estar en el mundo. El equinoccio es un fenómeno astronómico que ocurre dos veces cada año en el planeta, es el instante en que el sol se posiciona en el cenit, los rayos solares caen directamente sobre la línea (imaginaria) ecuatorial, en la práctica esa noche y el día tienen la misma duración, este año el equinoccio de invierno en nuestro hemisferio sur, fue el 01 de Junio, ocurrirá este 22 de septiembre (2020), a las 10.30 hrs. será justo el momento en que el invierno abre paso a la primavera.

Simbólicamente los pueblos desde la antigüedad lo reconocen y celebran como el momento en que se deja atrás la oscuridad y las tinieblas, paulatinamente se restaura el ciclo en que florece la vida, vuelve la luz y el calor. Quiero usar estos conceptos del simbolismo para una reflexión -que considero oportuna como llamamiento- en momentos en que Chile muestra un proceso de polarización, especialmente de sus extremos políticos, en la artificiosa y poco representativa alineación de izquierda y derecha, que aunque extemporánea aún está muy arraigada en las personas y la comunidad.

Al igual como ocurre con el sol en su relación con la tierra durante los equinoccios, la sociedad muestra sutiles movimientos pendulares, la gran masa del centro social tiene consciencia de los cambios, pero, no sufre cambios radicales. Este efecto se ve amplificado hacia los extremos, en la medida que nos acercamos a los polos. Allí se ven grandes diferencias, en la luz, en la duración del día y la noche, hasta el punto que hay una aparente permanencia del día (la luz, la vida) y noche (las tinieblas, el caos) según el polo en que cada cual se posicione.

Esto también parece ocurrir en las relaciones políticas. En el centro las grandes masas mantienen el equilibrio y estabilidad, un fluir sin grandes altibajos. Pero, los extremos políticos se ven impactados con grandes oscilaciones, pronunciadas e intensas, como si se anclaran a esa condición.

Desde la perspectiva de la luz y las tinieblas, simbolismos que representan la sabiduría y la ignorancia, respectivamente, hay una reflexión que aportar. Podemos correlacionar este proceso pendular cíclico, de tiempos más luminosos y plenos de sabiduría y otros más oscuros y plenos de opacidad e ignorancia, con lo que ocurre en nuestra convivencia política.

Que la llegada de la primavera abra espacios de luz en todos, despertando -como en la naturaleza- las consciencias más elevadas. Más luz implica más sabiduría, plenitud y amor. Esperemos que estos ciclos naturales también surtan sus efectos en el alma de nuestra sociedad, empoderando liderazgos inspirando valores de Libertad, Igualdad y Fraternidad. Que se ilumine nuestro Chile, se disipen las tinieblas, la polarización, la violencia, la mediocridad y el abuso. Que en primavera germinen semillas de plenitud, esperanza y amor fraternal, llenando de sabiduría nuestra convivencia. ¡Que así sea!!

DIAGNÓSTICO: CRISIS ESPIRITUAL, EL REMEDIO (VACUNA) NO SERÁ BIO-MATERIAL SINO SICO-ESPIRITUAL

MARTES, 5 DE ENERO DE 2021

La humanidad vive una profunda crisis espiritual. Es la eterna tensión entre el Materialismo y la Espiritualidad. Es la ruptura basal de los límites éticos de alcance estructural, que tiene externalidades o segundas derivadas políticas, sociales, económicas, valóricas, etc. Proceso relacionado con las eternas preguntas del ser humano: ¿Qué somos? ¿De dónde venimos? ¿Hacia dónde vamos? Es decir, en sentido de la vida humana.

El remedio para la pandemia no está en la vacuna. La cura para la pandemética, la pandemia de degradación ética, no será bio-material, sino que es sico-espiritual, no tiene que ver con el cuerpo físico sino con la subjetividad que reposa en la espiritualidad de las personas. La base de la degradación no está en la carne, sino en el alma de la persona, ese es el profundo desafío de la emergencia del nuevo orden".

Los valores espirituales que sostenían la sociedad están en crisis, observamos el caos que precede a un nuevo orden. La crisis siempre da lugar a un proceso de cambio, sea por envejecimiento, decadencia, desaparición del ethos, lo que afecta su ética, estética y emocionalidad.

Es un período en que el velo materialista se rasga, hay luz entre las tinieblas, entre la ignorancia consumista se abre paso la bonhomía del ser humano, se desbordan los intereses materiales, pero emergen contenciones desde la espiritualidad. La desorientación inunda nuestras relaciones, pero otros elevan sus consciencias. Este panorama de tendencia cíclica y apocalíptica en el mundo, surge cuando se atenta contra la dignidad de la persona y la trascendencia de la vida humana.

Cuando se privilegia el viaje exterior en detrimento de viaje interior; lo material por sobre lo espiritual; lo humano por sobre la natura; lo masculino sobre lo femenino; la cultura propia en desprecio de la ajena; la competencia sobre la colaboración; los bienes privados sobre los bienes públicos, en una palabra, lo ego-céntrico en detrimento de lo eco-céntrico.

Pero, la naturaleza nos enseña que en el momento más oscuro es cuando comienza a regresar la luz; la vida nos muestra que en el momento más doloroso es cuando se da a luz la nueva vida, luego de la dureza del otoño-invierno surge la regeneración de la primavera-verano, la vida emerge desde la muerte, la crisis de la crisálida da paso a la hermosa mariposa.

La hiper-actividad reclamada no debe ser exterior, el remedio no surgirá desde la biología. El mal está dentro de nosotros, en nuestras bases culturales excesivamente materialistas, en ideologías perversas que exacerban el individualismo y la competencia, en todo aquello que atenta contra la dignidad de las personas en uno y otro extremo. El remedio está en nuestra alma, que cada cual reconoce en su viaje interior, en la reflexión o meditación profunda, en nuestra subjetividad, sentido de la vida, en nuestra espiritualidad.

Seguro surgirá la vacuna o algún tratamiento para contener el virus que afecta a la humanidad. Pero, el tema de fondo no es biológico. El contagio viral más grave es anti-valórico. Es de orden ético. Son las tinieblas de la ignorancia, la opresión de la libertad por el materialismo consumista, reduccionista de la condición humana. Las virtudes sociales, éticas y humanistas han sido degradadas, se cosifican como bienes transables múltiples dimensiones de la vida humana, de su dignidad e intimidad.

Si no eliminamos conductas y valores tóxicos, el problema del sentido de la existencia se agudizará. Debemos sacudirnos de la configuración materialista que se nos inoculó en el alma. No podemos seguir permitiendo la manipulación mediática e ideológica.

No somos exclusivamente consumidores, somos seres humanos, con dignidad, con sentido trascendente… ¡que hemos venido al mundo para ser felices! Necesitamos una economía y política del bien común, con sentido eco-circular.

CREACIONISMO Y EVOLUCIONISMO... ¿POR QUÉ NO HIBRIDISMO?

LUNES, 15 DE FEBRERO DE 2021

Desde el fondo de la historia humana rondan las preguntas: ¿De dónde venimos? (origen), ¿Qué somos? (esencia); ¿Hacia dónde Vamos? (destino). Interrogantes de profundo sentido onto-metafísico, (onto) sobre el ser en el mundo, (metafísica) del ser y estar que alcanza hasta un poco más allá de la física, lo que se relaciona con la consciencia, es decir, la percepción de la realidad de nuestra existencia en el cosmos.

Desde las primeras civilizaciones tenemos registros de las cosmovisiones, es decir, lo que el ser humano ha creído y pensado en torno al mundo, al propio ser, sobre lo vivo y lo inerte. Estas definiciones pueden englobarse en dos categorías principales:

a) El Creacionismo, doctrina filosófica de énfasis teológico que plantea que el mundo y los seres vivos han surgido de un acto creador y no de un proceso evolutivo. Estos, a su vez, pueden ser Teístas, es decir que creen en un Dios creador del mundo, que interviene y actúa gobernando el cosmos, independientemente de toda religión; y, los Deístas, que creen en un Dios creador, pero, que se abstiene de intervenir en lo que sucede en el mundo, no gobierna, se le reconoce como la primera causa del mundo, pero niega la providencia divina y la religión revelada.

Muchos relatos vernáculos, iconografías ancestrales y testimonios monumentales desde la antigüedad hasta el presente, señalan que -en la historia humana- se dieron cruces culturales, biológicos y de manipulación genética, en la búsqueda de semejanzas y la adaptabilidad de una especie más adecuada para estos ambientes terrestre, en un proceso de cambio permanente y constante. En los libros sagrados se habla de concepciones "sin pecado concebido", también de los deseos y cruzamientos sexuales híbridos, en la iconografía y semiótica de Mesopotamia, Egipto, India, China y América, con obras monumentales por doquier".

b) Por otro lado, está la otra gran línea de pensamiento del Evolucionismo, que sigue los principios darwinianos de la evolución por selección natural. Estas dos ideas han hegemonizado y monopolizado el pensamiento humano.

El pensamiento evolucionista también tiene sus raíces en la antigüedad, chinos, griegos, romanos, entre otros, planteaban que las especies tienen procesos adaptativos y van cambiando a lo largo del tiempo. Lo que choca con el creacionismo y con el esencialismo científico, que plateaba la idea que las formas de vida permanecían inmutables. Esto comienza a cambiar con el desarrollo de las ciencias en los dos últimos siglos, en particular la física, con la emergencia de un sentido tiempo-espacio distinto, por el aporte de la geología (tiempo geológico) y de la astronomía con su medición del año-luz. Paralelamente los naturalistas observaron la variabilidad de las especies dando forma a la paleontología. En el siglo XIX, Jean-Baptiste postuló la teoría de la transmutación de las especies, y en el año 1859, Charles Darwin consolida este marco teórico en "El Origen de las Especies", incorporando la idea de un árbol de la vida con ramas de precedencia en función de la selección natural.

Las personas crecen y se desarrollan con sus cosmovisiones, ideas con las que configuran sus mentes, definen su forma de habitar en el mundo, la forma como entienden la vida y el rol de cada cual. Luego en el lenguaje van construyendo la realidad en torno y con estas ideas que permiten percibir, explicar y construir la realidad. En gran medida estos elementos son fundantes, auto-constitutivos y autogenerativos, de la percepción del mundo, de la forma de entender a los entes (ontología)), ideas que permiten a las personas entender el ámbito en el que se desenvuelven, las relaciones que mantiene, una visión del ethos como elemento de configuración mental, asociado a otros elementos autopoiéticos: la ética, la estética y la emocionalidad de un ethos.

¿DE DÓNDE VENIMOS?

Este tema tiene relación con la pregunta que cuestiona y conmueve al ser humano desde el fondo de la historia, intentando responder la interrogante sobre el origen. En ese intento han surgido las dos grandes líneas de pensamiento descritas, con todas sus variantes y matices, que se tensionan y distienden, marcando y configurando el pensamiento humano por siglos, más aún por milenios. Creacionistas y Evolucionistas han luchado por viralizar e imponer sus visiones, unos con anclajes doctrinarios de orden filosófico-religioso y los segundo con énfasis racionalistas y científicos. En distintos momentos de la historia incluso con encono. Esto ha marcado una especie de barrera de nuestro pensamiento, como si estuviese vedado salirse de estos dos paradigmas.

Sin embargo, son muchas las pruebas y testimonios de documentos que se arrastran desde pueblos desde la remota antigüedad, en los que se recogen relatos en diversos textos antiguos, inclusive los sagrados, con sólidas pruebas históricas monumentales en todo el mundo. Son testimonios que dan base para asumir la presencia de una tercera opción, en coherencia con esos relatos que hablan de seres que vienen del cielo, en carros de fuego, con tecnologías y herramientas distintas y avanzadas, presuntas deidades que han buscado interactuar con los habitantes de este espacio del cosmos. Existe una castración mental que limita adentrarse en estas ideas, por el temor a la descalificación, la mofa o temor a las reacciones de quienes han mantenido un poder de sometimiento al pensamiento.

Pienso que, en este contexto, hay perfecto espacio para una tercera opción de pensamiento que llamaré Hibridismo, que no anula, confronta ni debilita en nada las dos anteriores, sino que, por el contrario, constituye un puente de unión que permite armonizar y matizar entre creacionismo y evolucionismo. En función de los relatos de los propios libros sagrados en las distintas religiones y cosmovisiones, el simbolismo de las leyendas ancestrales y el saber atávico vernáculo de transmisión oral, escrita y testimonial recogidas también en obras y símbolos monumentales que hasta el día de hoy sorprenden a la humanidad en distintos lugares y culturas de todos los tiempos. En todos ellos se hace referencia a conceptos atávicos que describen entes que vienen del cosmos: carrozas de fuego, dioses que vienen desde los cielos, personajes que flotan, que irradian luminosidades, etc.

El hibridismo que propongo como concepto asume que no somos los únicos seres vivientes e inteligentes del universo, supone la existencia probabilística de otros tipos de vida e inteligencias. Asume un concepto de inteligencia más amplia que la que usamos habitualmente, de hecho, si cambiamos el referido paradigma la observamos diversos tipos de inteligencias en nuestro propio entorno, en las capacidades (inteligencia diferente) en un vegetal o los más básicos organismos biológicos y en los animales más primigenios, en sus habilidades y competencias que les permiten sobrevivir.

Es una apertura mental, un reconocer ideas antiguas, salir de las limitadas estructuras mentales, de los artificiosos límites culturales que han limitado y sometido nuestras ideas y pensamientos. Hay muchas evidencias que permiten, al menos considerar, que somos seres relacionados con civilizaciones de nuestro entorno multiverso, entes que vienen desde el espacio, desde otras dimensiones del Cosmos, viajeros del tiempo-espacio.

Esta idea que, para sectores conservadores y apegados a dogmas, puede parecer disruptiva y disparatada, tiene fundamentos en los centros de pensamiento y tecnológicos más importantes de la humanidad, en la actualidad hay múltiples pruebas y grandiosos proyectos espaciales que tienen implícita esta idea. La mejor prueba de esto, que además es de amplio conocimiento público, está en la NASA, cuando lanza su programa espacial de los Voyager, en los que ha enviado naves al espacio profundo, con mensajes en los que contiene información del planeta tierra y su entorno, de la vida y cultura que contiene, con saludos y testimonios de nuestra presencia para seres de otros confines del cosmos. Es muy obvio y evidente el sentido de esa iniciativa.

Todo lo anterior refiere a lo que propongo como el Hibridismo, entendido como aquel proceso inter-especies, individuos que son producto del cruce de dos organismos - en biología en concepto se aplica ya sea que se trate de un organismo animal o un vegetal- progenitores de distinta especie que, sin embargo, pueden producir progenie. No será el único proceso del orden biológico, en forma paralela y auto constitutiva se dan los propios de la selección natural en las largas dimensiones témporo espaciales ya señaladas.

Muchos relatos vernáculos, iconografías ancestrales y testimonios monumentales desde la antigüedad hasta el presente, señalan que -en la historia humana- se dieron cruces culturales, biológicos y de manipulación genética, en la búsqueda de semejanzas y la adaptabilidad de una especie más adecuada para estos ambientes terrestre, en un proceso de cambio permanente y constante. En los libros sagrados se habla de concepciones "sin pecado concebido", también de los deseos y cruzamientos sexuales híbridos, en la iconografía y semiótica de Mesopotamia, Egipto, India, China y América, con obras monumentales por doquier.

MENSAJE A LOS LÍDERES: EL CAMBIO QUE NECESITAMOS.

VIERNES, 19 DE FEBRERO DE 2021

Escribo en medio de una larga crisis pandémica. Pero en la convicción que la crisis basal más compleja no es biológica. Es política, social, cultural, económica y especialmente ética. Esta crisis estructural es global, moviliza a la sociedad civil por: a) de políticas públicas que no atienden a sus urgencias, b) un sistema privado que ha relajado su ética, c) en ambas instancias se demanda redefinir los valores, d) construir un nuevo consenso social, e) nuevas bases de legitimidad y legalidad, f) nuevas confianzas y compromisos con el bien común, e) una adecuada definición y armonización entre los bienes públicos y los bienes privados.

Este es un llamado a los líderes de todos los ámbitos, para sintonizar con los nuevos tiempos, superar el negacionismo para que se escuche a la sociedad civil, su reclamo social, medioambiental, cultural y digital, para generar una sociedad de relaciones más horizontales, respetuosas, éticas, solidarias y colaborativas. Una relación que equilibre las dimensiones materiales y espirituales, racionales y emocionales, en que la dignidad de la persona esté en el centro".

He escrito y hablado sobre esto en múltiples foros, resaltando el desafío de adaptabilidad a la sociedad digital. Pero, en la élite he encontrado desinterés, desesperanza, desdén, exasperación, en quienes piensan que son temas sin importancia.

Está sumidos en un vértigo, pero, si las ideas no están claras, si no se conoce el destino al que se quiere llegar, no hay vientos favorables ni puertos que sirvan. Necesitamos convocar al reencuentro en estos temas transversales, urgentes, pertinentes. La pandemia pasará y estos elementos de división si mantendrán si no los atendemos con urgencia.

Vivimos un profundo cambio de ethos, que impacta en todas las dimensiones de la sociedad, del ser y estar de los individuos, su ética, estética y emocionalidad en la relacionalidad social. Observamos radicales transformaciones transversalmente en todos los ámbitos de la sociedad, cuyos alcances son de escala global y en todos los países, independientemente de la condición económica, social, cultura, religiosa o ideológica. Alcanza a países grandes y chicos, ricos y pobres, de una y otra cultura o religión.

Nuestras élites no comprenden el sentido de los cambios en la sociedad que emerge. Unos se quedan pegados tratando de comprender el sentido de los cambios y la crisis estructural; otros con mayor pragmatismo toman medidas que solo abordan parcialmente los problemas estructurales; otros simplemente intentan surfear la ola de cambios del proceso; otros tantos muestran negacionismo, falta de realismo, asumiendo que esta situación es transitoria, pasajera, sin hacer mucho más. Entre pasividad e inacción se generan las nuevas desigualdades sociales y económicas asociadas a la brecha digital, entre los nativos analógicos de la sociedad industrial y los nativos digitales de la sociedad de redes.

La revolución TIC y la emergencia de la sociedad digital, es un proceso de cambios que tiene dimensiones externas que impactan en las estructuras y en las relaciones sociales. Pero, el cambio más radical se produce en el vuelco hacia lo interno de las personas, hacia la subjetividad, es decir, la valoración por su fuero interno, su dignidad e intimidad, los datos personales y sociales. Pero, al mismo tiempo la "subjetividad" de las personas, se transforma en la presa más codiciada para quienes buscan someter y manipular desde el nuevo poder que surge desde la Big Data, el Blockchain, la minería de datos, desde la gestión y manipulación de las redes sociales y plataformas digitales.

Es un vuelco desde la biopolítica que nos planteó Michel Foucault, hacia la sicopolítica, que platea el filósofo coreano-alemán Byun-Chul Han, no se trata de violentar el cuerpo sino la subjetividad de las personas. La violencia no es física, sino un poder seductor, de auto-sometimiento y de hiperexposición, de las personas. Emergen sociedades depresivas, del cansancio, de auto-explotación, de autoexigencia que mantiene a los individuos en vigilia constante, colgada de la tecnología, el teléfono celular o las redes de Internet. El ámbito laboral desborda y no respeta intimidad, tiempo libre, descanso ni vacaciones. Las relaciones son interesadas y prima un capitalismo financiero.

La sico-política es una dominación en torno a las sico-neuro-ciencias, mucho más efectiva e invasiva que la denunciada por Foucault. Tanto la biopolítica como la sicopolítica están alineadas con el sicopoder y la geopolítica. También con la lógica del poder blando, que propone Joseph Nye, de la universidad de Harvard, que refiere a las relaciones en la que un actor, sea una persona o institución, por ejemplo un Estado o grupo social, incide en acciones o interés de otros actores valiéndose de medios culturales e ideológicos, usando sus redes personales o sociales y los medios de comunicación.

Este concepto surgió en contraposición con el poder duro que es el uso de la fuerza y la violencia, poner en cuestión el poder de impacto e influencia que produce el cañón de un arma, contrastado con el poder del lente de una cámara para generar imágenes o videos. También se refiere a cuestiones culturales vinculadas a gustos, deseos y emociones, como ocurre con la moda, el arte, la comida, la bebida, el cine, etc.

Este cambio de época se despliega montado sobre la revolución en las tecnologías de información y comunicación, transformando las dimensiones témporo-espaciales, alterando lo relacional: proximidad, centralidad, conectividad y accesibilidad, lo que aplica a todas las actividades del ser humano, marcando un profundo cambio cultural en la sociedad contemporánea. Cambio que se expresa en la convergencia tecnológica de plataformas y servicios hacia el Internet; un nuevo valor de la diversidad y consecuentemente del pluralismo en todas las dimensiones sociales; un profundo cambio en el paradigma comunicacional multimedialidad, multidireccionalidad, multimodalidad, multi-interactividad. También se observa un cambio de énfasis desde la racionalidad hacia la emocionalidad, lo que da centralidad a la subjetividad de las personas.

Como se ve el cambio cultural es de proporciones estructurales, impactando en todas las dimensiones de la relacionalidad social. Es un profundo cambio de Ethos que transforma la Ética, Estética y Emocionalidad que definen la relacionalidad humana, proceso de contagio muy alto y rápido, afectando todo y a todos.
Los elementos más relevantes que caracterizan este cambio, entre otros son:

- Retroceso del Humanismo: Los principios y valores que han caracterizado la sociedad están cuestionados en todas las dimensiones del quehacer social y cultural. Los medios de comunicación se transforman en poderosas herramientas de difusión y viralización cultural y valórica y las organizaciones declaradas como éticas y filosóficas han perdido su preeminencia e influencia en la cultura y la sociedad. No habrá cambios mientras no se asuma la necesidad de aprehender las nuevas tecnologías y formas de comunicación para influir en la percepción y creación de la realidad.

- Debilitamiento de la razón: En los medios de comunicación y las redes sociales todo es espectáculo, farándula para cautivar audiencias masivas. El homo sapiens se transforma en homo videns, que procesa imágenes multimediales, en las que se entrega la realidad preconfigurada o pre-digerida. Se impone el "pensamiento débil" que propone Gianni Vattimo, es un actualizar el pensamiento de Martin Haidegger, pero con las claves nihilistas (debilitamiento valórico) asociado a Nietzsche. Todo esto en el contexto de la deconstrucción general promovida en las ideas de Jacques Derrida y otros. El resultado es la opacidad de los principios y valores, el desbordamiento de los límites transformados en bordes difusos. Mientras los que promueven la vigencia de principios y valores universales, muestran permisividad o desdén. ¿Quién o quiénes definen los nuevos límites? ¿Cuáles son los principios orientadores? ¿Dónde se discuten estas grandes categorías?

- Diversidad y el pluralismo: Este proceso de cambios vertiginosos en las tecnologías de comunicación, democratiza y facilita una mayor horizontalidad comunicacional, particularmente en las redes sociales. Surgen múltiples medios o plataformas y también múltiples emisores, con una absoluta diversidad y dispersión de mensajes, caracterizados por la multimedialidad y multidireccionalidad, que generan una nueva dimensión de la diversidad, lo que a su vez da lugar a un nuevo valor del pluralismo y el acceso a una inconmensurable diversidad de información. Desde allí arranca la nueva diversidad que está dando lugar a nuevas formas de pluralismo.

- Subjetividad y Emocionalidad: La subjetividad (sujeto) y la caracterización de las personas, que constituyen las grandes audiencias, adquiere centralidad en la sociedad que emerge, junto con ser parte de los indicadores básicos de desarrollo, también, es el centro de atención de las élites que buscan hegemonizar el poder. En la sociedad que emerge la emocionalidad toma una importancia y dimensión central, en equilibrio con la racionalidad. La subjetividad de las personas toma una nueva importancia, con una centralidad en las métricas del desarrollo humano. Esta cuestión muy obvia no ha sido asumida ni considerada en economía, ni en la política, constituyendo la causa basal de la crisis que se vive en la actualidad.

- La Post Verdad: Emerge con la postmodernidad, es una forma de asumir la realidad con verdades a medias o una media mentira, también le llama "verdad emotiva", es una distorsión intencionada de los hechos objetivos, los que pasan a un segundo lugar y se sobreexplotan las emociones, manipulando las creencias de las personas, en la intención de influenciar y manipular la opinión pública y las redes sociales. Es una forma de comunicación no centrada en las ideas ni los conceptos, apela a las emociones y a la manipulación de las imágenes, con un alto sentido de farandulero. Los hechos y la verdad son elementos accesorios o secundarios. Lo importante es la apariencia de verdad no que un hecho lo sea. La post verdad tiene mucho de manipulación de la realidad y gestión de neuro-marketing al servicio de intereses particulares.

- Relativismo Ético (Nihilismo): con la revolución en las tecnologías de información y comunicación surgen múltiples emisores, mensajes y receptores, en consecuencia, surgen múltiples verdades o parcialidades de la realidad. Un contexto en el que los hechos dejan espacio a lo emocional, a la impunidad, la deshonestidad y el engaño. Este relativismo ético debilita la vigencia de los principios y valores éticos y la compulsión hacia el inmediatismo del placer sin consecuencias (Hedonismo).

- Otros elementos que caracterizan estos procesos son:

- Las redes reinventan las formas de relación social y de viralización de ideas.
- La economía (digital) promueve un nuevo ideal de vida.
- Imperio de lo ligero, lo líquido, la obsolescencia, el consumo.
- Inmediatismo, hedonismo y nihilismo
- Una banalidad ética, anclada en la sociedad del desdén.
- Lo objetivo está vinculado a la percepción, la subjetividad a la emoción.
- La gestión de (des) información y la manipulación de las emociones <u>ES PODER</u>.

Reflexionemos a la luz de estos indicadores, sobre los cambios que necesitamos para superar la crisis y generar un proceso de adaptabilidad a la sociedad digital, en el contexto de un nuevo pacto social, basado en elementos éticos y los principios del humanismo.

Este es un llamado a los líderes de todos los ámbitos, para sintonizar con los nuevos tiempos, superar el negacionismo para que se escuche a la sociedad civil, su reclamo social, medioambiental, cultural y digital, para generar una sociedad de relaciones más horizontales, respetuosas, éticas, solidarias y colaborativas. Una relación que equilibre las dimensiones materiales y espirituales, racionales y emocionales, en que la dignidad de la persona esté en el centro.

Superemos el desdén, asumamos la responsabilidad de construir juntos una sociedad y mundo mejor. Todos somos uno y uno somos todos. Nunca podremos despojarnos de esa sentencia suprema y universal.

¿QUÉ SOMOS? NUESTRA ESENCIA.

JUEVES, 4 DE MARZO DE 2021

Desde el fondo de la historia humana rondan tres preguntas fundamentales: ¿De dónde venimos? (el origen), ¿Qué somos? (la esencia); ¿Hacia dónde Vamos? (el destino). Interrogantes de profundo sentido onto-metafísico, (onto) sobre el ser en el mundo, (metafísica) del ser y estar que alcanza hasta un poco más allá de la física, lo que se relaciona con la consciencia, es decir, la percepción de la realidad de nuestra existencia en el cosmos.

En este texto reflexionaremos sobre la segunda interrogante, sobre la esencia del ser. Sin embargo, previamente es necesario aclarar que, la pregunta tiene un sentido muy distinto según si se planea con pronombre interrogativo ¿Quién Soy? O el adjetivo interrogativo ¿Qué soy? Ambas interrogantes apuntan a cuestiones muy diferentes. ¿Quién soy? Es del ámbito sicológico, de sentido identitario, que indica la característica de una persona específica y está relacionada con un yo y un ego. ¿Qué soy? En cambio, es una interrogante del ámbito filosófico, que refiere a la ontología del ser, en su esencia y en el acto de estar siendo, es decir, consulta por el tipo o la clase a que pertenece una o varias personas o cosas.

El viaje interior es fundamental para aproximarnos a ese entendimiento esencial de lo que somos, esto requiere sincronía con el ritmo de la naturaleza, armonía interior y exterior, desarrollar pensamiento crítico, lo que nos permite ser más concientes, elevando y ampliando el nivel de consciencia. Cobra sentido la pregunta ¿Qué somos? Para entender ¿Quiénes somos? Y pasar a la siguiente pregunta ¿Hacia dónde vamos?

Esta reflexión es en torno al ¿Qué soy? Tiene un sentido filosófico ontológico, refiere al ser, sus circunstancias y características, atiende a la duda espiritual y existencial, que a la postre incide también en lo identitario. Tiene relación con la auto percepción del ser, con la consciencia del ser y estar en el mundo. Surge como una primera acepción asumiendo que somos seres conscientes.

Es la unicidad del ser humano, en cuanto uno como unidad de las partes que conforman el todo. Somos autopercepción y autoconsciencia en interacción con un entorno o ethos, en la que se integra todo nuestro ser, el cerebro, corazón, cada órgano y todos los sentidos. Desde aquí surge otra acepción somos seres sintientes y pensantes, que tienen su posicionamiento en el mundo, en el que se desarrolla el ser y estar, en el acto de estar siendo, cambiando y conservando constantemente.

No somos parcialidades de uno de estos órganos y sentidos, sino que somos integralidad. Como señala con lucidez el neurofisiólogo Llinás: "el yo es un estado funcional del cerebro no es diferente del cerebro. Ni tampoco la mente". "Los pensamientos, las emociones, la conciencia de sí mismos o el «yo» son estados funcionales del cerebro". "La simultaneidad de la actividad neuronal (es decir, la sincronía entre esta danza de grupos de neuronas) es la raíz neurobiológica de la cognición, o sea, de nuestra capacidad de conocer".

En un tema que hemos tratado con anterioridad -en otro texto- volvemos a la distinción entre el "ser" y el "estar", es este caso en relación con el ser consciente y el estar consciente. Interesa precisar que el "ser" no es inmutable ni incorruptible, se es en el acto de estar, es un proceso de equilibrio dinámico, constante, en el que se expresa la eterna tensión entre cambio y conservación que caracteriza en cosmos y todo lo que es y está, como dos caras de la misma moneda. En el caso de lo humano, se "es" aquello que surge de la coherencia entre el estar o el hacer y el decir. La palabra es un poderoso elemento generativo, poiético o de creación de realidad, en la medida que se da esa coherencia referida. La semántica y la información entendidas como instancia de creación. En el acto de lengüajear el lenguaje es potencialmente generativo.

¿Qué soy? (esencia) permite entender ¿Quién soy?" (accidental). Esto define los ámbitos de deriva estructural en los que se puede mover mi existencia en el acto de estar siendo, de nuestras elecciones en el ethos que vivimos, en coherencia con su ética, estética y emocionalidad. Es la coherencia entre el ser (esencia) y estar (proceso incidental) que define lo que somos.

Habitualmente hay poco pensamiento crítico en torno a estos elementos esenciales, se tiende a manipular o adecuar la interpretación de la realidad, destacando aquello en coherencia con lo que queremos mostrar como ser, que no coincide necesariamente con lo que efectivamente somos, intentando generar un relato en coherencia con el ser asumido.

Observamos una constante configuración de la realidad, veamos algunos elementos de la historia para entender el punto. Los europeos en el siglo XX crearon obras monumentales en lo cultural, en las artes y la filosofía, se les admira mundialmente por aquello y eso define una dimensión de su ser. Pero, junto con esas monumentales obras, cometieron bárbaros genocidios en dos guerras mundiales brutales, que desangraron la humanidad, con diferencia de 20 años. La misma gente, los mismos pueblos. Por su parte, los Norteamericanos que empujaron el desarrollo científico y tecnológico, son los mismos que lanzaron dos bombas nucleares sobre pueblos civiles, en otro genocidio histórico nunca asumido en plenitud. La Unión de Repúblicas Socialista Soviética que se definía como el referente del pueblo y la democracia popular fue responsable de sangrientos genocidios sobre millones de seres humanos sin que nadie respondiera nunca por aquello. La China Comunista, aquella gran nación de la pujante economía (capitalista), ejemplo de desarrollo, frente a jóvenes que protestaban y reivindicaban en la plaza de Tiannanmen, no dudo en ejercer una brutal y mortífera reacción, en total y completa impunidad. Otro ejemplo dicotómico y paradigmático son los hechos históricos de Alemania, el país de los grandes filósofos y portentosas muestras en ciencia y tecnología, es la misma gente que cometió el aberrante genocidio sufrido por judíos y otros pueblos, a manos de los Nazis. Nos faltarían páginas para seguir refiriendo este tipo de ejemplos del ámbito internacional, nacional y local.

Somos seres relacionales, en consecuencia somos lo que son nuestras relaciones en la interacción social. La construcción de la identidad es un proceso subjetivo (depende del sujeto) que surge del proceso de interacción social con el otro, o los otros sujetos, en el que intervienen elementos de racionalidad y emocionalidad. Nos reflejamos en otros entes con los que estamos en relación, sea el mundo, el prójimo, las cosas.

La sociedad contemporánea sufre una grave crisis valórica, la opacidad ética afecta la identidad, lo que se traduce en vacuidad del ser impactando en la subjetividad. Es el extravío o pérdida de lo esencial, bajo el imperio de un desbordado materialismo, expresado en individualismo, nihilismo y hedonismo, que termina en una visión minimalista del ser humano. Un sistema pervertido en el que la persona humana es valorada por lo que tiene, no por lo que es, lo que da lugar a un proceso destructivo de la esencia de la persona en su sentido genérico.

Nuestra subjetividad surge de la capacidad de racionalizar, del sentir y el emocionarse, del asumir unos principios y valores en la convivencia, elementos que son fundamentales en el proceso relacional que define lo que somos. El viaje interior es fundamental para aproximarnos a ese entendimiento esencial de lo que somos, esto requiere sincronía con el ritmo de la naturaleza, armonía interior y exterior, desarrollar pensamiento crítico, lo que nos permite ser más consientes, elevando y ampliando el nivel de consciencia. Cobra sentido la pregunta ¿Qué somos? Para entender ¿Quiénes somos? Y pasar a la siguiente pregunta ¿Hacia dónde vamos?

Todo eso nos permitirá, re-encontrar la esencia del ser, el sentido de la vida, los sueños de nuestras vidas, el reencuentro con el alma de niño, con esa curiosidad propia, ese espíritu lúdico y de libertad sin límites. Somos y estamos en la unicidad de diversos planos paralelos de la existencia, el plano físico, cuya memoria está en el cuerpo, el plano mental de dimensiones racio-emocionales cuya memoria está en el cerebro-corazón, y el plano espiritual que define la esencia del ser humano y cuya memoria reside en el alma.

¿HACIA DÓNDE VAMOS? EL DESTINO.

SÁBADO, 13 DE MARZO DE 2021

Esta interrogante tiene sentido onto-metafísico, (onto) sobre el ser en el mundo, (metafísico) del ser y estar que alcanza hasta un poco más allá de lo físico, es decir, lo que se relaciona con la consciencia y la percepción de la realidad de nuestra existencia en el cosmos. La física cuántica nos demuestra que la consciencia no solo permite captar la realidad, sino que también la influye en el momento de hacerla emerger en la observación, siguiendo el derrotero marcado por el físico John Wheeler que desarrollo la teoría de un universo participante que integra al objeto y el sujeto.

La realidad no parece ser un reflejo objetivo de lo observado, sino que es influido por la subjetividad del observador, en el acto de medir u observar las ondas o las partículas. Científicos australianos con sus experimentos nos sugieren que la consciencia afecta la materia, el mundo que experimentamos es influido por nuestra percepción del mismo. El sujeto y su subjetividad no están separados del objeto, la mente tiene efecto sobre la materia, provocando que el electrón asuma una posición definida. La física cuántica sugiere que la consciencia es una propiedad constitutiva del universo.

"Hay una fuerza extremadamente poderosa para la que hasta ahora la ciencia no ha encontrado una explicación formal. Es una fuerza que incluye y gobierna a todas las otras, y que incluso está detrás de cualquier fenómeno que opera en el universo y aún no haya sido identificado por nosotros: Esta fuerza universal es el amor".   Carta de Albert Einstein a su hija Lieserl.

El mapa mental de las personas y la ciencia ha mostrado una compulsión por lo material (materia), por lo particular, en el sentido de su integración por partículas, por lo concreto o físico. También parece existir un límite mental y témporo-espacial en el contexto de la vida físico-biológica, que se da entre el nacer y el morir, como espacio preferente de estudio. Pero estas dimensiones tienen escalas muy diversas, si salimos de la témporo-espacialidad humana y nos enfrentamos lo infinitamente pequeño, lo molecular, lo atómico, a la inversa lo infinitamente grande si se trata del espacio sideral, del universo y sus dimensiones expansivas.

La metafísica refiere al destino del ser humano más allá de lo físico-biológico, está en íntima relación con la ontología filosófica, es decir, la esencia del ser que define su proyección cosmogónica. La sabiduría atávica ancestral repite en las culturas y religiones la doctrina vernácula que enseña la existencia de otros planos más allá de lo físico o material. Somos y estamos en la unicidad del materialismo (partículas) y lo espiritual (ondas), la materia física y el idealismo (ideas), el cuerpo y la energía espiritual. En este contexto (y sentido) cobra valor la doctrina sobre los diversos planos de la existencia, dimensiones trinitarias básicas, paralelas y auto constitutivas: el plano físico, cuya memoria está en el cuerpo; el plano mental de dimensiones racio-emocionales cuya memoria está en el cerebro-corazón en relación con el nivel y amplitud del estado de consciencia; y, el plano espiritual que define la esencia del ser humano y cuya memoria reside en el alma.

Claramente en este punto surge la complejidad, desde el sentido semántico, metafórico y filosófico de la pregunta ¿Hacia dónde vamos? ¿Cuál es nuestro destino? ¿Cómo se articula con el sentido de la vida? Y, en esa amplia diversidad de la vida ¿Qué entendemos por vida? ¿Qué es lo vivo? Asumida esta conceptualización en sus múltiples expresiones ¿Cuál es el destino de la vida humana? ¿Es tan central en el contexto multidimensional del mundo y del universo? ¿Es que acaso el Humanismo y sus valores no deben derivar hacia un enfoque con mayor sentido ecológico y de unicidad?

Los filósofos de la antigüedad, particularmente los griegos con su tríada de oro del pensamiento Aristóteles, Sócrates y Platón, desde sus primeras obras y relatos nos enseñan sobre la reencarnación, desarrollaron pensamiento y nos dejaron sus ideas sobre la transmigración de las almas. Incluso en el caso de Pitágoras, va más allá y nos dejó testimonios de su recuerdo sobre vidas pasadas.

Es preciso señalar que, en el cristianismo, la exaltación de la resurrección y el bloqueo de toda referencia a la reencarnación, ocurre tardíamente en el siglo VI, con el Emperador Justiniano, (Bizancio, Imperio de Oriente), quien prohibió toda enseñanza al respecto en la Iglesia Católica, lo que se tradujo en represión, persecución y exterminación de cualquier discrepancia doctrinaria sobre preexistencia, supervivencia de la consciencia, más allá de lo físico corporal. A pesar de esto, en Occidente los grupos Gnósticos atesoraron secretamente la doctrina de la transmigración, cuestión que en Oriente mantuvo plena y permanente vigencia en torno al concepto de la reencarnación.

Todo lo anterior está determinado por la concepción de Dios que tenga el individuo y/o su cultura, los diversos enfoques que surgen en la tensión entre teístas y deístas, es decir, en los primeros la creencia en un Dios creador del universo y que interviene en su evolución con independencia de toda religión; y, los deístas, que solo creen en un ente supremo y creador, que no gobierna ni interviene. Además están los ateos, es decir, los que niegan la existencia de Dios; y, los agnósticos, que declaran inaccesible el entendimiento humano sobre todo conocimiento de lo divino y de lo que trasciende la experiencia, por lo que no afirma la existencia o inexistencia de Dios mientras esto no sea demostrable.

Estos marcos conceptuales y doctrinarios limitan y acotan el entendimiento, por un lado sobre la comprensión del origen, es decir ¿De dónde venimos?; y la comprensión de lo ¿Qué somos?, es decir de nuestra esencia. Todos estos elementos permiten reflexionar, definir y acotar las opciones de la comprensión respecto de ¿Hacia dónde vamos? Esta interrogante tiene implícita una duda témporo-espacial, se pregunta por un nuevo entorno (dónde) en el porvenir hacia el cual "Vamos". Lo que nos introduce en las distinciones del tiempo físico terrenal para lo biológico y tiempo-espacio de la física de Newton y la cuántica a la que referimos al comienzo, que es la que alcanza a lo espiritual y mental, dimensiones preferentes de la metafísica.

La pregunta que nos convoca también encierra un cuestionamiento reflexivo sobre el concepto y sentido de la vida. En efecto, será una concepción si la aproximación es desde el plano físico-biológico y se dará solo en ese período entre el nacer y el morir biológico; otro enfoque muy distinto si la aproximación a la vida se hace desde la perspectiva de la consciencia (distinto de conciencia), que implica la capacidad del ser humano de reconocer la realidad circundante y de relacionarse con ella, así como el conocimiento inmediato o espontáneo que el sujeto tiene de sí mismo, de sus actos y reflexiones, de su lugar en el cosmos; y, será otra muy diferente si la aproximación se hace desde una perspectiva espiritual o álmica, cuya témporo-espacialidad será muy diferente. Semejante a lo que ocurre cuando hablamos de tiempo cronológico medido en minutos, horas y días; el tiempo histórico medido en décadas y siglos; el tiempo geológico medido en millones de años; y, el tiempo-espacio astronómico medido en años luz, cada referencia con escalas muy diferentes. Esta relatividad témporo-espacial pone opacidad en torno a conceptos como pasado, presente y futuro.

Otro elemento diferenciador en la aproximación a la pregunta ¿Hacia dónde vamos?, que incide en la comprensión del término de la vida, dependerá de nuestra cosmogonía, si se cree en la transmigración del espíritu o las almas, la inmortalidad de la consciencia que sobrevive a la muerte biológica, si se distingue entre reencarnación y resurrección, o si se estima que no hay ni una ni otra y que todo acaba con la muerte biológica y la creencia en estaciones intermedias como el cielo o el infierno y el juicio final en sus diversos matices comprensivos.

Cruzando todas estas concepciones con sus complejidades y matices está el concepto generativo, la tensión eterna entre el orden y el caos, entre la re-generación y la des-composición, entre la vida y la muerte, como ciclos auto constitutivos y copulativos de la naturaleza y el universo.

Las escrituras Védicas, en la India milenaria, con más de 5000 años de historia, son las más claras, antiguas y explicitas referencias sobre la reencarnación, señalando que la consciencia reside en el alma y ambas conforman el espíritu que permite a la materia inerte cobrar vida en un cuerpo esencial. Luego esta concepción se repite con matices en escrituras sagradas: Hinduísmo, Zoroastrismo, Judaismo, Zohar, Cristianismo, Islamismo, Corán, los Sufistas, Cabalistas, entre muchos otros, cuyos pensadores y escribas nos legaron ideas sobre transmigración de las almas en su camino hacia la base común, el ente superior generativo.

En este contexto está la cosmovisión de los pueblos originarios de la dorsal americana, una serie continua de cordilleras en el borde oeste, desde Alaska hasta tierra del fuego, que tienen su propia cosmovisión, con elementos comunes primigenios, que se distinguen por un desarrollado sentido eco-ético-sistémico-relacional, que también adhieren a la idea de la transmigración de las almas y la trinidad dimensional: lo de arriba o Hanan pacha, el mundo de las divinidades celestiales supraterrenales; el mundo de aquí y presente Kai Pacha, donde estamos con todas las cosas o entes; y, el mundo de abajo Uku Pacha, inframundo de los muertos, no natos y las almas.

El modelo esquemático incorporado en todas estas ideas es de un cuerpo físico que se destruye o degrada paulatinamente en su biología, dotado de un espíritu inmortal que sobrevive, sea por reencarnación o resurrección. La reencarnación es entendida como un proceso evolutivo ascensional en relación con vidas anteriores, por el mérito de sus acciones y valores, tomando un cuerpo inferior o superior, hasta aproximarse a la divinidad.

En los primeros siglos de la era cristiana, los escribas de la iglesia católica también refirieron modelos de elevación hacia la divinidad o de regresión hacia las bestias y plantas, para re-comenzar la búsqueda de crecimiento personal y espiritual, hasta completar lo necesario para alcanzar lugar a la diestra, véase San Mateo 17.9-13; San juan 11. 25-26. El Corán también tiene referencia explícita al respecto: "Y vosotros estabais muertos. Él os trajo nuevamente a la vida, Y Él os hará morir, y os traerá nuevamente a la vida y finalmente os llevará a Él mismo".

El pensamiento de occidente está marcado desde su origen por un fuerte materialismo en el ámbito científico y filosófico, aderezado con un marcado positivismo, se resume en expresiones que han trascendido siglos, como la conocida sentencia latina «cogito ergo sum», planteamiento filosófico de René Descartes, el cual se convirtió en el elemento fundamental del racionalismo occidental *"Pienso, luego existo"*, o "Pienso, por lo tanto soy".

Otra frase célebre, quizás la más famosa y recurrida en torno a la incredulidad y el sentido materialista, tiene su origen en un pasaje bíblico (que cruza nuestra cultura) del Nuevo Testamento, cuando Santo Tomás, uno de los 12 apóstoles de Cristo, supo el anuncio que Jesús volvería de entre los muertos y no lo creyó. Según el evangelio de Juan (20:24-29), Tomás dijo: "Si no viere en sus manos la señal de los clavos, y metiere mi dedo en el lugar de los clavos, y metiere mi mano en su costado, no creeré".

Como vemos esta cita bíblica está íntimamente conectada con el tema del destino del ser humano y la transmigración del espíritu o las almas, en este caso la de Jesús de Nazaret, que al resucitar, fue al encuentro de sus apóstoles y recriminó a su escéptico seguidor, porque necesitó "ver para creer". Es un punto capital las amplias repercusiones que se derivan de esta cita bíblica en múltiples sentidos, para bien y para mal: **"Porque me has visto, Tomás, creíste; bienaventurados los que no vieron, y creyeron"**.

La reflexión de cierre se ofrece -más bien- a modo de apertura de pensamientos. Nuestro futuro como cultura y sociedad depende de las respuestas a estas preguntas ¿De dónde venimos? (origen); ¿Qué somos? (esencia); ¿Hacia dónde vamos? (destino).

Para enfrentar estas interrogantes fundamentales requerimos elevar y ampliar la consciencia, superar la superficialidad, enfrentar la vacuidad en los principios y valores, atender a la esencialidad de la dignidad humana. En este sentido el eslabón más débil de nuestra sociedad y de nuestras organizaciones marcará la resistencia de toda la cadena de unión, la que se rompe por el eslabón más débil, en todos los sentidos de la expresión. La ignorancia y las tinieblas son invitación al extravío, la confusión es contagiosa, la ausencia de liderazgo genera caos, la opacidad de los principios es invitación a la superficialidad, liquidez y vacío, todos elementos altamente viralizables.

El principio generativo nos orienta hacia el profundo simbolismo de la luz, para superar las tinieblas de las bajas pasiones y elevar el cultivo de las más nobles virtudes. En vida vamos hacia la luz, la energía divina, la sabiduría, la plenitud y realización personal. A lo largo de la vida vamos hacia la cita ineludible con la muerte, que llegará tarde o temprano, indefectiblemente. Llegada la muerte se bifurcan los caminos, lo físico-biológico muere y se descompone "Polvo torna al polvo", para volver al ciclo re-generativo de la naturaleza. Pero, el destino del alma, la energía espiritual que es la chispa de divinidad, la consciencia, incluso de la memoria, tienen interpretaciones distintas, incluso temporalidad y espacialidad distintas.

En referencia a la pregunta ¿Hacia dónde vamos? En el referido modelo generativo compartido y traslapado, la esencia de la persona humana es su elevación espiritual, la amplitud de la consciencia, la búsqueda de la luz, la continuidad cíclico-generativa. Es el fluir al encuentro con un nivel de base en el amor universal, la superación de las tinieblas en el camino hacia la luz, el fluir hacia la armonía relacional y las virtudes espirituales que permite encarnar la unidad, que es unicidad, en la que uno es todo y todo es uno, que supera la división y separación para tender a la unidad, equilibrio y fraternidad universal, que se recogen en los principios de validez permanente, derroteros y deslindes que desde el fondo de la historia humana nos han heredado nuestros predecesores como principios que son faros de luz en las tinieblas. Nuestro deber es cautelar su vigencia.

MATERIALISMO ALIENANTE.

JUEVES, 1 DE ABRIL DE 2021

La configuración fisiológica del ser humano determina un materialismo constitutivo que se expresa con fuerte evidencia en la sociedad actual. Desde las más básicas y tempranas interacciones con el medio, los sentidos hacen emerger la materia, la masa, las cosas, las partículas, lo material que se percibe como "la realidad". En este contexto emerge el ser o ente con espontaneidad mágica, no se le cuestiona, ni escudriña, solo surge, está, es, ya sea un objeto o sujeto.

La percepción de la energía y las ondas, lo intangible como el amor y los sentimientos, lo referido a la espiritualidad esencial del ser humano, son cuestiones más abstractas, requieren de mayor agudeza mental, imaginación y racionalidad. Este materialismo que viene de antiguo me resulta preocupante porque gatilla complejos procesos que cobran cara factura en la sociedad contemporánea

Me preocupa la materialidad del pensamiento humano, que luego se transforma en Materialismo en las diversas dimensiones de la vida, tendencia plena de vacuidad espiritual que afecta negativamente a la persona y la sociedad. Se busca la plenitud y la felicidad donde no está. Actitud exacerbada que contrasta con la escasa atención hacia las dimensiones espirituales, dando primacía a lo externo en detrimento de lo interno".

Los filósofos clásicos reconocieron esta situación que incide en la percepción de los seres humanos. Observamos apariencia, objetos, fenómenos, pero no lo que los genera o está detrás. En respuesta a este problema Aristóteles planteó la distinción entre la apariencia (nivel en que se expresa) y la esencia, enfoque que tiene dimensiones metafísicas (filosofía), que asigna al ser un sentido inmutable, estático, incorruptible.

Con la emergencia del enfoque eco-ético-sistémico-relacional, surge una distinción más definida entre el ser y el estar, entre las apariencias y las esencias, que tienen significación variable, que inciden auto constitutivamente en los individuos y en esa realidad, permitiendo su re-generación y modificación permanente, percepciones que varían en la medida que cambian las apariencias y/o las esencias, creando nuevas realidades analógicas y virtuales, en una convergencia constante, particularmente con la emergencia de la sociedad digital.

Esta situación afecta el mapa mental de las personas, su pensamiento y también la filosofía, dando primacía de la "interioridad" o subjetividad del pensamiento, recogida en la expresión de Descartes: "Pienso luego existo", idea básica en el racionalismo y en el fundamento del positivismo del "Ver para creer" que arranca desde los hechos bíblicos que según el evangelio de San Juan (20: 24 al 29) corresponden a los dichos del Apóstol Tomás: "Si no viere en sus manos la señal de los clavos, y metiere mi dedo en el lugar de los clavos, y metiere mi mano en su costado, no creeré". Una vez resucitado Jesucristo le habría sido reprochado esa actitud. Esta disposición de Tomás referida en el pasaje bíblico está más vigente que nunca y es constitutiva del mundo y de la forma de darle sentido a la vida.

Como contraparte tenemos el idealismo que es el imperio de las ideas. En esto hay, sin duda, un importante rol del pensar y también del lengüajear, siempre constreñido a conceptos y categorías de pensamiento que el individuo recoge del medio. La religión, adicionalmente, muestra un determinismo anclado en dogmas que han constreñido y alienado el pensamiento a lo largo de la historia, quitándole al individuo la capacidad de cuestionar, o desarrollar pensamiento crítico.

Con el desarrollo de la teoría de los sistemas y la emergencia de la física cuántica, se ha superado relativamente el cartesianismo, generando un cambio de paradigma que afecta la relación que se da entre el observador y lo observado, al asumir que fuera del individuo hay cosas y ocurren acontecimientos, interacciones, en las que ambos se influyen recíprocamente. Esto alcanza a las circunstancias del individuo, al dasein o el ser ahí, la esencia o existencia, a la que ese ser esta arrojado en el mundo, entre las apariencias que desdibujan la percepción de las esencias.

Este texto promueve la toma de consciencia de la miopía sistémica, respecto de la percepción de la realidad que alcanza a la temporalidad y espacialidad, a lo cercano y lo lejano, habitualmente no se percibe con claridad el entorno en que estamos inmersos, algo así como "los árboles no permiten ver el bosque", los peces no tienen clara consciencia que están en el agua, o el efecto que la gravedad genera en nosotros, en las plantas y animales, en el ethos general. De la misma manera las personas no tienen clara consciencia de las realidades emergentes, de la elasticidad y plasticidad del efecto de nuestras acciones, que pueden impactar instantáneamente o en las futuras generaciones.

Véase el caso en los temas ambientales, que permiten explicar con claridad esta témporo-espacialidad extendida. A las miopías sistémicas se adicionan múltiples cegueras que caracterizan históricamente a nuestra sociedad, como son los ya mencionados dogmas religiosos, pero también los de orden económicos entre otros, que cargamos con nosotros e intervienen y distorsionan nuestra percepción de la realidad.

Al respecto me llama la atención el influyente pensamiento recogido en el icónico libro "Ser y Tiempo", de Martin Heidegger, en que critica la dogmática metafísica del yo, poniendo en cuestión la primacía otorgada al sujeto, como principio generativo, en la emergencia del ser o ente en forma espontánea. La constante en el pensamiento de Heidegger es la pregunta sobre el ente, la distinción entre el "ser" y el "estar" en el mundo, con su temporalidad y espacialidad adicionada, lo que pone de relieve la importancia del tema en el siglo XX.

Sin embargo, a pesar de la aparente primacía de la subjetividad (del yo), nuestro ego está permanentemente influido por el entorno, por los influenciadores (influencer) del sistema social, por los agentes del neuromarketing en los medios de comunicación, lo que se agudiza vertiginosamente con la big data, las redes y los sistemas de información masiva, asociados a la gestión de redes digitales. Todo esto tiene implicancias muy profundas en las relacionalidad, en la gestión y jerarquías en las interacciones sociales, en la invasión de la subjetividad, la intimidad y la consciencia de cada cual. Esto conlleva profundas implicancias éticas y efectos prácticos en las personas y en los sistemas en los que interactuamos.

Nuestras acciones influyen y son influenciadas, nuestra temporalidad y espacialidad muestra plasticidad y elasticidad que puede alcanzar a sistemas y generaciones futuras. Son auto constitutivas, de influencia mutua y de procesos sinérgicos, sea que se trate de un sistema social, natural o de ambos, ya que cada cual funciona con sus propias reglas. Aunque creemos ser los tutores del entorno natural, lo cierto es que la primacía está en el régimen de la naturaleza. Este es el fundamento del enfoque eco-ético-sistémico-relacional, lo que se ve verificado con las externalidades ambientales y los efectos pandémicos.

En filosofía este materialismo tiene un concepto de referencia, que sirve para entender estos procesos. Se habla de "reificación", literalmente significa "cosificar", es decir "convertir en" o "hacer cosa". Ese proceso de cosificación consiste en considerar todo como una cosa o ente, por ejemplo el concepto de Dios; también refiere al acto de cosificar las relaciones humanas y sociales, asumiéndolas como relaciones transables de unas personas con otras: sexo, jornadas especiales de trabajo, que alteran la intimidad y dignidad no solo de la persona, sino también de su entorno familiar. También implica atribuir a las cosas propiedades humanas o sociales, aplica además a una cosa con cualidades que son asumidas como verdaderas: por ejemplo, una "bebida que quita la sed"; un detergente que "lava más blanco"; o cuando decimos que el norte está arriba, asumiendo esa convención como un hecho cierto, sin ningún fundamento.

Para superar este proceso de reificación constante debemos trabajar para elevar y ampliar la consciencia, para tener una mejor y más precisa percepción de la realidad, comprender la esencia de nuestra existencia para asumir el sentido de nuestra vida, individual y social. Esa relacionalidad está mediada por un equilibrio entre lo externo y lo interno al ser humano, lo material y lo espiritual, en un proceso auto-constitutivo que define al ser y configura la forma de estar en el mundo. Proceso en el que cada individuo decide el sentido de su existencia. La persona es lo que son sus relaciones, el fruto de esas interacciones. La percepción de la realidad se supera con el pensamiento crítico, la reflexión, la intuición y la elevación de la consciencia.

Lo que pretendo con este escrito es llamar su atención sobre un tema que considero fundamental en nuestra sociedad: materialista, individualista, nihilista y hedonista. Me preocupa la materialidad del pensamiento humano, que luego se transforma en Materialismo en las diversas dimensiones de la vida, tendencia plena de vacuidad espiritual que afecta negativamente a la persona y la sociedad. Se busca la plenitud y la felicidad donde no está. Actitud exacerbada que contrasta con la escasa atención hacia las dimensiones espirituales, dando primacía a lo externo en detrimento de lo interno. Hasta ahora, este desequilibrio fundamental, a juzgar por los efectos ambientales y en la calidad de vida de las personas, ha sido más para mal que para bien.

GRAN CADENA UNIVERSAL POR LA ÉTICA.

MARTES, 1 DE JUNIO DE 2021

La emergencia de las nuevas tecnologías digitales nos pone frente a un profundo cambio cultural de alcance civilizatorio. La revolución de las Tecnologías de Información y Comunicación genera procesos de replicación de información cultural (memética), viralización y contagios masivos y permanentes, neuromarketing aplicado desde los medios de comunicación (TV) sobre millones de seres humanos. La consecuencia es una crisis valórica, en el que son puestos en cuestión los principios y valores, así como las instituciones tradicionales y su institucionalidad. Además, se observa una profunda brecha generacional, muchos de estos procesos son impulsados por jóvenes que con sus algoritmos son capaces de producir profundas transformaciones de alcance global, en poco tiempo, en las más diversas dimensiones de la vida humana y de la existencia sobre el planeta.

En el contexto de este desafío ético se añora la luz de instituciones señeras, la presencia de vocerías en la entrega de luces, faros referentes que -con su sabiduría- señalen los derroteros de la existencia humana. Se requiere re-valorar la sabiduría ancestral: "Todos somos uno y uno somos todos", simbolizado en esa cadena de unión circular".

Como consecuencia de esa deriva socio-cultural la sociedad contemporánea se debate en una **profunda crisis ética de alcance global**, que se expresa en todas las dimensiones del ser y estar en el mundo. Se trata de una ruptura del equilibrio entre lo espiritual y lo material; un materialismo estructural desbordado transversal al espectro político; un individualismo egoísta que desvaloriza el sentido de comunidad y solidaridad; la exacerbación de la competencia en detrimento de la colaboración; un minimalismo de la dignidad de la persona humana; un proceso auto-poiético (generativo, replicativo y sustentable) de nihilismo, es decir, debilitamiento valórico constante; y, de hedonismo o compulsión por el placer inmediatista sin consideración de las consecuencias de esos actos. Es la tensión entre la cosmovisión egocéntrica (declinante) y otra ecocéntrica que emerge con sentido de urgencia.

La tensión valórica está acompañada de movimientos sociales y reivindicatorios de alcance global, que expresan su voluntad de cambio de ethos. Emergen expresiones culturales de sectores radicalizados (Anarquía) que buscan subvertir el orden con reventones de violencia, sin expresión de las alternativas hacia el que desean orientar el proceso. Sin embargo, resulta muy evidente que estas expresiones surgen de la tensión entre el materialismo y la espiritualidad, reclamando una visión más integral del ser humano.

Estos procesos son multi-causales, hemos referidos los alcances de la revolución tecnológica y su impacto cultural y civilizatorio. Otro elemento fundante del proceso está inspirado en las ideas de deconstrucción, del filósofo Jacques Derrida, formando parte de la teoría post-estructuralista, de análisis textual basada en las paradojas. Las raíces de este enfoque están en las ideas del influyente Martin Heidegger, expresadas en su libro "Ser y Tiempo". Refiere a la idea de desmontar, a través de un análisis intelectual, una cierta estructura conceptual (ser o ente). **Esta deconstrucción se lleva a cabo evidenciando las ambigüedades, las fallas, las debilidades y las contradicciones de una teoría o de un discurso. Consiste en deshacer analíticamente algo para darle una nueva estructura.** Hay sectores que están llevando este proceso al extremo y quieren destruir para deconstruir material y espiritualmente.

Estas son algunas de las causas basales del relativismo ético y sugieren la necesidad de nuevos consensos, de un nuevo pacto social, que ponga límites a las formas de interacción en el ethos, esto definirá la ética, estética y emocionalidad en el convivir. Para encauzar una forma de ser y estar en el mundo bajo estándares y consensos básicos, "**demarcaciones**" que sean compartidas y de aplicación para todos. Un marco al equilibrio relacional de las personas y las cosas, para canalizar la bonhomía, es decir la bondad, honradez, afabilidad y sencillez en el carácter y el comportamiento de la persona humana y, al mismo tiempo contener la maldad, arrogancia, perversidad, infamia e inequidad, que también caracterizan la relacionalidad humana, cuyos ejes pasan por el ombligo de cada persona.

En el contexto de este desafío ético se añora la luz de instituciones señeras, la presencia de vocerías en la entrega de luces, faros referentes que -con su sabiduría- señalen los derroteros de la existencia humana. Se requiere re-valorar la sabiduría ancestral: "Todos somos uno y uno somos todos", simbolizado en esa cadena de unión circular. Este simbolismo no es un mero ornamento en templos y monumentos, representa la unidad para proteger principios y valores, hoy recogidos en la Declaración Universal de Derechos Humanos.

Cada eslabón de la cadena es fundamental, si uno de ellos falla, se rompe esa unidad circular. La sucesión de eslabones de noble metal, templado en duras exigencias, están unidos por poderosos lazos espirituales, en torno a nobles propósitos: Todas las mujeres y hombres de buena voluntad debemos activar una gran "Cadena Universal de Fraternidad" en torno a los valores fundamentales. Así ha sido desde la fundación de la República. La cadena solo tiene significación si sus eslabones cumplen su rol como un todo de fraternidad circular.

CHILE: BANALIDAD DEL MAL.

LUNES, 19 DE JULIO DE 2021

La crisis sistémica que vivimos tiene una causa basal en la crisis ÉTICA, al igual como ocurre en casi todo el mundo, impactando en la sociedad, en las personas, las instituciones e institucionalidad. También resulta evidente que la revolución en las tecnologías digitales y la globalización están generando un profundo cambio cultural de alcance civilizatorio que altera (en las personas) la forma de ser y estar en el mundo. Este traumático proceso lo he denominado "pandemética", en referencia a la pandemia y el proceso de degradación ético-valórica.

Debemos promover un fuerte sentido ético, republicano, ciudadano, social y cívico, reafirmando el compromiso con el interés público, respetar el sentir de las grandes mayorías y las reivindicaciones de las minorías. El equilibrio y anclaje del éxito en este desafío está en volver a los principios, cautelando su vigencia y el bien común".

Al vertiginoso proceso de deterioro valórico, se agrega la epidemia de idiotas (del griego idiotés), concepto que originalmente refería a quienes se desentendían de los asuntos de la comunidad (públicos), bien porque no participan de la política o porque, desinteresados, velan solo por sus propios intereses. Estos últimos cruzan transversalmente la sociedad, son los ausentes, las grandes mayorías ciudadanas que se ven tironeadas y polarizadas por minorías vociferantes, autorreferentes, sin legitimidad ni representatividad. En el caso de Chile está representada por el 80% de la ciudadanía (ponderada) que se restó del proceso cívico, dejando la decisión solo en un universo minúsculo, que escasamente representa (en total) el 20 % del electorado, al definir la Asamblea Constituyente.

Esta reflexión cobra sentido cuando vemos la conducta permisiva en todo el espectro político y la opción de polarización de sectores radicalizados en los extremos. También en el deplorable rol cívico de Constituyentes que actuan desde sus resentimientos, dolores o negaciones, que no han estado a la altura de la exigencia de esa representatividad, que hablan desde un ego desbordado, en un diálogo de negación del otro, repitiendo (poiéticamente) un diálogo sordo. Esto no anuncia nada bueno. Espero que esto cambie, se impongan los principios Humanistas y los valores democráticos.

La realidad a que nos enfrenta esta crisis, me recuerdan las ideas de Hannah Arendt, la filósofa Alemana, de religión judía, nacionalizada estadounidense, que en su libro: "Eichmann en Jerusalén" desplegó su potente expresión "Banalidad del Mal", que trascendió más allá, constituyéndose en una potente categoría de pensamiento que remueve consciencias y genera controvertidas reacciones. En su argumento, la base del mal está en la banalidad, es decir, en cuestiones triviales, insustanciales, de poco interés o trascendencia, surge de la irreflexión, de la nulidad, de la negación de la persona, de la pasividad activa, de la vacuidad de consciencia, sea por influencia de un liderazgo autócrata o que se trate de una sociedad aborregada, que actúa con docilidad de manada.

La filósofa enseñó que el mal radical (degradación ético-valórica) no necesita un ser intrínsecamente maligno, solo requiere de la presencia de (seres) personas pequeñas, insignificantes, concentradas en sus obligaciones, burócratas que no cuestionan nada, vulgares, superficiales, vacíos. El mal se desborda cuando los seres (ciudadanos) y sus organizaciones se muestran pusilánimes, plagados de lenidad, es decir, blandos en exigir el cumplimiento de los deberes o para castigar las faltas, individuos plenos de permisividad e indiferencia, sin conciencia (ética) ni consciencia (percepción de la realidad). Esto hoy aplica a la política, espiritualidad y filosofía. Hace sentido cuando pensamos en la violencia, el terrorismo, el narco delito, la corrupción, el nepotismo y la endogamia socioeconómica, en nuestro entorno.

Para enfrentar la "Banalidad del Mal" se requiere promover principios y valores, es imperioso el reencuentro con la responsabilidad colectiva, que cada individuo se sienta responsable de la comunidad, ese espacio en que habitamos juntos, para mantener y cuidar el bien común. Los que no lo hacen pudiendo o debiendo hacerlo, actúan como hipócritas con banalidad y lenidad.

Debemos promover un fuerte sentido ético, republicano, ciudadano, social y cívico, reafirmando el compromiso con el interés público, respetar el sentir de las grandes mayorías y las reivindicaciones de las minorías. El equilibrio y anclaje del éxito en este desafío está en volver a los principios, cautelando su vigencia y el bien común.

BLOQUEO, CENSURA, VETO O ANULACIÓN.

JUEVES, 30 DE SEPTIEMBRE DE 2021

Estas palabras: bloqueo, censura, veto, anulación o eliminación de personas en las relaciones interpersonales, responden a una semántica violenta, de sometimiento, autocrática, de prohibición. En algunos casos es una acción explícita y en otras veladas, hipócrita, mimetizada, amparada en testaferros o ingenuos funcionales. Responde al abuso de quien ejerce ese poder, propio de gestiones autoritarias o dictatoriales. Pero, no nos equivoquemos, esto también es habitual en democracia, particularmente por ignorancia, soberbia, cuando no hay argumentos, o en el caso institucional, cuando la élite esta poco dotada, es inepta, incompetente, se beneficia ilegítimamente, o requiere un entorno de mediocridad para sus abusos.

La resiliencia frente al bloqueo, censura, veto, anulación o eliminación de personas en las relaciones interpersonales, las relaciones institucionales y la cultura organizacional, es posible y deseable con proactividad, con el buen uso de los medios que la sociedad digital, sus redes sociales y plataformas nos entregan a todos, las que usadas apropiadamente permiten superar estas impropias conductas".

En la sociedad digital y las redes sociales cada vez es más común observar el bloqueo, la censura, el veto sobre la opinión, pensamientos, creencias, la fe, incluso por cuestiones estéticas, cuando operan algunos espíritus inquisidores. En otros directamente se busca "eliminar", "excluir" o "borrar" digitalmente a quien resulta incómodo.

Es un generalizado negacionismo cultural de la otredad, lo distinto, lo ajeno, lo que desagrada o molesta. Los algoritmos de las redes sociales lo han reconocido como una conducta aceptada incorporando el botón "like" o "me gusta" y también el botón para bloquear o anular a las personas.

Es una actitud o conducta aceptada culturalmente, particularmente en el ámbito privado o de la intimidad. Que esto ocurra en las redes sociales como parte de las relaciones interpersonales no parece grave, a no ser que se lleve al extremo en cuyo caso el abusador quedará disminuido y solitario en esas redes, seguido solo por acólitos o incondicionales.

Incluso en algunos casos es considerado higiénico y positivo para la salud mental, especialmente cuando opera el denominado "troleo"(se utilizan anglicanismos), que es la provocación o ataque programado y permanente, especialmente entre "amigos"; también en el de los "spammers", es decir, usuarios molestos o poco afines que incomodan o simplemente no gustan; aplica el fenómeno del "ghosting" que quiere decir fantasma, es decir, el abandono al otro, sin mediar palabra, razones ni explicación alguna. Es silenciar a la otra persona, eliminándola de las redes o contactos, para que la otra persona comprenda y asuma en sentido anulador de esa acción.

Lo grave es que estas conductas están migrando desde el íntimo mundo virtual de las redes sociales, transfiriéndose al mundo institucional (organizacional), al cotidiano laboral, cuando afecta la pertenencia y la membresía institucional, traicionando la fraternidad deseable y declarada, poniendo en grave cuestionamiento la "tolerancia", "la diversidad y el pluralismo" como parte del clima organizacional. Es decir, cuando se produce la "Normosis" y se asumen como normales prácticas completamente anormales y abusivas.

Esto no es una argumentación teórica, ajena o alejada de la realidad. En los años recientes hemos visto este tipo de situaciones hasta la saciedad, a nivel nacional e internacional, en lo público y privado, en instituciones de diversa naturaleza: políticas, religiosas, éticas, filosóficas, empresariales, espirituales, educacionales y culturales.

Esto se da cuando el bloqueo, censura, veto, anulación o eliminación o cualquier tipo de abuso o exceso se hace parte de la cultura institucional y para evitar molestias los miembros de esas instituciones dejan hacer y pasar esos abusos, eso que se llama lenidad. Es decir, se expresa la incoherencia e inconsecuencia, una complicidad por inacción, aquello que la filósofa Judío-Alemana Hannah Arendt, denominó "la banalidad del mal". Cuando unos pocos abusan, en medio de la mediocridad, inacción o permisividad de las grandes mayorías. Da lo mismo si es con buena o mala intención, por torpeza, incompetencia, ignorancia, ineptitud, mediocridad o estupidez. Es peor cuando la motivación es el aprovechamiento de unos pocos habilitados.

Esta situación no nos resulta ajena y, por el contrario, se hace cada vez más habitual en el país, al interior de instituciones de diversa naturaleza, públicas y privadas, incluso en la sociedad civil. Se atropellan principios y valores fundamentales, se atropella el orden jurídico y constitucional, se vulneran derechos básicos, de la persona natural y/o jurídica.

En Chile las observamos cotidianamente, los medios dan cuenta de estas conductas, las he observado en instituciones a las que tengo pertenencia. Las asumo como prácticas que buscan el sometimiento o anulación de una contraparte, el control por medio de la amenaza, para denotar que una determinada instancia tiene poder para unilateralmente anular o bloquear a una persona o institución.

Esta conducta no es una cuestión sesgada, pasa en todo el espectro político; en lo público y lo privado; hombres y mujeres; entre ricos y pobres; y, entre jóvenes y viejos. Es propio de la naturaleza humana y este proceso crece aceleradamente. Pero, también lo hace el proceso en el que cada individuo eleva su consciencia sobre la inconsciencia, la bonhomía sobre la maldad, el sentido de comunidad sobre el individualismo, el altruismo sobre el egoísmo, el nosotros (nos) sobre el "yo", entendiendo que uno es todo y todo es uno, indefectiblemente.

Cuando no se reacciona a tiempo, luego será muy difícil detener el proceso, que siempre termina muy mal. Frente al abuso y radicalización siempre será necesaria la vía equilibrada, una oportunidad para la ponderación representativa, de un camino del medio que interprete a las grandes mayorías.

La resiliencia frente al bloqueo, censura, veto, anulación o eliminación de personas en las relaciones interpersonales, las relaciones institucionales y la cultura organizacional, es posible y deseable con proactividad, con el buen uso de los medios que la sociedad digital, sus redes sociales y plataformas nos entregan a todos, las que usadas apropiadamente permiten superar estas impropias conductas.

Tabla de contenidos

CHILE: CRÓNICAS DE UN FRACASO ANUNCIADO 0

DEL AUTOR: 1
PRÓLOGO DE GUILLERMO HOLZMANN 2
PRESENTACIÓN DEL DIRECTOR: RICHARD ANDRADE C. 5
COMENTARIO-PRESENTACIÓN: LILY PÉREZ SAN MARTÍN 6
PRESENTACIÓN DE MILAN MARINOVIC 7
COMENTARIO-PRESENTACIÓN: PAULINA NÚÑEZ, SENADORA 2022-2030 11
INTRODUCCIÓN 14
LA POLÍTICA, LO POLÍTICO Y LOS POLÍTICOS. 17
CULTURA Y SOCIEDAD 21
LO ESPIRITUAL Y VALÓRICO 22

1.- DE LA POLÍTICA, LO POLÍTICO Y LOS POLÍTICOS. 26

ELECCIÓN Y CENTRO-DERECHA 27
CHILE: GRAN TRIUNFO DE LA CENTRO-DERECHA 29
EL DESAFÍO HISTÓRICO DE LA CENTRO DERECHA. 31
PIÑERA Y LA CENTRO DERECHA SOCIAL 33
CHILE: MEMORIA Y OLVIDO 35
LA (DES) INTELIGENCIA EN CHILE: ESTALLIDO SOCIAL 39
CARTA ABIERTA: A LOS MIEMBROS DEL CONGRESO NACIONAL Y EL PRESIDENTE DE LA REPÚBLICA. 43
HISTORIA DE UN FRACASO ANUNCIADO. 45
EL GOBIERNO DEBE SER UN GARANTE DE DESARROLLO DIGITAL ARMÓNICO. 48
LLAMADO AL GENERAL DIRECTOR DE CARABINEROS. 50
LA DEMOCRACIA CHILENA REQUIERE UNA CENTRO DERECHA SOCIAL DEMOCRÁTICA CIUDADANA Y REPUBLICANA. 52
ASAMBLEA CONSTITUYENTE: IGUALDAD DE CONDICIONES PARA LOS INDEPENDIENTES 54
HUB INDEPENDIENTES CHILE. 56
CHILE, SOCIEDAD EN CAMBIO: PARTIDOS POLÍTICOS Y MOVIMIENTOS CIUDADANOS. 57
GOBIERNO DE CHILE: ADAPTABILIDAD A LA SOCIEDAD DIGITAL. 59
GIRO HACIA LO SOCIAL, CIUDADANO, REPUBLICANO Y DEMOCRÁTICO. 61
DESFONDE ELECTORAL Y SABIDURÍA POPULAR. 63
DEFINIENDO DERROTEROS POLÍTICOS. 65
INSTITUCIONALIDAD: ADAPTABILIDAD A LA SOCIEDAD DIGITAL (S-5.0). 67
LA DERECHA REQUIERE UN URGENTE Y PROFUNDO CAMBIO. 70
CONVENCIÓN CONSTITUYENTE COMO UNA OPORTUNIDAD. 72
SEBASTIÁN SICHEL: CONSEJOS NO PEDIDOS. 74
CHILE: CRISIS Y CONTEXTO GLOBAL Y NACIONAL. 76
PEDRO AGUIRRE CERDA, CHILE: EDUCACIÓN-INDUSTRIALIZACIÓN. 78
CHILE: POLÍTICA, POSTVERDAD Y FAKENEWS. 80
REFUNDACIÓN DE LA POLÍTICA CHILENA. 82
CHILE POST-ELECCIÓN: DESAFÍOS POLÍTICOS. 84

CAMBIO DE ÉPOCA: DESAFÍOS POLÍTICOS. 86
REGENERACIÓN: EN LA POLÍTICA, COMO EN LA NATURALEZA. 88
SIMBÓLICA SALIDA DE ALLAMAND: LA NECESIDAD DE UNIDAD Y COHERENCIA 90

2.- DE LA CULTURA Y LA SOCIEDAD 93

ELECTRICIDAD LIMPIA, CONFIABLE, SOSTENIBLE Y A PRECIO JUSTO () 94
CHILE: CAUTIVO DEL NARCOTRÁFICO. 96
¿SOCIEDAD REDIMIDA E IMPUNIDAD?. 100
CHILE – SOCIEDAD DEL DESDÉN: ESTRÉS, DEPRESIÓN Y SUICIDIO. 102
REVOLUCIÓN CULTURAL: EMPRENDIMIENTO SOCIAL EN CHILE. 106
LEY DE INCLUSIÓN EDUCACIONAL: IDEOLOGISMOS. 108
CHILE Y LA NECESIDAD DE CORREGIR EL MODELO ECONÓMICO. 110
CRISIS DE LEGITIMIDAD INSTITUCIONAL SISTÉMICA... MÁS Y MEJOR ÉTICA. 113
CORONAVIRUS: ¿SERÁ QUE COSECHAMOS LO QUE SEMBRAMOS?. 116
DESAFÍO: EDUCACIÓN DE CALIDAD. 118
AL MINISTRO DE EDUCACIÓN. 120
PANDEMIA, BRECHA DIGITAL E IGUALDAD DE OPORTUNIDADES. 122
PANDEMIA Y EDUCACIÓN: DIGITAL, VIRTUAL E INTERACTIVA. 124
PANDEMÉTICA. 126
MINERÍA: TURNOS ESPECIALES, CONTRATISTAS Y MANO DE OBRA LOCAL. 134
2020: EN LO MALO REINA TAMBIÉN LO BUENO. 137
SOCIEDAD DIGITAL: 5G, IA Y CIBERSEGURIDAD. 138
SURFEANDO HACIA EL FUTURO: CHILE EN EL HORIZONTE 2025. 140
CRISIS SOCIAL EN CHILE: "EL MAL TRIUNFA CUANDO EL BIEN NO HACE SU TRABAJO" 142
ADAPTABILIDAD ORGANIZACIONAL: HUB Y ECOSISTEMAS. 144
BRECHAS QUE CARACTERIZAN LA SOCIEDAD DIGITAL. 148

3.- LO ESPIRITUAL Y VALÓRICO. 150

CHILE: SE BUSCA LIDERAZGO ÉTICO. 151
CRISIS ÉTICA EN CHILE. 153
NUEVO PACTO ÉTICO SOCIAL EN CHILE. 156
MÁS Y MEJOR ÉTICA PARA CHILE 158
MASONERÍA Y FRATERNITAS REPUBLICANA. 163
LENIDAD, CONNIVENCIA Y TOLERANCIA. 165
CONCIENCIA Y CONSCIENCIA. 168
A RECUPERAR LA ÉTICA Y EL HUMANISMO. 170
HALLAZGO DEL TESORO ANDINO. 172
LA PANDEM-ÉTICA. 175
EQUINOCCIO: ¡QUE LA PRIMAVERA TRAIGA NUEVA VIDA Y SABIDURÍA! 179
DIAGNÓSTICO: CRISIS ESPIRITUAL, EL REMEDIO (VACUNA) NO SERÁ BIO-MATERIAL SINO SICO-ESPIRITUAL. 181
CREACIONISMO Y EVOLUCIONISMO... ¿POR QUÉ NO HIBRIDISMO?. 183
MENSAJE A LOS LÍDERES: EL CAMBIO QUE NECESITAMOS. 187
¿QUÉ SOMOS? NUESTRA ESENCIA. 192
¿HACIA DÓNDE VAMOS? EL DESTINO. 195

MATERIALISMO ALIENANTE.	200
GRAN CADENA UNIVERSAL POR LA ÉTICA	204
CHILE: BANALIDAD DEL MAL.	206
BLOQUEO, CENSURA, VETO O ANULACIÓN.	208